我国县域城乡统筹发展评价研究

以苏浙沪为例

曹 扬 著

上海三联书店

序 1

  作为我国经济转型过程中的一个重要战略,城乡统筹发展已经实施多年。统筹城乡发展、建设社会主义新农村,是中央正确把握"两个趋向"规律,着力于解决"三农"这一重中之重问题所做出的战略决策。

  现有对城乡统筹发展的研究大多集中于中心城市及其周围农村,数据的使用则以省(区)、地级市层面较多,对县级行政区域城乡统筹发展的研究和实证分析少之又少。然而,县(县级市、市辖区)作为我国基本行政区划,在中国城乡统筹发展中具有纽带作用。县域是统筹城乡发展、建设社会主义新农村的主战场,县域经济是我国协调城乡关系和产业业关系的重要环节。县级政府是地方政府中对农村经济社会发展承担着最重要职能和任务的一级政府,是站在统筹城乡发展、建设社会主义新农村第一线的领导者和组织者。尤其是一些工业化、城市化进程比较快,县域经济实力比较强的县,县级政府在统筹城乡发展中可以更有作为。同时,以建立公共服务型政府为目标的县级政府职能转变也显得更为迫切。

  作为世界第六大都市圈的长三角地区,加快推进统筹城乡发展,实现城乡发展一体化,不仅是自身发展的迫切需要,也对全国其他地区有重要的示范引领作用。进入新世纪以来,苏浙沪各县级区域抓住了工业化、城市化进程加速的有利时机,实施城乡一体化行动计划,全面启动了统筹城乡发展的各项工程建设,在以工促农、以城带乡、建设社会主义新农村方面进行了卓有成效的探索。因此,总结苏浙沪县域城乡统筹发展的规律和经验将对我国其他地区的城乡统筹发展起到先行示范作用,对该地区县域城乡统筹发展整体状况作出科学评价,将对我国未来的县域城乡统筹发展起到指导作用,更对我国统筹城乡发展战略的实施产生重大意义。

上海应用技术学院曹扬副教授近年来一直从事统筹城乡方面的研究。他具备良好的科研能力,秉承理论创新与实践创新相结合的科学方法,从经济、社会协调发展及政策效果的角度,对苏浙沪地区县域城乡统筹发展进行了省际间的综合评价,并对苏浙沪地区县域统筹城乡发展的实践进行了跟踪研究,进而为制定新的政策措施和发展路径提供了决策支持。

《我国县域城乡统筹发展评价研究——以苏浙沪为例》一书,就是这一跟踪研究的成果。统观这一研究成果,无论是从评价城乡统筹发展程度的二维指标体系的设计,还是动静态相结合的研究方法选择,都凸显其新颖的内容和较强的创新性。本书还以上海市闵行区为例,通过大量的实地调研和基层走访,获取了一手的研究资料,真正做到了研究的理论与实际相结合。

陈　宪

2013 年 9 月于上海

序 2

《我国县域城乡统筹发展评价研究——以苏浙沪为例》一书是曹扬博士在其博士论文的基础上增补而成。欣悉本书将由上海三联书店付梓出版，作为作者的导师，我谨以此序言表示对作者的祝贺并向读者推荐。

习近平同志2007年在上海市闵行区调研时提出了"闵行有条件、有能力统筹城乡发展，要在全市乃至全国率先破除城乡二元结构"的要求，因此如何全面、科学地评价县域城乡统筹发展的实践不仅关系到统筹城乡发展战略推广和进一步健康发展，也是我国政府、学术界关心的一项重要课题。本书与其他研究文献的不同之处在于它是以县域为单位就县域城乡统筹的发展进行评价，整个研究起源于作者策划并参与的"闵行区统筹城乡发展第三方评估"、"闵行区村庄改造第三方评估"等课题，选题具有十分重要的现实意义和学术价值。

本书通过对苏浙沪所有县级区域的横向比较，客观衡量了发达地区统筹城乡发展的实际成效；通过覆盖闵行区基本农田地区所有行政村的问卷调查和座谈，较全面、深入地掌握了农民群众对城乡统筹工作的真实感受。据此，县域统筹城乡发展工作应在"十二五"期间将把农民满意不满意作为不断完善统筹城乡发展工作的重要依据，应把吸收先进地区好经验好做法作为提升统筹城乡发展工作水平的重要途径。由于改变了以往"政府自己评判自己"的做法，避免出现"报喜不报忧"、"遮丑护短"、"当局者迷"等现象，保证评估结果的"客观、公正、科学、有效"。有关结论已经由东方城乡报、中国农业新闻网(农民日报社主办)、中国农业经济发展网(中国农业经济发展中心主办)、上海发改委网站、新民网、凤凰网等媒体报道,获得了很好的社会影响。

本书亮点在于其评价体系的构建和评价方法的选取,值得读者注意的创新主要有以下四点:

第一,建立了县域城乡统筹发展"区域间横向组合比较"与"区域内受众(基层群众、基层干部)满意度调查"宏微观结合的城乡统筹发展评价框架。

第二,设计了反映县域城乡统筹发展程度的二维评价指标体系(城乡统筹发展条件、城乡统筹发展水平)及其因果对照、相互关联的评价方法。

第三,对苏浙沪县域城乡统筹发展的效率问题进行了动静态结合研究,探讨了县域城乡统筹发展效率的组合分类及提高效率的学习途径。

第四,以闵行区为例,从城乡统筹发展受众的视角对县域城乡统筹发展的具体政策进行了微观绩效评估。

本书的研究结论和政策建议具有重要的实用价值和意义,希望作者以本书出版作为新的起点,继续从县域视角将研究不断深化,进而为具有中国特色的新型城镇化理论和实践发展做出贡献。

邱长溶

2013年9月于美国加州

目 录

序 1 …………………………………………………… 1
序 2 …………………………………………………… 1

1 绪论 ………………………………………………… 1
 1.1 研究背景与问题提出 ……………………………… 1
  1.1.1 统筹城乡发展评价的提出 ……………………… 1
  1.1.2 我国统筹城乡发展的基本实施单位 ………… 3
  1.1.3 苏浙沪的区域特征及其县域统筹城乡发展 … 5
 1.2 国内外相关研究评述 ……………………………… 6
  1.2.1 国外研究的主要脉络 …………………………… 6
  1.2.2 国内研究评述 …………………………………… 10
 1.3 研究思路与方法 …………………………………… 20
  1.3.1 研究的目的与意义 ……………………………… 20
  1.3.2 研究思路 ………………………………………… 22
  1.3.3 研究方法 ………………………………………… 23
 1.4 主要内容与结构 …………………………………… 25

2 城乡统筹发展的理论 ……………………………… 28
 2.1 概念界定 …………………………………………… 28
  2.1.1 概念辨析 ………………………………………… 28
  2.1.2 城、乡概念及与城乡关系 ……………………… 31

2.1.3 "城乡统筹发展"的起源、演变及
主要内涵 …………………………………… 34
2.1.4 国外城乡统筹实践 …………………… 36
2.2 城乡关系的理论与实践 ……………………………… 39
2.2.1 城乡关系背景和理论发展 …………………… 39
2.2.2 国外城乡关系实践 …………………………… 49
2.2.3 我国城乡关系发展脉络 ……………………… 53
2.3 城乡统筹发展模式 …………………………………… 58
2.3.1 国外城乡统筹发展模式 ……………………… 58
2.3.2 我国城乡统筹发展模式 ……………………… 62
2.3.3 国内对城乡统筹发展的理论研究 …………… 65

3 城乡统筹发展评价指标体系的构建 ………………… 68
3.1 城乡统筹发展评价文献的数量特征 ………………… 68
3.2 城乡统筹发展评价指标的海选及基本特征 ………… 73
3.2.1 城乡统筹发展评价的一级指标
设定方法 …………………………………… 73
3.2.2 城乡统筹发展评价的常用末级指标 ………… 75
3.2.3 城乡统筹发展指标选取的原则 ……………… 80
3.2.4 本书构建的城乡统筹发展指标体系 ………… 82
3.3 本书构建的城乡统筹发展评价体系与现有其他
论文结论的对照 ……………………………………… 87
3.3.1 基于整合 AHP/DEA 方法的区域城乡
统筹发展评价研究 …………………………… 87
3.3.2 不同指标体系对全国省区城乡统筹发展的
评价结论对照 ………………………………… 99

4 我国县域城乡统筹发展的组合评价模型及实证分析 …… 101
4.1 已有研究回顾 …………………………………… 101
4.2 评价方法 ………………………………………… 103
4.3 实证分析 ………………………………………… 104
  4.3.1 评价原理与重要过程计算 ……………… 104
  4.3.2 苏浙沪 2007—2009 城乡统筹
      发展排序 ………………………………… 118
  4.3.3 空间统计分析及组合评价的有效性 …… 132
4.4 结论与建议 ……………………………………… 142

5 县域城乡统筹发展效率的 DEA 分析 ………………… 162
5.1 相关文献回顾 …………………………………… 162
5.2 数据包络分析(DEA)原理 ……………………… 165
  5.2.1 超效率 CCR-DEA 模型 ………………… 167
  5.2.2 Malmquist 生产率指数 ………………… 168
  5.2.3 城乡统筹发展效率的分析思路 ………… 169
5.3 县域城乡统筹发展 DEA 效率分析 …………… 170
  5.3.1 县域城乡统筹发展效率的静态分析 …… 170
  5.3.2 县域城乡统筹发展效率的动态分析 …… 199

6 基于农民满意度的城乡统筹发展评估 ……………… 217
6.1 闵行区城乡统筹发展的研究视角和现状分析 …… 217
  6.1.1 研究视角和文献回顾 …………………… 217
  6.1.2 闵行区现状 ……………………………… 220
  6.1.3 闵行区城乡统筹发展特点 ……………… 221
  6.1.4 闵行区城乡统筹发展的举措 …………… 222

6.2　调查设计 …………………………………… 230
　　　　6.2.1　调查问卷 …………………………… 230
　　　　6.2.2　数据采集 …………………………… 231
　　6.3　数据分析 …………………………………… 234
　　　　6.3.1　可靠性检验 ………………………… 234
　　　　6.3.2　描述性统计 ………………………… 234
　　　　6.3.3　对闵行区城乡统筹发展工作的认同感 …… 236
　　　　6.3.4　闵行区城乡统筹发展知晓度和
　　　　　　　满意度分析 ………………………… 238
　　　　6.3.5　对策建议 …………………………… 257
　　6.4　城乡统筹发展成效的国际比较 ……………… 259
　　　　6.4.1　闵行区与老欧盟国家村庄建设
　　　　　　　对照研究 …………………………… 259
　　　　6.4.2　对我国经济发达地区村庄整治的
　　　　　　　政策建议 …………………………… 268

7　研究总结与展望 …………………………………… 272
　7.1　主要研究结论 ………………………………… 272
　7.2　研究工作中存在的不足 ……………………… 275
　　　7.2.1　基础概念的界定与评价指标的选取 ……… 275
　　　7.2.2　新二元问题 …………………………… 276
　7.3　研究展望 ……………………………………… 277

参考文献 …………………………………………… 278

附　录 ……………………………………………… 291

致　谢 ……………………………………………… 322

CONTENTS

Preface I ··· 1
Preface II ·· 1

1 Introduction ··· 1
  1.1 Background and question ···························· 1
    1.1.1 Proposal of the evaluation about coordinated urban-rural development ···················· 1
    1.1.2 The basic implementation unit of coordinated urban-rural development in China ············ 3
    1.1.3 Regional characteristics of Jiangsu, Zhejiang and Shanghai and their county-wide coordinated urban-rural development ········ 5
  1.2 Related researches at home and abroad ············· 6
    1.2.1 Progress of related foreign researches ······ 6
    1.2.2 Comments on domestic researches ········· 10
  1.3 Research concept and methodology ·················· 20
    1.3.1 Objective and implication of the research ··· 20
    1.3.2 Research concept ······························ 22
    1.3.3 Methodology ···································· 23
  1.4 Main content and structure ·························· 25

2 Theory of coordinated urban-rural development · · · · · · · · · · · 28
- 2.1 Definition · 28
  - 2.1.1 Concept differentiation · 28
  - 2.1.2 Urban , rural and Urban-rural relationship · 31
  - 2.1.3 Origin and evolution of "coordinated urban-rural development" and its Main implications of "coordinated urban-rural development" · 34
  - 2.1.4 Foreign practices of coordinated urban-rural development · 36
- 2.2 Theory and practice of urban-rural relationship · · · 39
  - 2.2.1 Background and theoretical development of urban-rural relationship · 39
  - 2.2.2 Foreign practices of urban-rural relationship · 49
  - 2.2.3 Development context of urban-rural relationship in China · 53
- 2.3 Modes of coordinated urban-rural development · · · 58
  - 2.3.1 Modes of coordinated urban-rural development in foreign countries · · · · · · · · · · · · 58
  - 2.3.2 Modes of coordinated urban-rural development in China · 62
  - 2.3.3 Domestic theoretical research on coordinated urban-rural development · · · · · · 65

3 Construction of evaluation indicator system of coordinated urban-rural development ······ 68

3.1 Quantitative characteristics of literature review regarding coordinated urban-rural development ······ 68

3.2 Mass selection and basic characteristics of evaluation indexes for coordinated urban-rural development ······ 73

    3.2.1 Setting method of first level index for evaluation of coordinated urban-rural development ······ 73

    3.2.2 Commonly-used final level index for evaluation of coordinated urban-rural development ······ 75

    3.2.3 Selection principles of indexes for evaluation of coordinated urban-rural development ······ 80

    3.2.4 The index system of coordinated urban-rural development built in this work ······ 82

3.3 Comparison of the evaluation system of coordinated urban-rural development constructed in this work and the conclusions in other literature ······ 87

    3.3.1 Study on evaluation of regional coordinated urban-rural development based on integrated AHP/DEA method ······ 87

    3.3.2 Comparison of results of different index systems for coordinated urban-rural development in various provinces of

China ·· 99

4 Combined evaluation model of and empirical analysis on county-wide coordinated urban-rural development in China ·· 101
4.1 Existing research review ···························· 101
4.2 Indexes and methodology ·························· 103
4.3 Empirical analysis ·································· 104
    4.3.1 Evaluation principle and important calculation process ·························· 104
    4.3.2 Ranking of Jiangsu, Zhejiang and Shanghai in coordinated development of in 2007 - 2009 ·· 118
    4.3.3 Effectiveness of spatial statistical analysis and combined evaluation ···················· 132
4.4 Conclusion and recommendations ···················· 142

5 DEA analysis on effectiveness of county-wide coordinated urban-rural development ························· 162
5.1 Related literature review ·························· 162
5.2 Principle of data envelopment analysis (DEA) ··· 165
    5.2.1 SUP-CCR-DEA model ···················· 167
    5.2.2 Malmquist productivity index ·············· 168
    5.2.3 Analysis concept of efficiency of coordinated urban-rural development ···················· 169
5.3 Analysis on DEA efficiency of county-wide coordinated urban-rural development ·············· 170
    5.3.1 Static analysis on efficiency of county-wide

coordinated urban-rural development 170
5.3.2 Dynamic analysis on efficiency of county-wide coordinated urban-rural development 199

6 Assessment of coordinated urban-rural development based on farmers satisfaction 217

6.1 Research perspective and analysis on status quo of coordinated urban-rural development in Minhang District 217
 6.1.1 Research perspective and literature review 217
 6.1.2 Status quo of Minhang District 220
 6.1.3 Characteristics of coordinated urban-rural development in Minhang District 221
 6.1.4 Measures for coordinated urban-rural development in Minhang District 222
6.2 Survey design 230
 6.2.1 Questionnaire 230
 6.2.2 Data acquisition 231
6.3 Data analysis 234
 6.3.1 Reliability test 234
 6.3.2 Descriptive statistics 234
 6.3.3 Sense of identity of coordinated urban-rural development in Minhang District 236
 6.3.4 Analysis on awareness and satisfaction of coordinated urban-rural development in Minhang District 238
 6.3.5 Countermeasures and recommendations 257

6.4 International comparison of effectiveness for coordinated urban-rural development ⋯⋯⋯⋯⋯⋯ 259
  6.4.1 Comparative study on village building in Minhang District and old EU member states ⋯⋯⋯⋯⋯⋯⋯⋯⋯⋯⋯⋯⋯ 259
  6.4.2 Policy recommendations on village governance in developed regions of China ⋯⋯⋯⋯⋯⋯⋯⋯⋯⋯⋯⋯⋯⋯⋯⋯ 268

7 Research summary and outlook ⋯⋯⋯⋯⋯⋯⋯⋯⋯⋯⋯⋯ 272
 7.1 Main Work and Conclusion ⋯⋯⋯⋯⋯⋯⋯⋯⋯⋯⋯⋯ 272
 7.2 Insufficiency of the research ⋯⋯⋯⋯⋯⋯⋯⋯⋯⋯⋯⋯ 275
  7.2.1 Definition of basic concepts and selection of evaluation indexes ⋯⋯⋯⋯⋯⋯⋯⋯⋯⋯⋯ 275
  7.2.2 New binary problem ⋯⋯⋯⋯⋯⋯⋯⋯⋯⋯⋯⋯ 276
 7.3 Research outlook ⋯⋯⋯⋯⋯⋯⋯⋯⋯⋯⋯⋯⋯⋯⋯⋯⋯ 277

References ⋯⋯⋯⋯⋯⋯⋯⋯⋯⋯⋯⋯⋯⋯⋯⋯⋯⋯⋯⋯⋯⋯ 278

Appendix ⋯⋯⋯⋯⋯⋯⋯⋯⋯⋯⋯⋯⋯⋯⋯⋯⋯⋯⋯⋯⋯⋯⋯ 291

Acknowledgement ⋯⋯⋯⋯⋯⋯⋯⋯⋯⋯⋯⋯⋯⋯⋯⋯⋯⋯⋯ 322

1 绪 论

1.1 研究背景与问题提出

1.1.1 统筹城乡发展评价的提出

统筹的原意为"统一地、全面地筹划、安排",发展的原意是指"事物由小到大、由简单到复杂、由低级到高级的变化",城乡统筹发展即通盘筹划城乡关系问题,统筹内容既要考虑城市、乡村的发展速度及两者的协调关系,又要涵盖城乡经济与社会发展中的物质文明、政治文明、精神文明、生态文明建设。

通常在一个区域内存在着城、乡两类经济、社会、生活、生态关系,依照国际上的一般估计,城乡地理面积比约为1∶50,财富能力比约为50∶1,富裕程度比约为70∶30,发达国家城乡人口比约为85∶15,发展中国家约为50∶50(牛文元,2009)[1]。世界各国的农业政策目的主要有两个,一是提高农业生产力和农民生活质量,二是保持农业生态系统的稳定和国家食品安全。目前,发达国家和发展中国家的农业差异显著;农业在发达国家是一个政治和环境议题,在发展中国家是一个经济和社会问题(何传启,

2012)[2]。1979—2011年,中国国民收入实现了年均9.9%的增长率,但是城乡差距也在逐渐拉大。以城乡居民人均收入差为例,1978年为209.8元,2011年为14832.49元。城乡差距日益拉大,"三农"问题已成为21世纪我国全面建设小康社会的关键问题之一。2004—2012年中央连续发布了9个以"三农"为主题的"一号文件"。2012年10月,党的十八大报告提出城乡发展一体化是解决"三农"问题的根本途径。改革开放初期为"保增长"而实施的、城市偏向的城乡关系伴随着我国经济整体实力增长已逐步进入"以工促农、以城带乡"阶段,城乡统筹发展已成为当前作为"农业人口大国"的我国在经济转型过程中的一个重要战略,城镇化有望成为当前我国经济增长的新引擎。

由于我国各地经济实力不同、城市化阶段不同、工业化阶段不同,以2004年重庆市、四川省成都市、浙江省嘉兴市成为国家统筹城乡综合配套改革试验区为标志,各级政府纷纷推出试点地区加速城乡统筹发展。据我们2010年9月网上用"城乡统筹"或"统筹城乡"、"试点"关键词检索、统计,全国共有城乡统筹发展省级以上试点区域79个。其中国家级8个、省级71个;东部地区34个、西部地区16个、中部地区29个;除重庆外,共有地级市43个、县级市19个、区县16个。各级政府已深刻认识到城乡差距严重阻碍了我国经济社会的可持续发展,我国城乡统筹发展已经有很多积极的实践探索,以科学评价的方式回顾、总结、推广十年来我国城乡统筹发展的经验已成当务之急,对当前城乡统筹发展的进行及时评价,能够全面、准确、科学地检查和反映城乡统筹发展的现状,找出本区域城乡统筹发展中所存在的问题及区域间的差距,并且通过评估明确未来城乡统筹发展的方向。

1.1.2 我国统筹城乡发展的基本实施单位

基层政府是处于国家行政机构末端的政府组织,通常指县、乡两级政府。基层政府在我国城乡统筹发展战略中具有重要地位,是城乡统筹发展的操作平台。基层政府最贴近农村、农民和农业,在推动资金、技术、人才等生产要素逐步向农村和农业倾斜方面发挥着重大作用,并运用现有资源为农村经济发展、社会发展和农民生活提供各种公共产品及服务。建设小康社会,难点在农村、关键在农民,全面建设小康社会取决于基层政府。

城乡统筹发展中基础实施单位应该是"乡"还是"县"呢?

乡镇经济是指乡村和镇的经济关系和经济活动的总称。乡镇政府作为最基层的行政组织,由于其在财政上的财权和事权不匹配,除了广东东莞厚街镇等一些经济发达地区的乡镇政府外,大部分已基本不具备依靠自身财政进行其乡域城乡统筹发展的实力。尤其是农村综合税费改革后,乡级财政被变相虚化(同时,分税制改革激发了县级财政的增值潜力),更随着"三提五统"的取消,乡镇政府的财权被县级政府收走,大部分乡镇财政的收入每况愈下。区域统筹需要通过以城带乡、以工扶农的方式进行,没有了财权的乡镇政府在城乡统筹发展中已基本完全处于县级政府的行政控制下,因此我国城乡统筹发展的基本实施单位应该在"县域"。截至 2011 年底,我国共有 2853 个县级行政区划单位(其中:857 个市辖区、369 个县级市、1456 个县)[①]。

---

① 中国国家统计局. 2011 年全国政区统计[EB/OL]. http://www.stats.gov.cn/tjsj/ndsj/2012/indexch.htm.

县域指一个县级行政区划范围内的地域空间,县域经济从广义上讲是指在县域范围内生产力和生产关系的总和,在整个国民经济系列中居于中观层次,是宏观经济与微观经济结合的前沿。

县域经济的系统性为城乡统筹发展及区域创新提供了行政保障。折晓叶、陈婴婴(2006)[3]提出中国政府分权的分水岭应该在县,中国地域结构的稳定支架也在县,中央和地方、城市和乡村、工业和农业、市民和农民、富裕和贫困等社会转型中的基本问题也集中交汇在县。因此,就区域政策制定及实施而言,县际分析在研究区域差异时比省际、市际分析更具实践意义。每个县域都是一个经济、社会功能比较齐全的国民经济小系统、小网络。我国县域人口占总人口的70%以上,县域社会总产值占全国社会总产值的50%以上。构成县域经济的行业、部门、团体门类比较齐全、结构比较完整、功能比较完备,它们相互联系、相互依存、自我循环、自我服务,使得县域经济成为一个在行政管理、公共服务方面有序运作的系统。县级政府拥有乡级政府难以具有的制定地方发展战略和政策的权力,即县域经济既服从高层政府宏观决策的控制和制约,又由于其相对独立性有权把上级政府的宏观决策与本县的实际情况结合起来,容易且迅速地开展模式创新。比如改革以来最著名的发展模式都始于县域创新,发展乡镇企业的苏南模式始于江苏六县,"三来一补"的珠江模式始于东莞、宝安等县,发展私营企业的温州模式始于乐清、永嘉。其次,县域内的道路、供水、给排水、基础教育、医疗等基础设施和公共服务也自成体系;在县域的已有体系上更可以通过新农村建设来扩大公共服务供给、加快基础设施建设。因此,县域城乡统筹发展是我国城乡统筹发展战略中最为基础、最为活跃的组成部分,县域城乡统筹发展的评价应是整体评价我国城乡统筹发展的重中之重。

1.1.3 苏浙沪的区域特征及其县域统筹城乡发展

苏浙沪地区(包含江苏省、浙江省、上海市全境)是我国现代化程度最高的地区,如果把京津沪港澳台不参加排名,浙江、江苏、广东、福建、辽宁、内蒙古、湖北、山东、重庆、宁夏列在中国2010年省区现代化程度的前10名(何传启,2012)[2]。从城市数量上看,苏浙沪地区平均约1800平方公里就有一座城市,约70平方公里有一座建制镇,已经形成了由特大城市、大城市、中等城市、小城市、县城、县属镇和乡级镇组成的七级城镇体系;按人均GDP指标或第三产业结构比例,苏浙沪地区大多数城市正在经历工业化中期的快速增长阶段,即将进入工业化后期发展阶段和工业化高级阶段初期(孙海鸣、赵晓雷,2005)[4]。根据国家发改委《长江三角洲地区区域规划》(发改地区〔2010〕1243号),到2015年苏浙沪率先实现全面建设小康社会的目标,人均地区生产总值达到82000元,城镇化水平达到67%;到2020年,力争率先基本实现现代化,人均地区生产总值达到110000元,城镇化水平达到72%。

本书选取苏浙沪地区所有的县级行政区(县、县级市、市辖区)为评价对象,评价期内县级行政区的个数由于行政区划的调整会稍有变化(如2009年5月,上海市南汇区被撤消,其行政区域并入上海市浦东新区)。为了保证评估的稳定性,我们以2009年底的行政区划为基准进行推算,在2007—2009年间变动的一些行政区划根据这个基准进行数据调整(如本书评估中2007年浦东新区的实际数字由2007年南汇区和2007年浦东新区的相应数字根据区域内人口数等推算而得);除上海外的各个地级市、副省级城市的所有市辖区视为一个,如杭州市的所有市辖区统称为杭州市市辖区,这个统计口径与省级统计年鉴一致。2009年底,苏浙沪地区共有 142 个县级行政区域(含 32 个市辖区、48 个县级市、61 个县、1 个自治县;江苏省 64 个、浙江省 69 个、上海 9 个)。

苏浙沪的县域经济和城乡统筹也处于全国领先水平。2004 年至今,每年苏浙沪都有 50 个以上的县级区域位列"中国百强县"中。在城乡统筹发展方面,浙江省嘉兴市是国家统筹城乡综合配套改革试验区、联合国统筹城乡就业项目试点城市;江苏省无锡市是联合国统筹城乡就业项目试点;苏州市是国家统筹城乡综合配套改革试验区、国家发改委城乡一体化发展综合配套改革联系点,苏州市常熟市是国务院发展研究中心城乡一体化综合配套改革联系点;南京市江宁区是全国城乡统筹规划试点。加之,苏浙沪内部的共同协作发展已经形成了以区域内各地方政府的共识,为跨区域城乡统筹发展研究提供了政府需求背景。因此,苏浙沪的县级区域具有全国最佳的以城带乡、以工哺农的物质基础,也是我国城乡统筹发展的先行示范区。

1.2 国内外相关研究评述

1.2.1 国外研究的主要脉络

城乡统筹是一个中国特色的名词,国外相近研究大多以二元经济、城市化、工业化为主要相关领域。从 19 世纪的空想社会主义开始,刘易斯—拉尼斯—费景汉模型、增长极理论、乔根森模型、托达罗模型直至 90 年代的 Desakota 模式,城乡关系一般经历了生产力低下阶段的乡村偏向、到工业化初期的城市偏向、再到工业化后期的城乡融合。发展中国家,由于工业化阶段起步落后,在进行了一个阶段的工业化后都出现了城乡关系紧张的问题,因此在城乡融合前又有一个乡村导向阶段。其实,所有相关研究都围绕着公平、效率进行,当效率低下时,往往要牺牲公平,由于决策者都在城市就导致了城市偏向;而社会经济发展到一定水平后,公平又成为主要矛盾,这就会导致乡村偏向政策或城乡平衡政策。

目前除发展中国家外,世界各国的城市化实践伴随工业化在整体上趋于完成,战后亚洲的日本、韩国等国都在工业化过程中进行了成功的实践,缩小甚至基本消除了城乡差别。在许多国家,对城乡差距影响国家经济社会发展的担忧都让位于其国家内地区间差距的日益扩大(如俄罗斯等国)。最近国外的研究大体还是沿着工业化、城市化进程的研究范式在走,有关研究视角和研究方法已被国内研究广为采用。比如各国的乡村建设和村庄改造工作一直在延续,而这些国际实践经验现在或多或少地影响着我国城乡统筹发展中的新农村建设(如表1-1)。我们可以发现在城乡关系方面国外理论、实践众多,发达国家已经伴随着工业化完成了城镇化,发展中国家(特别是农业国)与我国一样正在推进城乡统筹。

各国对城乡统筹发展模式的理解主要体现于各国促进城乡发展的政策和实践中。由于城乡统筹发展的模式、样板众多,我国或我国某个区域吸收哪个国家的发展经验成为一个课题,迄今为止对城乡统筹模式的考察尚未突破采取对若干样本国家或者区域的经验加以分析和归纳的方法阶段,目前相关的结论都是置信度有限的经验总结。加之国内外统计资料在体系上缺乏可比性的缘故,往往模式介绍多而没有深入研究这些模式在中国的适用性。

表 1-1 世界各国关于村庄改造的各类实践国家

国家名称	政策名称	时间	政策背景	主要内容	主要经验（或教训）
韩国[5]	新村运动	1970年起	出口导向型发展模式已确立,工农业发展严重失衡,农村问题十分突出	通过农村基础建设,改善生活环境,改变农村面貌,增加农民收入	政府提供有力保障;注重对农民的精神启蒙;以改善农民生产、生活为首要目标,让农民自发参加;有阶段性目标
日本[6]	村镇综合建设示范工程	20世纪70年代开始	快速经济发展和快速城市化,乡村人口过疏、乡村衰微	村镇综合建设构想、建设计划、地区行动计划	政府通过规划引导农村发展,各项优惠政策唤起了各级政府积极性,各个阶段都有农民积极参加
德国[7]	巴伐利亚试验	20世纪50年代开始实验	二战后城乡差距的拉大,大量农村人口涌入城市,引发"城市病",而许多乡村无人居住、日趋衰退	倡导"等值化"理念,通过土地整理、村庄革新等方式,不以城市为发展的标杆,建设与城市不同但同样美好的农村生活	重视规划,民主管理;通过村庄建设改善农村条件,将一部分农民留在农村
意大利[8]	行政管理分散化	20世纪70年代开始	城乡人口分布相对均匀,中心城市和乡村居民点区别不大	城乡规划建设和环境保护的职责集中到区域政府层次	关注基础设施建设问题的同时更为关注如何保护和保留足够的乡村自然空间,如何保护环境

(续表)

国家名称	政策名称	时间	政策背景	主要内容	主要经验（或教训）
巴西[9]	乡村建设法制建设	1964年起	过度城市化，农村劳动力向城市转移过快，造成农业生产劳动力不足，城市化进程与经济发展水平严重脱节	《土地法》、《宪法》、《城市法》规范乡村地区的农业生产、居民生活和经济布局、社会发展等问题	乡村地区社会发展主要依靠农业生产合作社和农工联合企业自发推动，没有最基层的乡村政府机构，缺乏发展规划，无法有效开展居民点整理、村庄生活设施和乡村环境改善等工作，很多乡村地区生活不便
印度[9]	整体环境卫生运动、农村道路计划、农村住宅工程	1985年以后	人口集中于农村，农村建设大大落后于城市	彻底解决农村饮用水和环境卫生问题，建设全天候道路联通各居民点，无房可居者通过政府扶助自建房屋	重视、强调农民的动员和参与；各项工程均由自治机构（如村委会）负责实施

1.2.2 国内研究评述

政府结合自身政策、学界结合自身兴趣进行了很多城乡统筹发展的研究,政府网站、官员发言、文章数据库中都可方便地找到某地城乡统筹发展的评价方案和结论。城乡统筹发展及其评价成为 10 年来国内研究的一个热点。仅以国家社科基金为例,近 5 年结项课题中涉及城乡统筹、城乡一体化的项目有 26 项,课题主持人有来自复旦大学、浙江大学、中国人民大学、湖南大学、郑州大学、石河子大学、重庆工商大学等高校教师,有浙江省省委宣传部、河南省委宣传部的政府官员,也有来自河南省社科院、贵州省社科院及重庆市委党校、山东省委党校、宁波市委党校等研究机构。现有研究已经较完整地讨论了城乡统筹发展的科学内涵和理论机制,并对一些地区的城乡统筹发展进行了评价。城乡统筹发展研究的构架和重点是在理论分析城乡统筹发展内涵的基础上构建一个指标体系并进行实际评价,同时根据理论逻辑推导和评价模型提出城乡统筹发展的模式及对政府管理的政策建议。

国内对城乡统筹研究评价的研究可以通过学位论文、期刊论文、专著、基金项目、研究报告等二手文献进行分析。由于专著完整体现了基金项目和学位论文,学位论文的思路框架与基金项目基本一致,研究报告较难获取或获取资料不全,同时学位论文和基金项目成果一般先通过期刊发表,因此本节除部分政府评价采用政府官网资料外,主要通过对期刊论文回顾来对国内研究进行评价。

在城乡统筹发展方面,期刊论文主要研究的是城乡统筹发展的内涵、城乡统筹发展的政策和经验总结、城乡统筹发展评价三个问题。目前,城乡统筹发展内涵的研究结论已经趋于一致,论文数量明显下降。对城乡统筹发展政策、经验总结的文章数量居高不下,但从文章涉及的区域来看,总结视角为全国、省区、地级市、跨区域的文章皆少而县级区域的较多,这与在评价论文方面县级较少的情况形成鲜明对比,县域城乡统筹发展文献体现出实践多而评价少的数量特征。为了更好地进行县域城乡统筹发展评价,本书从评价者、评价对象、评价框架、评价标准等评价要素对已有的城乡统筹评价期刊论文进行评述。

1) 对城乡统筹发展评价者的评述

城乡统筹发展评价也是政府绩效评价的一个新内容。我国政府和有关专家学者从20世纪80年代中期起开展了形式多样的政府绩效评估探索。除了政府及其相关部门的自我评价或同体评价,我国公众参与的地方政府绩效评估有南京市万人评议、甘肃省第三方评估和公众网上评议三种典型模式,其中由民间组织主导、组织的第三方政府绩效评价在公正性、客观性上受到了公众的认可(姚春辉,2009)[10]。

在城乡统筹发展评价方面,评价者亦分为制定城乡统筹发展政策的各级政府、城乡统筹发展政策的受众(农村基层干部、群众)、第三方等三类。

"受众自发评价"常通过村民小组、村委会、政府网站等渠道反映,亦通过BBS、微博等新媒体发布,但往往只是对某项工程、某个细节的零散反馈,很难直接从中发现城乡统筹的整体概貌,需用数据挖掘技术进行跟踪,这方面研究目前尚属空白。不过,政府评价、第三方评价完全可以借助问卷技术,科学、全面地掌握受众意见、建议。从期刊文献回顾和政府访谈中,我们发现目前对城乡统筹发展某一项或某几项内容(如新农合和新农村建设等)开展的农民满意度调研比较多,对区域内全部城乡统筹发展政策开展满意度调查的非常少,未见定期开展的区域内全部城乡统筹发展受众满意度调查。本书针对上海市闵行区"十一五"期间的全部城乡统筹发展政策措施,对闵行区农民对城乡统筹发展的满意度进行了评价。基层农民对城乡统筹发展的支持度和受益度是城乡统筹发展工作的一个重要衡量指标,因此与政府绩效的发展趋势一致,农民政策满意度应成为下阶段城乡统筹发展评价的趋势之一。

"第三方"的评价其实已有很多,比如新农村建设项目等城乡统筹发展重要内容都已被要求在结项前进行第三方评价,不过这些第三方评价都从项目评估的角度切入,主要考查的是项目财务指标和项目进度,这类评价往往由会计师事务所进行,但没有农民满意数据支持的财务规范很难完整体现真正的城乡统筹发展成效。因此在上海市闵行区等地区从2010年起委托两个组织来进行城乡统筹发展工作的评价,会计师事务所进行财务评价,另一个机构进行农民满意度调查。有时财务规范与农民满意是不一致的,比如曹扬、葛月凤(2012)[11]发现投入资金越多而农民满意度越差的现象,而背后的原因是各个村级项目的规划要求差不多,投入多的背后是基础差或改造难度大。目前,第三方评估信息的公开化已越来越得到政府的重视,比如上海市闵行区区委把第三方评价的内容概要公布于政府网站、部分反馈给各个行政村,有些内容还公示在有关行政村的村务公开栏。此外,学界写的评价文章(包括有政府资金资助或无政府资金资助)也应属此类,此类评价文章理论完整、数量较多,在评价技术上最具创新性,结论对政府的城乡统筹发展决策有辅助作用,很多成果已被吸收为政府评价的重要思路。由于评价者多的缘故,有时对同一评价对象的评价结果并不一致,但综合多样化的评价结论恰可保证城乡统筹发展评价的客观性和公正性。

政府评价以浙江省最具代表性,2005年浙江省率先建立了"统筹城乡发展水平综合评价指标体系",每年发布"城乡统筹发展水平综合评价报告";成都市、三亚市等地区以文件形式公布了各自城乡统筹发展指标体系。这些政府评价报告在指标体系上往往结合了区域城乡统筹发展工作的特点,如成都市就把农村基层民主选举、"三个集中"纳入指标体系,这种指标体系设计思路侧重了重点工作的考核但大大削弱了评价的可比性。

2) 对城乡统筹发展评价对象的评述

本书从评价区域和评价内容两个角度来总结目前期刊论文的评价对象来。

从评价区域看,李勤等(2009)[12]、马珂(2011)[13]的综述文章及本书通过不同检索关键词对论文数量特征进行了统计,发现评价对象为省区、地级市居多,全国和县级区域较少;评价对象隶属东部地区和西部地区居多,中部较少。东、中、西的评价比例因为东、西是城乡统筹发展程度的高低两极,中部问题从某种意义上缺乏特殊性。县域、全国评价开展少而省区、地级市开展多的原因除了数据获取因素外,很大程度可能在于对城乡统筹发展决策制定权上,研究者普遍认为城乡统筹政策在国家层面只是制定基础宏观战略,而财权主要集中于省区和地级市,城乡统筹发展的具体政策思路主要是由省区或地级市来制定的;本书认为城与乡的交接处在县,城乡统筹发展政策执行和贯彻主要在县,因此城乡统筹发展的效果更主要在县级层面体现,开展县域城乡统筹发展评价具有非常重要的指导意义。

目前对县域城乡统筹发展的代表性成果有:高焕喜等(2007)[14]分析了我国县域经济发展中城乡统筹的主要内容和主要机制;郁建兴、周建民(2007)[15]跟踪长兴县城乡统筹发展、建设新农村的2004—2005年的实际进程,研究了其各项城乡统筹发展的主要举措及初步绩效;夏春萍(2006)[16]提出壮大县域经济是城乡统筹经济发展的路径选择,并结合自身调查以湖北省为例提出了以新洲为代表的城郊型、以潜江为代表的工业优势突出型、以监利为代表的粮棉主产区型、以洪湖为代表的平原湖区型、以宣恩为代表的贫困山区型等五种县域城乡统筹发展模式。这些县域研究成果紧扣区域发展特点,但基本没有进行经济社会发展水平相似省区间的跨省比较,没有具体指明评价先进地区对其他地区的具体作用。而对经济社会发展水平相似的省区进行统一比较更能发现县级行政区域城乡统筹发展的规律,有利于国家在更高层面进行统筹规划。本书尝试对苏浙沪三个地理位置相邻、经济社会发展水平接近、区域统筹程度高的区域内的所有县级行政区域进行跨省区比较,结论中侧重县域间的比较和"学习",让每个参评县都能找到与自己统筹实力类似,但统筹程度不同的县,进而可以"一对一"的深入调研、比照、分析,发掘他县的经验和自身的不足。

此外,从国际比较看,对国外村庄改造实践具体评价的文献不少,但结合我国实际开展国际城乡统筹发展评价的比较研究还比较少见。

从评价内容看,评价可分为项目评价和整体评价两类。除了对区域城乡统筹发展整体程度进行评估外,许多作者集中对城乡统筹发展中的新农村建设、新农合、农村教育提升、农民增收等主要项目进行了评价。两类评价都有一个缺点,就是除了单项评价指标比较外,大多只综合成一个总评价指标,无法更好地全面展现城乡统筹发展的程度。

3) 对城乡统筹发展评价框架的评述

城乡统筹发展的评价框架可从指标体系架构和评价方法选择两个方面进行评述。目前可能由于评价指标的获得性及对城乡统筹重点理解、评估目标设定的不同,虽各个指标体系原理相同但没有通用的城乡统筹发展指标体系。

在指标体系构架上,我们不妨从一级指标设置和末级指标设置来分析当前的研究特点。一级指标设定视角可分为从城乡统筹发展目标、城乡统筹发展内在机理、城乡统筹发展研究对象三类,末级指标设置基本对应了经济社会协调发展的内涵。末级指标由于对城乡统筹理解的不同,导致其指标选取各异。北京调查总队(2009)[17]从人口与环境、基础设施与信息化程度、经济发展、生活水平、医疗教育文化发展和社会保障角度提出33个指标;向萍等(2009)[18]从经济协调、社会协调和生活协调角度提出15个指标;申丽娟等(2009)[19]从文教、卫生、居民生活、社会发展与稳定角度提出12个指标;高珊等(2006)[20]从经济、社会、生活角度提出14个指标;吴先华等(2010)[21]从经济发展、基础设施、居民生活、环境质量角度提出20个指标;孙林等(2004)[22]从城乡区位关系、城乡产业关系、城乡居民关系角度提出23个指标;曾磊等(2002)[23]从空间联系、功能联系角度提出28个指标;杨娜等(2010)[24]从城乡经济、社会、环境统筹水平角度提出11个指标。但目前指标设置中有四个不妥,一是不少文献把指标全部设置成比值导致只考虑发展的协调性而忽视发展的绝对水平,造成在评价结果中低水平、高协调区域的城乡统筹发展程度被评估为与高水平、高协调的区域一致;二是指标结合了区域内具体某项政策措施,使得区域间比较缺少可移植性和可比性;三是大部分文献把反映城乡统筹发展绝对水平、协调程度的指标罗列在一起,从最后的评价结论中仅有一个综合指标,无法判别城乡统筹发展绝对水平、协调程度的个体情况;四是只考虑指标的全面性,没有深入检验指标间的相关性和重复性。因此,在指标设置上细分一级指标,分类反映城乡统筹发展绝对水平、协调程度(或城乡统筹发展原因、城乡统筹发展结果),对城乡统筹发展进行多维而非单个总指标评价成为一个研究趋势。指标分类设置后,也为城乡统筹发展的效率研究提供了条件,而目前有些区域开展城乡统筹发展的条件类似但统筹发展的结果不一致的原因就是城乡统筹发展的效率问题,其中的政策导向或官员素质导致的制度效应、集聚效应导致的邻里效应等都值得深思。

评价方法可按指标个数分单指标评价、多属性评价;按评价模型多少,分为单模型评价和组合评价。单指标评价在文献中也较常见,选取的指标主要是城乡人均收入比;该比值往往结合其他定性分析开展,是政府报告、新闻报道中最常见的城乡统筹发展指标,指标趋势从改革开放之初算起呈现缩小→扩大→缩小的规律,近年刚呈缩小趋势。总体上看,评价方法目前以多属性单模型为主,其中 AHP(Analytic Hierarchy Process,层次分析法)和主成分法(主因子法)居多,其他各类综合评价方法也皆有使用,目前多只考虑了评价方法的适用性和科学性,但无法判断哪个方法得到的评估结论是最优的。因此,在保证评价结果一致性的前提下,可以借助组合评价模型将不同评价方法的各个结果予以组合,并给出唯一的评价结果。组合评价整合单模型评价的各种特色将成为城乡统筹发展评价的一种有益探索。

4) 对城乡统筹发展评价标准的评述

城乡统筹发展的评价标准即理想值的设定,也是城乡统筹发展评价的一大难点。目前有两种设定方法:绝对值设定和相对值设定。

绝对值设定是通过实际值与目标值的比较而得。目标值主要参考的是国家、各级政府在区域发展规划的具体目标、小康社会标准,两者之差或比值可折合成分值,结合各类赋权方法可综合得到城乡统筹发展的综合指标即城乡统筹发展的实现程度。该方法简便直观,更便于政府绩效考核,因此政府评价体系多采用这种评价标准设定方法。但这些目标值的设定本身有一个相对性、阶段性,如城乡收入比的目标值设为1、1.2还是1.5在不同评价体系中有不同描述,体现了对城乡统筹发展最终状态的不同理解。

相对值设定其实是一种无量纲化处理,即对指标的原始数据进行相对化处理,理论分析文章多采用这种形式。无量纲化的方法主要使用最小—最大标准化、Z-score 标准化等直线型无量纲化方法。这种方法只能评价相对发展程度,无法判断城乡统筹的实现程度。由于城乡统筹发展应是一个阶段性提升的过程,因此本书采用了相对值设定的方式。

其实,受众满意度也应成为城乡统筹发展的一个评价标准,通常80%应该是个不错的结果了。但对照政府公布的满意度与知网文章中的满意度数据,虽说调研区域不一致,但政府公布数据普遍偏高已成为不争事实,这或许与政府组织调研中的抽样方法及调研监控手段有关。因此,对农民满意度的第三方调研成为增加数据公信力的最佳选择。

5) 对城乡统筹发展评价结论的评述

从评价结论看,提出结论的思路主要是在结合区域政策创新、评价分类的基础上提出政策建议。目前分类还属于单指标分类,随着多维评价指标体系的推进,组合分类将成为下阶段研究的趋势。比如本书进行的就是城乡统筹发展条件、城乡统筹发展水平的两维评价,如果把条件、水平各分为高、中、低三类,那评价结果就可以细分为两维九类。

评价结论的分类标准主要可以分成二类,一类是按已有的区域地理分布特征,如东部、中部、西部等;另一类是按评价结果分类,如高、中、低等。于是,相应提出的政策建议关键词是"模式"或"阶段"。姜晔等(2011)[25]把我国统筹城乡协调发展的模式分为:东部沿海地区大马拉小车、老工业基地振兴地区病马拉好车、中部崛起地区弱马拉重车、西部内陆地区小马拉大车四种模式。吕迪、黄赞(2011)[26]总结了国内城乡统筹的十大典型模式:以乡镇企业为动力的苏南模式,以城带乡的珠江三角洲模式,城乡统筹规划的上海模式,工农协作、城乡结合的北京模式,宅基地换房的天津华明模式,拉农的成都模式,以户籍制度改革为突破口的嘉兴模式,以解决农民工问题为突破口的重庆城乡统筹模式,新农村建设的赣州模式。罗雅丽、张常新(2007)[27]以城乡发展水平和协调度两个指标为依据,将城乡一体化发展划分为传统二元结构、城乡互动起步、初步一体化、中度一体化、高度一体化等五个阶段。

目前对"阶段"的划分相对比较清晰,可以根据定量标准进行计算、归类。对"模式"的评价结论应用还比较笼统,基本没有为各个评价对象指明其与所归纳模式的关系;比如总结了几类模式,但具体到一个评价对象应适用哪个模式往往没有提及。因此,本书结合多维评价指标和 DEA（Data Envelopement Analysis,数据包络分析）方法,能为参评县指明其在城乡统筹发展中的具体参照对象。

本书采用了因果联系来设置评价指标,那么这些常用指标体系使用的城乡发展统筹指标间的关系如何呢？从因果关系考虑,指标可分为显示性指标和分析性指标,显示性指标直接反映了城乡统筹发展结果的状况,分析性指标是影响这些显示性指标的决定因素。本书从民生角度选择显示性指标,从"以城带乡、以工哺农"的思路来设置分析性指标。尽管由于或使用计量模型不同,或讨论的时间跨度不同、地区也不一样,造成不同模型的结论有所分歧,分析性指标和显示性指标的关系在计量分析中并没有得到一致的相关证明,这些已有研究有助于我们进一步了解城乡统筹发展的机理,对我国各级政府因地制宜制定相关政策有重要的指导作用。

表1-2　城乡统筹发展分析性指标与显示性指标的关系

指　　标	缩小差距	拉大差距	其　他
城市化与城乡收入差	陆铭、陈钊（2004）[28]基于1987—2001年间省级面板数据的回归分析表明城市化对降低城乡收入差距有显著的作用	程开明、李金昌（2007）[29]根据1978—2004年的时序数据认为城市化是造成城乡收入差距扩大的原因	郭军华（2009）[30]基于1978—2007年中国省市面板数据,运用单位根检验、协整检验得出城乡收入差距水平较高时,城市化将扩大城乡收入差距;反之,加速城市化能有效地缩小城乡收入差距

（续表）

指　　标	缩小差距	拉大差距	其　　他
人均GDP与城乡收入差		张克俊(2005)[31]基于1985—2003年的全国数据用多元线性回归得出人均GDP提高与城乡居民收入差距拉大呈正相关关系	高展军、于文祥(2005)[32]基于对从1996—2001年全国数据的回归分析认为人均GDP对中国现阶段的城乡收入差距并没有显著的影响
工业化与城乡收入差	陈晓毅(2008)[33]借助结构向量自回归(SVAR)模型方法分析1978—2008年全国数据证明，从长期来看工业化将缩小城乡收入差距。	许秀川、王钊(2008)[34]基于1997—2006年省际数据通过2SLS和3SLS分析得出工业化发展拉大了城乡收入差距	
财政投入与城乡收入差	张克俊(2005)[31]基于1985—2003年的全国数据用多元线性回归得出我国财政支出总量的增长与城乡居民收入差距拉大呈负相关关系	王小鲁、樊纲(2005)[35]分析得到财政转移支付在城乡差距模型中是正系数(扩大差距)，且达到高的统计显著水平	

综上，我们可以发现城乡统筹发展评价尚无通用或公认的评估模型，评价指标、评估方法上各有特色，研究城乡统筹发展效率

的不多,对城乡统筹发展进行组合评价的不多,对跨省区的评估研究不多,对县域的评价研究不多,对城乡统筹发展农民满意度的研究不多。就此,本书拟采用组合评价的方式对跨省区的县域城乡统筹发展评价和区域内的县域城乡统筹发展农民满意度调研展开研究。

1.3 研究思路与方法

1.3.1 研究的目的与意义

1) 研究目的

本书从统筹发展条件、统筹发展水平、统筹发展效率三个方面在理论上探索建立一套具有一定可持续性的动静结合、县域城乡统筹发展评价模型和体系,揭示我国发达地区县域城乡统筹发展的现状、特征与规律,指明其在城乡统筹发展中的对照标杆和学习标杆;从受众满意度角度建立一套调研流程和问卷,知悉区域内农民对各项城乡统筹发展措施的满意程度;进而为县级政府制定、完善其城乡统筹发展政策提供决策依据,推动我国"三农问题"解决和小康社会建设。

2) 研究特点

本书属于应用研究,核心任务是评价体系建立及实践。本书在评价对象上强调了两个"全",在评价方法上使用了四种"组合",在评价结论上本书获得了两种标杆。

在评价对象上,首先选取了苏浙沪三省市的全部县级区域进行跨区域评价,其次对一个参评县的全部统筹发展政策措施进行了农民满意度评价。

四种组合是：

（1）区域间城乡统筹发展程度横向比较、区域内城乡统筹发展受众满意度分析相结合的内外组合或宏观微观组合；

（2）城乡统筹发展条件、城乡统筹发展水平相结合的因果组合；

（3）静态的超效率 DEA、动态 Malmquist 生产率相结合的动静组合；

（4）基于线性评价法、非线性评价法相结合的组合评价模型。

本书基于因果组合的组合评价法得到了县域城乡统筹发展程度的对照标杆，基于动静组合的效率分析得到了县域城乡统筹发展效率的学习标杆。

3）研究意义

（1）提高评价的可持续性和评价结果的可比性

我国地域广大，各地经济社会发展情况有较大的差异。我们在统筹条件、统筹水平、统筹效率三个方面构建了城乡统筹发展的评价体系框架，尝试了村庄改造（一项城乡统筹发展重要基础工作）的国际比较，为区域自身纵向的年度动态比较或同年横向的区域静态比较提供了新的分析平台，为县域城乡统筹发展研究提供了有效的分析思路。

（2）提高评价结果的相容性

对城乡统筹发展评价实践众多、方法众多，不同评价方法必然会导致相异的评价结论，本书以基于平均法的组合评价模型为工具，验证了不同评价方法间在统计上的相容性，从而得到更为合理的评价结果，对今后我国城乡统筹发展的实证评价具有一定的理论价值和示范意义。

（3）提高评价结果的应用性

通过简单培训，县级政府都能应用本书整套评价结论明确、方便地撰写自身城乡统筹发展分析报告。

首先,在可比性、相容性的前提下,本书设计的评价体系能够帮助县级行政区域找到与自身城乡统筹条件相近、水平相近、效率相近的标杆对象。他山之石,可以攻玉,加强对这些"标杆"的对照调研,可以帮助政府进一步做好城乡统筹发展工作的路径。

其次,城乡统筹发展还是一个民生问题,任何忽视农民感知而光从政府绩效角度的评价都是不完整的。在梳理政府城乡统筹发展政策措施的基础上,通过问卷调查、焦点小组座谈等形式摸清农民对所在地城乡统筹发展政策的知晓度和满意度,进而有针对性地提出完善措施。

1.3.2 研究思路

本书根据所研究问题的背景与研究目的,结合国内外城乡关系及城乡统筹发展的理论、应用研究综述,从县域、受众的视角,建立了区域间(县域间、国际)、区域内二个评价体系,归纳出城乡统筹发展程度、农民满意度感知、城乡统筹发展对策三大核心问题,三大核心问题可以归并成二大评价思路,区域间的县域城乡统筹发展程度和效率评价、区域内的县域城乡统筹发展政策措施的农民满意度分析。

区域间的国际比较以村庄改造为例进行中欧比较。区域间的县域城乡统筹发展评价体系围绕城乡统筹条件、城乡统筹水平、城乡统筹效率三个方面进行,整个研究将在理论综述→指标构架→模型分析→实际结果→完善政策→理论总结的循环应用思路总结出一套适合于我国县域推行的城乡统筹发展评价体系,并在评估的基础上帮助各县级政府明确相关的发展路径、完善相应的政策措施。

区域内的农民满意度分析依据"城乡统筹发展政策梳理→问卷设计(客观题测满意度、主观题听意见建议)→问卷调研与分析

→新政策措施建议"的问卷调研流程,站在农民满意度的视角、以上海市闵行区为例进行了城乡统筹发展政策措施的受众满意度评估,根据意见和建议总结各村对各项城乡统筹发展措施的满意程度和存在的不足。

由于采用了多维评价指标体系和 DEA 方法的自身特点,与一般评价结论不同,本书还得到了每个参评县的城乡统筹发展评价的标杆(Benchmark)。标杆管理(Benchmarking)活动源于施乐公司等生产企业,现广泛用于各类组织,是一种面向实践、面向过程的管理方式(李晓燕、冯俊文等,2007)[36],与企业再造、战略联盟一起并称为 20 世纪 90 年代三大管理方法。本书在对县域城乡统筹发展的实际情况进行全面评估的基础上,将县域间的城乡统筹发展程度或效率进行分类比较,进而发掘了适于该县的"对照标杆"(包括参照对象、重点参照对象、反思对象、学习对象和竞争对象)和"学习标杆";通过考察这些标杆区域在城乡统筹发展方面的战略规划、政策措施及经验教训,将发现提升自身城乡统筹发展程度或效率的程序与方法,使得各县的城乡统筹发展工作通过评价而得到不断优化、不断完善和持续改进。

1.3.3 研究方法

本书研究主要采用实证研究方式。

在文献回顾的基础上,构建了城乡统筹发展评估指标体系,针对苏浙沪所有县级区域的城乡统筹发展进行了组合评价,同时以上海市闵行区为例进行了农民满意度的实地调查,然后通过计量统计分析揭示城乡统筹发展在相对发展程度、地理空间分布、政策满意度方面的规律。

1) 文献研究

本书通过对已有期刊、学位论文、专著等文献资料的整理,逐

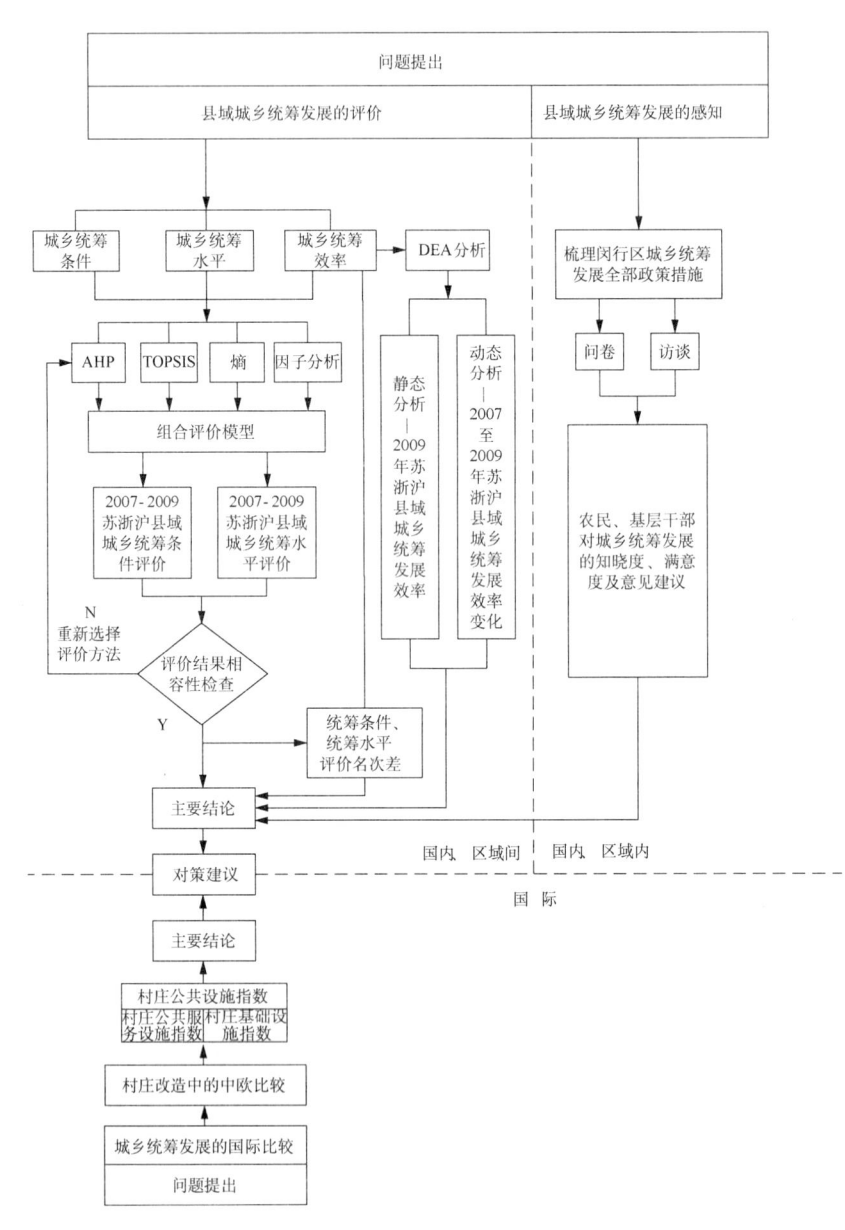

图 1-1　技术路线

步理清城乡统筹发展的理论脉络和研究特点;同时通过公报、年鉴、政府网上信息公开等信息来源掌握了苏浙沪县域城乡统筹发展的基本数据;重点收集了闵行区"十一五"期间的城乡统筹发展相关的政策文本。

2) 问卷、访谈相结合的实地调查

在梳理闵行区所有城乡统筹政策的基础上,对2010年闵行区全部有农业的行政村进行了问卷调查。在农民满意度部分通过问卷进行了主客观题调查;在干部对城乡统筹满意度调查部分采用了访谈方式;除了填写客观问卷外,还请被调查者较自由地描述了他在近年来城乡统筹工作中印象最深、意见最大的事件或意见建议。

3) 计量分析

本书以 AHP(Super Decision 软件)、DEA(Maxdea 软件)、因子分析(SPSS 软件)、TOPSIS(逼近理想解法,Technique for Order Preference by Similarity too Ideal Solution;Excel 软件)、熵(Excel 软件)、组合评价(Excel 软件)等软件为统计工具逐步建立了多种县域城乡统筹发展评价模型。

1.4 主要内容与结构

根据研究思路,本书的主要内容与结构是:

第1章绪论介绍本书的研究背景、研究意义和技术路线。第2章城乡统筹发展的理论概述介绍了各国城乡关系的发展历史、城乡统筹发展的理论演进、我国城乡关系发展脉络和城乡统筹的实践及研究成果。第3章城乡统筹发展评价指标体系的构建在分析城乡统筹发展评价文献的数量特征的基础上,从条件、水平两个维度构建了城乡统筹发展指标体系,应用这个体系对全国各省区的城乡统筹发展进行了评估并把评估结论与已有结论进行了比照。第4章我国县域城乡统筹的组合评价模型及实证分析基于层次分析、因子分析、熵值法、TOPSIS等四种评估方法,对2007—2009年苏浙沪142个县级行政区域进行了相容、有效的组合评价,结果显示:从总体上看城乡统筹发展的水平与条件相关,城乡统筹条件、城乡统筹水平在整体地理分布上都呈现空间集聚特征,依据评估结果各县级区域都可以对应地找到自己的"学习对象"和"竞争对手";其他省区的县级区域也可以按照对应年份结合判断分析找到自己相当于苏浙沪城乡统筹发展的相应等级。第5章县域城乡统筹发展效率的DEA分析应用超效率CCR-DEA、Malmquist生产率指数等工具从静态(2009年)、动态(2007—2009)两个角度对苏浙沪142个县级行政区域进行了效率排序并为各个DEA无效地区找到了学习样板。第6章闵行区城乡统筹发展的现状分析基于政策梳理和农民问卷调查进行了满意度、知晓度分析,挖掘出了农民对城乡统筹发展的意见和建议;同时,设计了一套村庄改造国际比较指标进行了中欧对比研究并提出了我国经济发达地区"十二五"期间的村庄整治工作的战略要点。这一章是在前几章分别评估各县县域城乡统筹发展条件、水平、效率的基础上进一步从农民满意度的角度来分析、评价某一个具体县域(以闵行区为例)的城乡统筹发展政策的贯彻和执行;通过前几章的研究,某县已知与其城乡统筹发展条件近似、水平近似的县或条件近似、水平相异的县;近似县之间可以互相借鉴、共同提高,条件近而水平高的县是其学习对象,条件近而水平低的县是其反思对象。借鉴本章的调研方法与流程,如果各县都在梳理城乡统筹发展政策的基础上定期开展满意度调研,那么不仅该县可发现其城乡统筹各项政策的微观成效,他县也可类比发现该县可以借鉴、学习、反思的城乡统筹发展政策思路,揭示前几章结果中条件接近而水平不同的缘由。第 6 章与前几章分别从微观、宏观的角度对县域城乡统筹发展进行评价,从某种意义而言微观评估更能体现县域城乡统筹发展政策的针对性及有效性,农民政策满意度将成为下阶段城乡统筹发展评价的趋势之一。

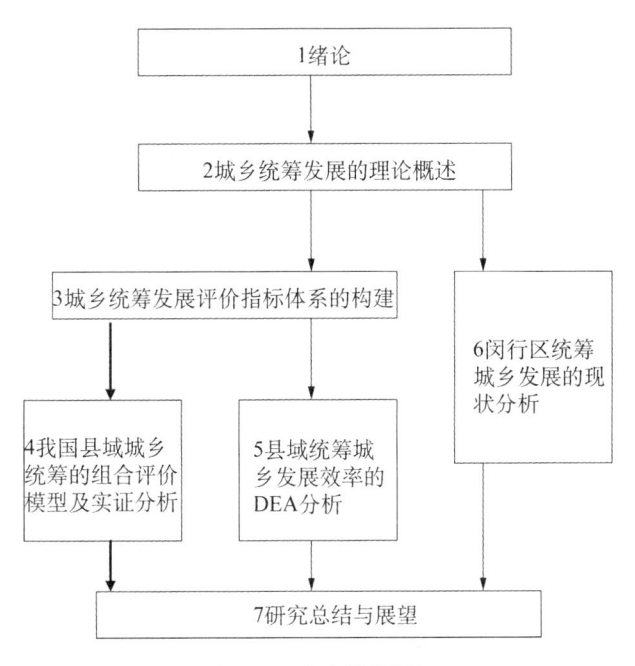

图 1-2 本书结构框架

2 城乡统筹发展的理论

2.1 概念界定

2.1.1 概念辨析

本书首先尝试对"城乡统筹发展(Coordinated urban-rural development)"、"统筹城乡发展(Balanced urban-rural development)"与"城乡一体化(Urban-rural integration)"等三个在具体工作中经常遇到的、意义接近的名词进行概念辨析。

1)"城乡统筹发展"与"统筹城乡发展"两者内涵基本一样,但词组性质不同,使用场合不同

"统筹城乡发展"是动词短语,"城乡统筹发展"是名词短语。从词组性质和词义来看,"统筹"是一个动词词组,本义指做全面的或全局性的谋划,统筹在《现代汉语词典》中意指"统一筹划"(中国社科院语言研究所词典编辑室,2005)[18]。"城乡"是描述地域关系的名词组。因此,"统筹城乡"与"城乡统筹"词性不同,前者是动宾词组,后者是主谓词组。"统筹城乡"有三层含义:一种理念和思维方式;一种方法论;一种实践过程。"城乡统筹"也有

三层含义:描述事物发展的某种性状;指事物发展的阶段性结果;指一类社会问题(戚攻,2007)[37]。

"城乡统筹"是目标和结果,而"统筹城乡"是一种实践思路和实践过程。比如 2002 年,十六大报告提出了"统筹城乡经济社会发展"的战略构想;2004 年 2 月,中央发布了新世纪以来关于三农问题的第一个一号文件,指出要"按照统筹城乡经济社会发展的要求"以尽快扭转城乡居民收入差距不断扩大的趋势;2006 年 2 月发布的新世纪第三个一号文件,部署了"统筹城乡经济社会发展,扎实推进社会主义新农村建设"的中长期历史任务;2010 年的中央一号文件是体现城乡统筹战略最突出的文件。该文件的标题中"城乡统筹"四个字体现了总纲领,而具体内容更体现了"统筹城乡"的实践思想和实践方法。文件指出,要"深入贯彻落实科学发展观,把统筹城乡发展作为全面建设小康社会的根本要求"。可见,新世纪以来的几个一号文件,尽管每年的主题不同,但都贯穿着"城乡统筹"这一最终的目标和结果,抓住了"城乡统筹"这一总纲领,是进行城乡统筹发展的关键。没有"统筹城乡"的理念、方法、行为方式和由此展开的实践过程,不可能实现"城乡统筹"的结果(戚攻,2007)[37]。

据此,统筹城乡发展侧重于实践过程和理念方法,而从结果(或阶段性结果)上讲我们选用城乡统筹发展。

2) 城乡一体化与城乡统筹发展两个概念内涵不同,在我国不同发展阶段出现的频率不同

"城乡一体化"是指城市和农村成为一体,不再有户籍,享有福利的不平等。而"城乡统筹发展"是指国家要重视农村和城市的共同发展,利用资源互补,优势互补,共同发展。

"城乡一体化"是目标和结果。通过"统筹城乡发展"最终实现"城乡一体化"。"城乡统筹发展"是阶段性目标和成果,"城乡一体化"是更高目标和最终成果。洪银兴、陈雯(2003)[38]指出城

乡一体化是城市和乡村经济、社会、文化相互渗透、相互融合、高度依存,城乡一体化包括体制一体化、城镇城市化、产业结构一体化、农业企业化和农民市民化。

在党的十六大召开之前,主要用"城乡一体化"概念。党的十六届三中全会《决定》提出"五个统筹"(统筹城乡发展、统筹区域发展、统筹经济社会发展、统筹人与自然和谐发展、统筹国内发展和对外开放)之后,更多文献开始运用"城乡统筹发展"、"统筹城乡发展"等概念。因此,十六大之前文献和宣传主要用的"城乡一体化"概念,十六大之后更多运用"城乡统筹"概念。

3)在学术研究中,"城乡统筹"比"统筹城乡"出现的频率更高些

2012年11月借助中国知网,按照"关键词"分别搜索"城乡统筹"和"统筹城乡",发现在学术期刊中,"城乡统筹"概念运用更为普及:在"关键词"中含"城乡统筹"的文献,共24955篇(2003—2012年),其中,2012年3344篇,2011—2012年7799篇;在"关键词"中含"统筹城乡"的文献,共18320篇(2003—2012年),其中,2012年2148篇,2011—2012年4474篇,参见表2-1。

表2-1 按"关键词"检索学术期刊"城乡统筹"和"统筹城乡"出现频率汇总

年份	城乡统筹	统筹城乡
2003	173	207
2004	423	474
2005	584	496
2006	1014	530
2007	1707	1374
2008	2665	2463
2009	4673	3872
2010	5917	4430
2011	4455	2326

（续表）

年份	城乡统筹	统筹城乡
2012	3344	2148
合计	24955	18320

上述数据表明:"城乡统筹"当前运用的较多,这也与它本是是名词词组特性有关。

2.1.2 城、乡概念及与城乡关系

1) 城、乡概念辨析

所谓城市从经济学角度说是具有如下特征的地理区域:有相当的面积、经济活动集中、住户集中,各种生产要素市场相互交织形成网状系统,具有明显的规模经济的特征(Werner Zvi Hirsch, 1984)[39]。从社会学角度看,城市被定义为从事非农业人口相互建立社会和市场联系的聚居区,是在地理上有界定的社会组织形式(John W. Bardo & John J. Hartman, 1980)[40]。而地理学上的城市是指地处交通方便环境的、覆盖有一定面积的人群和房屋的密集结合体(刘芳,2008)[41]。在城市规划学中,城市被看成是以非农业产业和非农业人口集聚为主要特征的居民点。在中国,包括按国家行政建制设立的市、镇(中华人民共和国建设部,2008)[42]。

所谓乡村,从职业和功能角度定义就是指的是以农业生产为主体的地域。从生态学角度看,乡村是单个聚落人口规模较小、受城市影响较小、与城市相对隔离、土地利用为粗放型的、城市以外的区域。社会学家和人类学家则抓住了乡村居民和乡村社会的本质属性来定义乡村,认为乡村居民以家庭生活为中心,社会行为的标准比较单一,风俗、道德的习惯势力较大,心理保守,人与人之间直接交往且较为密切,以农业为主,物质文化生活水平

一般较城市低(张小林,1998)[43]。

表2-2 中加日三国城乡定义比较

国家	城 乡 定 义
日本	都市—城市:属于一个地方的工商业中心,与周边地区比人口相对更多。 镇:指人口超过5万的城市。 村:属于郡的下级单位,和町(街道)相比工商业的面积小,山林、田地的面积大。由从事农业、林业、渔业等人员聚居而形成的地区。 郡:除去都道府县、区、市之外的,所划分的一个个地区。一般由几个街道或乡村组成。 町:与村一起构成郡的公共团体。也被称作市或区。
中国	城市:大量的从事工业、金融、商业、文化、交通等非农业生产活动的人口集中,以及其政治、经济、文化中心的形成,是城市的本质特征,充分显示出在国家和地区中的重要职能和作用。 农村:农业生产者的居住地。多为人口聚居的村落,或是散居的田野。其特征是:人口密度低,居住较分散,大多以农为业,家族聚居,成员间相互协作,多有血缘关系;工商业与农业生产和农民生活联系,经济文化水平较低,发展缓慢。随着社会经济的迅速发展和文化水平的提高兼业农户日渐增多,农村与城市的区别逐步减小。
加拿大	城市:一个大型重要的城市社区。在加拿大,有固定疆域和确定的最低人口数的,被省政府授予的合并的社区。 城镇:由住宅、商店、学校、教堂等大型团体形成其特有地方政府的一个社区。城镇通常比城市小,比村庄大。 村庄:由住宅、商店、学校、教堂等团体形成一个社区。在加拿大,村庄是最小的可以有地方政府的社区。 乡村的:与乡下或住在乡下的人相关。与农业相关。 乡村自治:在一些省,自治区域在乡村,由其选举出的长官和委员会管理。

资料来源:金田一京助、山田忠雄、柴田武.新明解国语辞典(第5版)[Z].东京:三省堂,1997;夏征农、陈至立.辞海(第六版普及本)[Z].上海:上海辞书出版社,2010:479,2888;科林斯·盖奇.加拿大平装字典(新版)[Z].汤姆逊有限公司加拿大分部,2006:170,757,909,961。

上面通过对比中国、加拿大、日本三国常用词典上的城乡定义进一步分析城乡的定义。从表2-2中可看出中国、日本和加拿大的城乡定义都考虑了城乡的职能、功能以及地理学上的区别，基本概括出了城乡的基本特征：城市的人口和辖区一般大于乡村，乡村的主要产业是农业，城市的主要产业是工业、商业、服务业等，乡村为城市的发展提供必要的物质资料和人力资源，城市是政治、经济、文化、艺术、交通的中心。

三者城乡定义又是不同的。从日本、加拿大的城乡定义来看，二者都主要从职能和功能角度来定义城乡。虽然用这一标准体现了城乡的职能和功能区别，然而用这一标准区分城乡是缺乏严密性的，首先是对农业的界定上，是以农业人口为标准，还是以利用于农业生产的土地比率为标准，或者是以农业经济在整个经济中的占比为标；其次，对从事农业生产的人口的界定也存在一定难度，尤其在兼业经营比较普遍的地方，界定农业人口和非农业人口就更加难；再次，一些农村地区农业和非农产业混杂，很难对该地区进行归类；最后，由于以这一标准进行城乡定义的模糊性，不同国家采用的标准不一样，国际可比性较差。

从我国的城乡界定来看，我国是综合了职能、社会学和地理学标准，多角度对城乡进行了界定。该定义不仅考虑了城乡功能和地理上的区别，而且结合我国实际，考虑了城乡的经济差距，体现了我国城乡发展中二元经济现状，因而是适用于本书研究目的的城乡定义。

2) 城乡关系

城乡关系是社会生产力发展和社会大分工的产物。城乡关系是一定社会条件下政治关系、经济关系、阶级关系等诸多因素在城市和乡村两者关系的集中反映。产业革命以前的城乡关系主要表现为城市对乡村的依赖，城市非常弱小，农村在城乡关系中占有绝对的优势和地位，城乡关系表现为城市对农村的依赖；

机器大工业出现以后,城市开始加速发展,无论起步早晚,主要发达国家和发展中国家在工业化过程中都出现了严重的城乡二元结构问题,比如乡村衰落、"城市病"等,社会经济矛盾重重,政治秩序极度混乱,城乡贫富分化极其严重,城乡关系日益表现为城乡的背离和对立;工业化后期,现代社会信息技术的发展带动了第三产业的发展,导致整个产业结构的变化,特别是运输和通讯技术的迅速发展,使得通讯、信息成为加强城乡联系的首要因素。城乡之间已经超过简单的单向交换,形成了一个更复杂和动态的相互依赖的网络,按照传统方式来划分城市和乡村已经不那么容易了。城乡之间显而易见的界限已经在工业化和城市化过程中日益模糊,日益改善的交通、通信和信息技术使得这种界限更加不清晰,传统上与城市和乡村相关的环境也丧失了它们的特征,城乡统一体的焦点在于在城市和乡村之间看得见和看不见的人口、资金、货物、信息和技术流动,城乡关系日益表现为城乡联系。

2.1.3 "城乡统筹发展"的起源、演变及主要内涵

1) "城乡统筹发展"的起源和历史演变

城乡统筹发展理论最初源于恩格斯的相关著作,他首次提出了"城乡融合"概念,并指出实现城乡融合的两个标志,一是工人和农民的阶级差别的消失,二是人口分布不均衡现象的消失(中共中央马克思恩格斯列宁斯大林著作编译局,2009)[44]。英国城市学家 Ebenezer Howard(1965)[45]在《明日的田园城市》一书中提倡城乡一体的新型社会形态,从而取代旧的城乡对立的社会形态。20 世纪 60 年代,美国著名城市学家刘易斯·芒福德(2009)[46]旨在让全部居民享受城市生活的益处而极力主张建立更大的区域统一体,实现新的城乡的平衡。这些论断在一定程度上揭示了城乡融合、城乡平衡、城乡一体的社会发展方向。

自新中国成立以来的大部分时间内,基本上实行城乡分治,偏重城市和其居民,优先发展工业,尤其是重工业。因此,在长期实践中逐渐形成了"重城轻乡"的二元结构。2000年底,我国已经在总体上实现了小康目标,但是这个小康还是低水平的、不全面的、发展很不平衡的,相当多数的农民还没有达到小康标准。现阶段城乡统筹发展,尽快提高农村经济社会发展水平已成为我国全面建设小康社会迫切需要解决的问题。

2)"城乡统筹发展"的主要内涵

中共南通市委党校姜作培(2004)[47]把统筹城乡经济社会发展的科学内涵及本质要求就其战略思路归纳为城乡通开、城乡协作、城乡协调、城乡融合等四个层面。首先要打破城乡界限,实现城乡通开,其次要通过城乡产业间、各经济主体间的城乡协作促进城乡协调的形成,最终实现城乡融合。中国环境科学研究院田美荣、高吉喜(2009)[48]认为城乡统筹就是要实现城乡之间生产要素的合理流动和优化组合,在一定经济发展水平下逐步缩小基础设施、公共服务水平等方面差距并使城乡之间各具特色、优势互补。山东省社会科学院农村经济研究所秦庆武(2005)[49]认为城乡统筹经济社会发展就是改变过去城乡分离割裂的传统思路和做法,统筹考虑城乡经济社会发展;统筹城乡经济社会发展,至少应该考虑到生产力布局、就业、基础设施建设、社会事业发展和社会管理、社会保障体系等的统筹城乡工作。城乡统筹发展的主体是中央和地方各级政府,公平地配置资源是城乡统筹发展的主要手段。南京农业大学孙林、李岳云(2004)[22]认为城乡统筹包括城乡关系统筹、城乡要素统筹和城乡发展统筹三个方面的内容。城乡关系包括城乡关系城市与乡村区位关系、工业与农业产业关系、市民与农民关系。工业与农民的关系、农业与市民的关系;城乡统筹的对象应该是土地、资本、劳动和管理等全部生产要素;城乡发展不仅仅是经济发展,还包括社会发展、政治发展。

综上所述,城乡统筹经济社会发展,包含着丰富的思想内容。简单来说,城乡统筹发展,就是城乡整体的协调发展。城乡统筹发展的实质是通过城乡融合实现城乡之间的优势互补、共同发展。从更高层次上来说就是城乡居民平等享有的发展机会和国民待遇,平等享受发展的成果。基本思路表现在两方面:一方面是创造条件增加国民经济总量和可支配财力,加大对农业和农村的支持力度;另一方面通过加大转移支付力度,加强农村基础设施建设,增加农村教育投入,调整税赋政策,增强农业和农村发展的内在动力。

具体来说,首先是国民收入分配向"三农"倾斜,增加对农村公共产品和服务的供给。其次就是要实现城乡资源共享和各种要素市场的通畅,促进城乡一体化的最终形成。最后就是要逐步建立适于城乡统筹发展的新型的农村经济和社会制度,为城乡统筹发展提供制度上的保障。

2.1.4　国外城乡统筹实践

汇总《当代世界农业》(徐世卫、信乃诠,2010)[50]及相关资料,国外城乡统筹实践主要体现在以下几个方面。

1) 欧盟农业政策

始于1962年的欧盟共同农业政策由一系列欧盟农业补贴政策项目和对市场的干预机制组成,总体目标是保障欧盟农民良好的生活标准并以欧盟消费者可负担的价格提供稳定和安全的食品供应。共同农业政策的资金来源于欧盟各国的财政预算,大约占至欧盟整个财政预算的40%。在实施之初,共同农业政策主要体现于共同市场组织(Common Market Organizations, CMOS),20世纪90年代后逐渐引入了"农业发展",欧盟共同农业政策也从直接补贴项目逐渐转向重视长期发展目标。2003—2007年的农业政策改革旨在进一步加强农业部门的竞争力、促进以市场为导向的农业发展和加强农村发展政策;2007—2013年,欧盟农业发展政策的三项平衡发展的主轴:

(1)通过重视职业培训和人力资本开发、重视和发展农业硬件设施和以及促进创新,提高农业生产的水平和农产品的质量、提高农业和林业部门的竞争能力。

(2)通过设置各类农业生产用地标准,对各种可持续用地进行补贴,提高农村地区的发展水平和改善自然环境。

(3)通过村庄翻新改造和发展乡村文化,为农村地区经济发展和人民提供基本服务等提高农村地区的生活质量;通过发展农业旅游、支持农村中小企业建立和发展等促进农村经济多元化。

此外,2007—2013年欧洲农业发展政策还有两个亮点:

(1)支持领导社区动议(Lead community initiative),核心目的就是鼓励当地农民团体提出各种增进本地发展的项目;并规定要有一部分资金用于资助推广该类动议的成功经验而设置的项目,将一部分好的经验用于地区之间的交流和对各地区提供技术指导。

(2)建设农场咨询系统(Farm advisory system),主要帮助农民更加重视生产资料的流动和向农民提供如何在生产过程中按照有关标准以及良好的操作规范进行的咨询服务。

2) 亚洲农业政策

日本、韩国等农业资源匮乏国经济发达,工业化和城市化程度高,但人多地少,农业在国民经济中的作用十分有限,政府充分重视农业在经济、生态和社会等多方面的责任,高度重视以大米为主的粮食安全。日本在新农业法中明确提出将促进农业可持续发展和综合发展作为新时期农业政策的主要目标之一;韩国的"新村运动"通过改善农村生活环境,提高农业生产力和增加农民收入。从20世纪80年代起,日本每年的农业补贴总额都超过了农业本身的产值,农民收入的60%来自于政府补贴,农产品都不同程度得到了政府的价格支持。

以中国、印度为代表的传统农业大国,地多人多,农业在国民经济中占有基础性地位,农民占全国人口的绝大多数。解决好农业发展是确保经济增长和社会稳定的首要问题。农业政策支持主要体现在加强农业投入,提高农业生产水平。

马来西亚、泰国、菲律宾等新兴经济体经历了一个忽视农业到重视农业的反复,20世纪70年代这些国家通过"绿色革命"接受高产农业技术,迅速实现了粮食的自给自足;但此后将经济重点集中到制造业和满足城市人口需要的基础设施建设,农村地区收入和生活水平相对恶化,农业发展成为经济社会全面进步的短板。近年政府又开始重视农业发展。

3) 各国政府城乡统筹发展的代表性做法

韩国政府在积极保护当地环境的前提下,根据各地情况和特色采取不同的发展措施,不断促进城乡交流,提高农民收入。从而实现城乡平衡发展。政府将3—5个村化为一个社区,实现综合发展计划,并鼓励各领域私人部门的专家参与这项计划。

2006年4月,马来西亚提出第九马来西亚计划,将注意力转向城市与乡村、先进与落后地区的差距等现象上来,根据巴达维总理强调的以农业为本的"青皮书计划",农业将获得政府的重点扶持,农业现代化和支援服务获得114亿林吉特。

日本是世界上对本国农业保护程度最深、保护时间最长的国家之一。农业政策的主要目标,一是维持基本农业生产基地以防发生农业产品难以进口的风险;二是支持国内农民收入和农村经济发展。即使是2009年金融风暴时,农业预算还保持为25605亿日元,与2008年26370亿日元持平。

奥地利农民与产业工人比也属于低收入社会阶层,但从社会福利看,工农之间的差别已近乎没有,城市工人有的福利,农民也差不多都有。早在40年前,奥地利就实现了退休养老制度,农产规模越大,退休金越多。

西班牙政府重视加强农村基础设施建设,以国家财政所带动的投资为主,进行农村的基础设施改造、社会制度建设,帮助农村修建和翻新基础设施。

澳大利亚反对任何形式的政府对农业领域的支持,几乎全部取消了世界各国最广泛使用的农产品价格补贴,而趋于采取符合WTO的绿箱政策。

根据《Facts and Figures of the Dutch Agri-sector 2008》,荷兰农业人数就业占3.6%,农业对整个国民经济的贡献为3%,平均每个农业劳动者创造的国内生产总值与其他部门差距很小,因而城乡差距、工农差距也不大。

2.2 城乡关系的理论与实践

2.2.1 城乡关系背景和理论发展

城乡关系发展的历程基本经历了城乡联系——城乡背离——城乡联系三个阶段,在实践上也依次经历了城乡协调发展——城乡发展各有偏重——城乡统筹发展三个阶段。

1) 西方国家城乡关系背景和理论发展

近代西方的城市始于工业化,随着工业化的发展而发展。比如,19世纪后期的美国中西部地区处于工业化和城市化的鼎盛时期,中西部城市异军突起,成为"工业城市化"的典型。"这些城市是工业化的奇迹"(王旭、黄柯可,1998)[51]。

第一次工业革命以前城乡关系主要表现为城市对乡村的依

赖。那时候的城市非常弱小,农村在城乡关系中占有绝对的优势和地位。这一时期,理论研究对城乡关系的关注甚少,城乡关系比较突出的研究成果散见于重农学派的研究成果中。16世纪,G.波特若(Ginvanni Botero,2006)[52]针对意大利各大城市发展停滞的事实,特别指出农业剩余以及农村的发展是城市兴旺的基础。1826年,杜能(Johann Heinrich von Thünen,2009)[53]在所著的《孤立国同农业和国民经济的关系》一书中设立了"杜能圈",树立了城乡经济联系研究的一个典范,成为后来区域经济学、空间经济学的理论基础。

第一次工业革命初期,世界主要发达国家开始了自发性的工业化过程,城市开始加速发展,农业为工业提供"原始积累"所需要的大量剩余,为从事工业生产的人们提供食物,为工业生产提供充足的原料和销售市场,这一时期,城乡矛盾尚未激化,对城乡关系的理论研究以城乡平衡发展理论为主,同时城市的发展受到了高度关注。1776年,Adam Smith(2003)[54]从劳动分工的角度阐述了商业城市的发展和农村的繁荣的关系,指出城乡是相互依存的,良性城乡关系是遵循自然顺序、按一定比例发展的。

随着工业革命在西方国家的推进,城乡关系日益表现为城乡的背离和对立。各国的生产力在获得极大提升的同时,也带来了一系列的社会问题,诸如乡村衰落、城市严重污染和城市贫民窟等。社会经济矛盾重重,政治秩序极度混乱,贫富分化极其严重。在很长一段时期里,城乡不平衡发展观点处于主流地位:"反城市"观点和"亲城市"观点。"反城市"的观点把乡村生活理想化,憧憬乡村田园生活,而把城市化看作是一种极具破坏力的过程。规划运动的创始人,如帕垂克·吉迪斯、雷伍德·昂温和帕垂克·阿伯克隆比(芒顿1983)都致力于把城镇从乡村中清晰地分离出来,并把建设限定在城市边界内以保护乡村免受城市扩张的危害(西敏·达沃迪等,2004)[55]。在现实中表现为城市居民向临近乡村地区的移民。然而,不可否认,理想中田园牧歌式的和谐的乡村神话往往被现实乡村的贫穷与衰败所打破,这表现在乡村农业的退化,就业、教育和医疗资源、公用设施的缺乏。"亲城市"的观点认为城市化是不可避免的,城市化是技术创新、经济发展和社会政治变革的引擎。Joel Kotkin(2006)[56]是这样赞美城市的:城市是人类缔造的最伟大成就,城市是人类具有想象力的恢弘巨作,证实着人类具有重塑自然的能力。总而言之,城乡分离导致当时的西方各国的政策把城市和乡村作为分离的实体来看待。城和乡各有其自己的投资和发展项目,并有不同的空间规划政策。

然而,针对发达国家城乡对立和大城市发展过程中的严重社会问题,也有一些西方学者也提出了城乡平衡发展的观点。Ebenezer Howard(1965)[45]和弗力丘等人提出了田园城市理论作为解决对策。田园城市理论明确提出了"城乡一体化"的观点,倡导要建设兼有城市和乡村优点的"田园城市",达到城市生活和田园生活的完美结合,田园城市实质上就是城和乡的结合体。19世纪初,空想社会主义学说的代表人物 Saint-Simon(2004)[57]、Charles Fourier(1981)[58]和 Robert Owen(1997)[59]也从不同侧面体现了城乡协调发展的构想,希望通过他们心中设想的理想社会组织结构来改变当时面临的诸多社会经济问题。他们甚至进行了社会实验,1824年 Robert Owen 在美国印第安纳州买下1214公顷土地,开始新和谐移民区实验,但实验以失败告终,而 Robert Owen 也因此破产。19世纪40—90年代,Karl Marx & Friedrich Engels(1979)[60]从历史和社会制度角度揭示了城市和农村的相互关系,提出了新的城乡发展理论,认为城乡对立走向城乡融合是社会发展的必然趋势,并指出城乡对立的消灭并不是一蹴而就的,达到城乡融合需要一个漫长的社会历史过程,只有公有制才能真正消除城乡之间的差异而达到城乡一体化。

20世纪以来,随着工业化推进,西方主要发达国家进入了后工业化发展阶段,现代社会信息技术的发展带动第三产业发展,导致整个产业结构的变化,特别是运输和通讯技术的迅速发展,使通讯、信息成为影响城市经济活动集聚的首要因素,城市化进程加快,城市市区人口和企业大量向郊区迁移,产生郊区化和逆城市化现象,城乡关系从背离走向了城乡联系,并且这种联系得到强化。学者们开始探讨农村城市化的一般规律,并从不同角度探讨农村城市化过程中的问题,城乡关系主流理论向城乡平衡发展理论复归。其中比较有代表性的理论有 Eliel Saarinen(1965)[61]的有机疏散理论和 Frank Lloyd Wright(1932)[62]的广亩城理论。1934年,Eliel Saarinen[63]提出了有机疏散理论,其主要思想就是使密集的城市地区分割成几个地域相关联的小面积镇区,并使各个镇区之间既有联系,又有隔离,但从区域的角度上看,则是一个城乡差距较小的城乡区域均质体。Frank Lloyd Wright(1932)[64]提出了广亩城的设想,从而将城市分散发展的思想发挥到了极点。这一设想是把集中的城市重新分布在一个地区性农业的方格网上,从而实现城乡整体的、有机的、协调的发展。

　　2) 发展中国家城乡关系背景和理论发展

　　由于历史原因,发展中国家的工业化产生不同于西方国家,发达国家工业化最初只是自发的社会现象,而发展中国家是在摆脱长期的殖民统治、获得政治独立后才开始工业化过程。一些发展中国家的特大城市的出现很大程度上是殖民统治留下的遗产,而不仅仅是工业化的产物。总而言之,根植于殖民主义的历史背景下发展中国家各地区工业化过程中的城乡关系表现为城乡的不平等和对立,经济二元结构明显,农村衰退,城乡差距扩大,经济萧条。这是发展中国家实行"牺牲农业发展工业、牺牲农村发展城市"的工业化道路的后果。20世纪50年代开始,发展中国家城乡二元经济结构引起了大批学者的关注,如何实现二元结构的转换,促使经济由二元变成一元,促进发展中国家经济发展,成为各学者关注的焦点,其中代表性的理论有二元经济结构理论和城乡不平衡发展理论。前者以"刘易斯—费景汉—拉尼斯模型"(简称刘—费—拉模型)、地理二元结构理论和乔根森模型为代表,后者以城市偏向论和乡村偏向论为代表。

(1) 二元经济结构理论

1954年,William Arthur Lewis[63]认为发展中国家的城乡关系表现为现代工业部门和传统农业部门的关系。而剩余劳动力能否向现代部门顺利转移是促使二元经济转换成一元经济的关键。Karl Gunnar Myrdal(1957)[64]提出了"地理二元结构",指出城乡诸多的差异所产生和引起"累积性因果循环"会导致城乡差异在逐步增大,最终出现"马太效应"。要改变这种地理上的二元经济,政府应该利用扩散效应,促使发达地区累积起的发展优势向乡村扩散。20世纪60年代经Gustav Ranis & John C. H. Fei(1961)[65]修正William Arthur Lewis(1954)[63]的二元结构模型,与刘易斯模型相比,Gustav Ranis & John C. H. Fei[65]强调在城乡经济一体化进程中,要对农业在促进工业增长中的重要作用给予足够重视,农业劳动力移动要以由于生产率提高而出现剩余产品为先行条件。在修正刘—费—拉模型的基础上,美国经济学家D. W. Jogenson(1961)[66]提出了乔根森模型,进一步完善了二元结构理论。

(2) 城市偏向论

发展中国家的经济特点是农业在经济中占有较大的比重,但生产效率低下,工业不发达,经济发展缓慢。根据发达国家的经济发展历程可知,可以通过促进工业化的快速发展,以拉动社会经济的全面发展,这正是发展中国家发展经济的"后发优势"。因此"城市偏向"战略自然成为发展中国家的首要考虑。最具有代表性的理论分为两大类：一类是因对刘易斯模型的反思而发展的乔根森模型和托达罗模型，以及结构转换理论；另一类是以增长极和核心——边缘关系为代表的城乡空间计划发展理论模型。

20世纪60年代后期，美国经济学家D. W. Jogenson(1967)[67]修正了乔根森模型，进一步完善了二元结构理论。依据新古典主义的分析方法，D. W. Jogenson探讨了工业部门对农业部门的依赖关系。该理论认为农业剩余的规模决定着农村剩余劳动力转移的规模，进而决定工业部门的发展。但是，乔根森模型仍然忽视了对农业物质投资的重要性以及城市的失业等问题。

由于发展中国家的城市普遍存在着失业和就业不足、农村人口却源源不断涌入城市的现象，美国发展经济学家Michael P. Todaro(1969)[68]、Harris等(1970)[69]通过对发展中国家劳动力迁移的研究建立了劳动力流动行为模型(托达罗模型)，对发展中国家的这种现象进行了解释和分析。Michael P. Todaro(1992)[70]认为，由于城乡预期收入差异不断扩大，城市就业机会越多，迁移到城市的人口越多，导致城市失业水平越高，所以，在农民收入和农村就业机会没有提高的前提下，单纯依靠创造更多的城市就业机会，是无助于解决城市就业问题的；因此，Michael P. Todaro认为，应该在重视城市发展的同时，关注农村的发展，改善农村的就业状况，这对于解决城市失业问题，促进城市经济和社会稳定发展都有重要意义。与刘易斯不一样，托达罗提出了促进农村综合开发的政策性建议，更加贴近于发展中国家的现实。

然而，虽然乔根森模型和托达罗模型强调了加强农村、农业发展的重要性，但它们还是属于城乡二元分割的理论框架，是城市偏向性的城乡发展理论。

20世纪50年代以来，发展中国家追求经济高速增长，集中大量资源和要素到经济条件较好的地区，然而经济高速增长的结果,不仅没有缓解反而加剧了发达区域与欠发达区域之间的差距,为了对这一现实经济问题进行解释,产生了经济均衡增长抑或不均衡增长的大论战,增长极理论就是这场大论战的产物。这一理论最初由法国经济学家 Francois Perroux(1950)[71]提出,他认为一些地区特别是一些中心城市能产生较强的吸纳辐射作用,加快向自身的发展,而且通过向外扩散,带动其他部门和周围地区的经济增长,也就是极化效应和扩散效应。Francois Perroux(1950)[71]的增长极理论所强调的极化和扩散效应以及地理区位和中心优势,对区域经济发展具有重要的指导意义。该增长极理论后经法国地理学家 J. R. Boudeville(1950)[72]、瑞典经济学家 Karl Gunnar Myrdal(1957)[64]、美国经济学家 Albert O. Hirschman(1958)[73]和 J. R. Fridemna(1969)[74]等经济学家的发展完善,形成了颇具影响力的区域发展理论——增长极理论。按照该理论,城市作为一个增长极,城乡之间的联系主要是城市资源要素通过不同渠道向农村扩散来实现的。由于增长极理论强调追求效率的目标,多数发展中国家在区域发展的早期阶段引入了这一理论。

  核心与边缘理论对解释区际或城乡之间非均衡发展过程具有普遍适用性,由 J. R. Fridemann(1966)[75]在他的学术著作《Regional development policy》一书中正式提出,随后,J. R. Fridemann(1969)[74]又进一步利用 Joseph A Schumper(1961)[76]的创新思想对该理论进行归纳。他认为发展可以看作一种由基本创新群最终汇成大规模创新系统的不连续积累过程,对于迅速发展的大城市系统,由于大城市通常具备有利于创新的条件,类似于核心区,创新往往是从大城市向外围地区进行扩散的,最终使得核心与外围的界限逐渐消失。然而,该理论并不回避核心地区的收益是以牺牲外围作为代价的事实,城乡联系作为全球权利链条的一环将使农村停留在贫困和欠发达的状态。

(3) 乡村偏向论

进入20世纪70年代,当"城市偏向"战略显示失败的时候,传统的自上而下的城乡发展理论受到严重的挑战。由此,引发了对城市偏向理论的激烈批判,例如,Lipton(1977)[77]和Corbridge(1988)[78]指责由于政府对农村的忽视和城市偏向的政策导向,导致农村更穷,发展中国家更加不发达。诺贝尔经济学奖获得者、美国经济学家Becker(2000)[79]等人进一步批判了政府的城市偏向政策。他认为世界各国政府的宏观经济政策、投资基金和公共部门的就业都存在严重的城市偏向,因此世界上的任何一个国家都存在城乡差别,不同的仅仅是城乡差别的程度和形成原因。同时,对城市偏向理论的批判引发了一些学者对自下而上实施方案和发展理论的探索,在理论上最具有代表性的是Friedmann John & Mike Douglass(1975)[80]的"乡村城市发展战略"和Stohr & Taylor(1981)[81]提出的自下而上的"选择性空间封闭"发展理论。

"乡村城市发展战略"是通过乡村城镇化,把乡村转化为乡村城市,并在乡村城市外构建乡村城市地区,作为大城市与乡村城市的连结区域,从而形成乡村城市—乡村城市地区—大城市的空间发展网络。"地域发展方法"则提出了要控制大城市增长、鼓励城镇和乡村发展的自下而上的发展方案。然而,朱宇(2001)[82]认为由于这类"自下而上"的区域发展方案仍然无法摆脱二元化的思维方式,忽略了乡村工业的发展和城市功能,在本质上仍是将乡村与农业,城市与工业挂钩,在实践上也收效甚微,因而80年代以来也越来越失去其号召力。

20世纪80年代,在依附论和新马克思主义发展思潮的影响和启发下,Stohr. W. B. & Tailing F.(1977)[83]提出了"选择性空间封闭"发展理论。这一区域发展理论主张分权,反对区域经济一体化,同时也不赞成闭关自守。这样,通过"自下而上"的发展模式,可以因地制宜进行区域内资源的配置和利用,同时可以控制区域经济发展的不利因素向外界扩散。同样,"选择性空间封闭"发展模式也忽略了城市对农村的辐射带动作用,走向了城乡发展的另一极端。

(4) 城乡协调发展理论

20世纪70年代以来,发展中国家在战后工业化加速发展而出现的各种问题接踵而至,传统的二元结构理论本身的假设前提和结论与发展中国家的经济现实渐行渐远。为了使二元结构理论更接近发展中国家的现实,经济学家开始重新审视城乡联系的观点,出现适用于发展中国家的城乡协调发展理论。

基于对20世纪七八十年代期间两种不成功的城乡发展道路,即大城市—工业道路和"忽略城市"的"选择性空间封闭"发展道路的认识,基于大多数发展中国家缺乏次级城市系统的事实,Rondinelli D. A. (1977)[84]在批判Stohr. W. B.和Tailing F. "自下而上"的以农村为中心的发展模式的基础上,提出了"次级城市发展战略"以促进城乡的平衡发展。由于剩余农产品的市场在城市,而农业投入由城市提供,因此建立城乡关联对城市和乡村的发展至关重要,建立次级城市体系就是解决城乡关联问题、促使经济活动和行政功能在城乡间传播的最佳方案,特别是"农村和小城市间的联系,较小城市和较大城市间的联系",这一方案尤其适用于大多数缺乏次级城市体系的发展中国家。

20世纪80年代中期,加拿大学者T. G. Mcgee(1989)[85]通过三十多年对人口密集的亚洲发展中国家和地区的社会经济发展的实证研究写了一篇名为"城镇化还是乡村城镇化？亚洲新经济交互作用区域的出现"的文章,指出亚洲国家在长期的发展过程中出现了规模庞大的兼有城乡特色的城乡交接带,成为城乡要素流动和配置的重要地区,城乡之间的关系日益密切,这种现象在东亚和东南亚地区尤其明显,促进了城乡的共同发展和城乡居民职业活动和生活方式的转变。T. G. Mcgee把这种机制称作为

Desakota，在印尼语中，Desakota 的含义即乡村城镇化。Desakota 概念打破了城市与乡村这一对传统意义上相对封闭的空间概念，阐明了空间经济系统之间的相互联系和相互作用对城乡经济空间形态的影响，反映了一种以区域为基础、相对分散的城市化道路。因此，Desakota 模式的提出，是向传统西方国家以大城市为主导的单一城市化模式提出的挑战，他通过对城乡之间的相互作用和双向交流的论述，为发展中国家的城市化提供了新思路。

20 世纪 80 年代中期，日本进行了"第四全综国土规划"，该规划以微电子技术和生物工程技术为核心手段，旨在"形成一种具有特色功能的多极型的，能排除人口、经济功能和行政功能等诸功能向某一特定地区过度集中的现象，并促进地区间和国际间的相互补充和相互交流的国土结构"，通过陆海空立体交通体系将整个国土空间连成一体，建立一个城乡融合社会（施源，2003）[86]。日本学者岸根卓郎（1985）[87]总结了日本三次国土规划的经验和教训，根据"第四全综国土规划"的规划思想，提出以"自然"为中心的全新的城乡规划观念，建立城乡融合社会系统，用以解决三次国土规划发展过程中出现的国土资源利用失调等严重的社会问题。他认为要破除城乡之间的界限，促进城乡融合，形成自然与人类系统的完美的定居地。这与西方长期存在的城乡"分割"发展形成了极大的反差。

Mike Douglass(1984)[88]通过对泰国东北部的研究，从城乡相互依赖角度提出了区域网络发展模型。乡村的结构变化和发展主要通过五种"流"，即"人、生产、商品、资金和信息"，与城市的功能和作用相联系，进而导向"城乡联系的良性循环"，从而促进城乡均衡发展目标的最终实现。也就是城乡良性循环的形成过程就是一个城乡系统化、网络化的形成过程。Mike Douglass 指出："网络（network）概念是基于许多聚落的簇群（clustering），每一个都有它自己的特征和地方化的内部关联,而不是努力为一个巨大的地区选定单个的大城市作为综合性中心"。模型强调提高居民的日常生活质量和改善城乡基础设施网络的连接度。

3) 城乡关系小结

(1) 城乡关系需要在全球化背景下从生产系统、金融系统、贸易系统和劳动力市场系统等方面来加以理解。

(2) 那种认为乡村区域主要是农业用途的传统观念既不能反映农村区域的现实,也不能反映城乡关系中乡村的实际情况。

(3) 城乡关系对理解区域性发展的关键问题和形成有效的应对政策意义重大。

(4) 城乡关系需要以一种既有利于城市居民又惠及乡村人口的方式得到加强。

(5) 城乡关系的和谐不仅在于需要加强它们的联系,也在于减轻它们的负面影响。

2.2.2 国外城乡关系实践

1) 英国

在英国,中世纪刚兴起时,城市主要是为了满足本地区的要求,向周围农村提供日用品,充当交换市场,因而不一定同外部世界有很多联系。城市与乡村之间虽有联系,但主要表现为手工业劳动和农业劳动成果的交换,城市向农村提供日用品,农村向城市提供粮食。中世纪英国乡村人口占绝对优势。城市经济只是乡村经济的补充,经济重心在乡村,是乡村统治城市的时期。此时的城乡关系主要表现为城市对乡村的依赖。

到了工业革命时期,工业化的重要作用就是促成英国城市化的发生。随着工业革命的进展,乡村不断城市化,城市支配着乡村的政治经济生活,田园式的英国变为了一个城市国家。

此时英国的城乡关系表现为乡村城市化,属于英国的工业化前期。

英国工业化和城市化的迅速推进,直至19世纪中期英国工业化和城市化的完成,是与英国政府早期推进激进式的城市化政策和自由放任的管理模式密切相关。这种激进城市化策略和放任自由的管理模式导致了几个严重的后果:乡村的停滞、落后,城市生活的两极分化、过度的浪费资源和愈来愈脱离人类赖以生存的自然环境。这不仅抑制了乡村的发展,也抑制了城市的发展,城市支配乡村,城乡日益对立和背离。19世纪末,英国人霍华德(2000)[89]提出了田园城市的构想试图解决这一矛盾。英国政府也逐渐认识到政府干预在维护自由市场运行方面的作用,先后颁布和实施了一系列的法令法规,对社会分配和公共服务领域进行了干预,最终使城市社会问题得到了初步治理。

随着"城市病"的逐渐解决和英国全国上下达成的在全国范围进行城乡规划的共识,从而开创了世界上第一个完整的城乡规划体系,促进了城市乡村问题的解决和近代城乡网络体系的形成。城乡经济的变迁改变了城市对乡村的依附关系,具体表现在城乡之间的经济联系逐渐加强,城乡之间的相互作用明显,随着科技革命、交通、信息技术的迅速发展,城乡联系进一步加强,英国不仅在理论上,而且在政策上进一步从城乡联系的视角来审视城乡关系。

从以上分析,可以看出,英国从中世纪到近代资本主义工业化时期,它的城乡关系的演变轨迹遵循"城市依赖乡村→乡村城市化→城乡背离→城乡联系"这一过程。

2) 日本

前工业时期,日本的农业始终在社会经济中占主导地位,城市也不过是以土地财产和农业为基础的城市,城市的政治、军事或消费中心地位更突出一些。直到明治维新时期,日本推行了一系列促进农业发展的措施,使得日本农业有了很大的发展,为日本工业化和城市化积累了大量的剩余,日本的工业化、城市化得以开始并顺利进行。城市功能不断改变,城市逐渐成为国家经济、文化、科技和政治的中心,日本开始了早期的城市化过程。

随着动力从人力向机械力的转变、第二产业和交通运输业的大发展,日本工业化由轻工业领域向重工业领域转变,大大改变了日本的工业面貌,城市化水平大大提高。城市的发展,不仅表现在城市数量的增加和城市人口的增长,而且还表现城市近郊的城市化,周边农村地区逐渐被纳入城区的范围。城市的性质也随之发生了变化,日本城市由消费城市转变为建立在现代文明基础上的新型的工商业城市。

在日本城市化、工业化加速发展过程中,政府在其中扮演了重要角色。为保障工业化、城市化的有序进行,政府通过各种立法保障各项政策措施的顺利实施。比如提供财政投资贷款、采取财政补贴等优惠措施、扩大政府公共投资、设立专门的金融机构等,同时又制定《国土综合开发法》、《北海道开发法》、《四国地方开发促进法》等,以法律的形式确保政府规划的实施;之后又先后四次制定"全国综合开发计划",来保障城市化进程的顺利进行。在政府的政策和法律的扶持下,日本工业化和城市化得以有序进行,快速发展。1956—1973年是日本工业发展的黄金时期,这十八年中工业生产增长8.6倍,平均每年增长13.6%,农业劳动力平均转移量达到创纪录的水平,每年转移42.9万。

同样,日本在加速工业化的同时,也没能避免农村的贫困化和衰败,城市住房拥挤、交通不畅、环境恶化、城乡两级分化严重。日本工业化和城市化的大发展伴随着城乡差距加大、"三农"问题突出。为协调城乡发展,日本政府适应城市化发展不同阶段的需要,通过立法和适时调整农业发展政策和农村土地制度,并在解决与城市化、农地制度改革相关的农民利益保障问题的过程中，建立和完善了包括农村在内的社会保障制度。到1970年代基本完成了工业化、城市化过程，并进入稳定发展阶段。

3) 巴西

巴西城乡关系很大程度上表现为农业和工业的关系。

巴西曾经长期是葡萄牙的殖民地，在1825年获得政治经济独立。19世纪末，巴西开始了工业化进程。直到20世纪30年代以前，巴西出口农业的发展为工业化提供了较为丰富的外汇储备，为巴西的工业化提供了资金支持。此时，巴西仍是一个以农产品为主的初级产品出口国。20世纪30年代—50年代中期，巴西此时的工业化进程处于被国家强烈干预中，巴西工业化的重心开始转向了重工业，实施"进口替代工业化"战略和重工抑农政策，制造业部门获得较快发展，工业结构逐步从以非耐用消费品为主过渡到以生产资料工业和制造业为主。从20世纪50年代后期开始，巴西政府完全颠覆了传统依靠内资的做法转而依靠国外资本，大量引进外资和技术，巴西工业得到高速发展创造了"巴西奇迹"。

在这一进程中，巴西农业为工业化做出巨大的贡献，主要表现在外汇贡献、基础设施贡献以及工业品消费市场贡献等方面。然而，与其他发展中国家一样，为了快速积累资金以支持工业的快速发展，巴西也采取了扶工抑农政策，主要包括以下几个方面：一是土地政策导致了土地集中于大中型农业企业手中，农村中小农户和无地农民无法享受农业优惠政策，处境艰难，贫富差距日益扩大；二是投资用于优先发展重工业，农业长期缺乏投资，生产效率低下；三是资本密集型的巴西农业现代化难以改变大量农民和农村的贫困状况。

这一时期的工农业政策造成了严重的社会后果：农业生产不稳定、产生了大量农村贫民、城乡差距较大、城市环境恶化等。20

世纪70年代后,在外债、通货膨胀和经济衰退的困扰下,巴西经济陷入了长达二十多年的经济停滞。经济学家将这种发展模式总结为"拉美陷阱"。巴西政府终于意识到对农业忽视、工农业发展不均衡带来的严重后果。70年代中后期开始,巴西政府采取了一系列面向农业有关土地、农业投入、财政和社会保障的政策和措施,以改善三农状况。通过宏观政策的调整,巴西经济出现了全面恢复。

总的来说,通过巴西政府的不懈努力,巴西的经济水平不断上升,工业化进程也逐步深入。而今,巴西已经成为全球第八大经济体。

2.2.3 我国城乡关系发展脉络

在中国,城乡关系问题研究是与社会经济的发展实践紧密相连。在我国,城乡关系发展史更多地表现为城乡差距的形成和发展的历史。城乡差距是我国从农业社会向工业社会转型这一历史性结构演变进程中的问题。它既有一般发展中国家遇到的普遍问题——传统的农业部门与具有较高劳动生产率的现代工业部门的"二元经济"结构,又有特殊问题——高度集中的计划经济体制下实施城乡二元政策所导致的城乡"二元社会"结构:我国农村经济社会发展明显滞后于城市,农村居民生活水平和消费水平明显落后于城市居民。

1)新中国成立以前,对现代城乡关系的探索

自城市产生后,城乡关系便随之而产生,它反映了经济上的社会分工和互通有无的关系,城乡联系的加强对城乡发展具有积极的进步意义。然而,在半殖民地、半封建性的近代中国,随着城乡联系的加强,城乡联系的进步意义的发挥受到严重的阻碍,城乡间形成了对抗性的矛盾,城乡关系严重失衡:城市在经济上剥

削,在政治上统治乡村,而殖民地性强化了这种统治,为城乡二元社会结构形成奠定了基础。并且,近代中国城市空间分布的不平衡造成对各区域农村的辐射带动作用不同,导致了近代中国乡村发展的区域性不平衡性的形成。中国自古以来就是一个农业大国,农村人口占全国人口将近80%,广大乡村的危机与衰败使城市丧失了赖以生存发展的基础,成为近代城市发展变迁的一大阻力,与此同时,发展受制约的城市又因其无法吸纳进入城市的移民,流入城市的人口不能迅速转化为社会生产力,使得城乡对抗性矛盾陷入了恶性循环。为了复兴日益衰落的农村经济,实现"民族再造"和"民族自救",中国掀起了轰轰烈烈的乡村建设运动,有识之士纷纷提出了自己的乡村建设思想,其中,最著名的有孙中山的"耕者有其田"、梁漱溟的邹平模式、晏阳初的定县模式、卢作孚的北碚模式等。可以看出,由于近代中国乡村与城市严重对立,乡村经济萧条,严重阻碍了城市发展,因此,近代有关城乡关系的研究绝对性的偏向于乡村的发展,对城市的探讨几近于无。

2) 新中国成立初期至1978年,"重城抑乡"格局形成和巩固

新中国到1952年,政府面临着恢复国民经济的任务。面对长期形成的相互对立的畸形的城乡关系,政府采取了在经济上允许多种经济成分并存的政策,允许城乡要素自由流动。在这一时期,城乡结构是开放的,城乡之间的迁移相对来说比较自由,城乡关系的发展基本上是正常的(马军显,2008)[90]。

然而从1953年到1978年,我国城乡关系的主要特点是:较先进的工业与落后的农业并存,城市的现代化社会与农村传统社会。城乡社会二元结构伴随我国工业化进程得以形成和固化。这种状况的形成,不仅与我国的经济发展水平有关,也与党和国家的政策方针密切相关。新中国成立以后,毛泽东[91]虽然在不同程度上想到了农民和农村问题,也提出了要把农业作为国民经济

的基础,但是始终是在工业化的视野下来考虑农村问题。他认为在兼顾当前利益和长远利益的基础上,重点发展要放在长远利益上,这是大仁政,"我们施仁政的重点应当放在建设重工业上。"为此,我国确立了优先发展重工业的工业化道路,通过工农业产品"剪刀差"积累工业化资金,同时通过统购统销和户籍制度限制要素自由流动和排斥商品经济,从而确立了依靠农业发展工业,依靠农村发展城市的"抑农重工"、"重城抑乡"的发展格局,这在一定时期内对增强国家实力、保障国家安全做出巨大的贡献。但是,这些政策进一步深化了城乡二元经济结构,造成了城乡分割发展的局面。

3) 1978年十一届三中全会至十六大,重城抑乡格局强化和城乡矛盾凸显

1978年党的十一届三中全会从思想、政治、组织路线、重大历史是非上进行拨乱反正,党和国家工作的重心从"以阶级斗争为纲"转移到现代化建设,经济运行逐步从计划体制转到市场体制。从1978年到1984年,农村改革全面推进,城市改革也取得积极的进展,形成了以农村改革为主、城市改革为辅的局面,城乡关系逐步改善,城乡二元结构有所松动。正如邓小平(1993)[92]所说的:"农业和工业,农村和城市,就是这样互相影响,互相促进"。在理论上,随着1980年代中期乡镇企业异军突起、小城镇的发展和乡村城镇化的发展,开始出现了对城乡一体化的研究,比如景普秋、张复明(2003)[93]在《城乡一体化研究的进展与动态》一文中指出城乡一体化与小城镇发展的密切关系。

1984年党的十二届三中全会通过了《中共中央关于经济体制改革的决定》。这个决定阐明了加快城市为重点的整个经济体制改革的必要性、紧迫性,是指导我国经济体制改革的纲领性文件,标志着改革的重点由农村转移到了城市。伴随着改革重心的转移,各种资源配置也逐步向城市转移,城市改革步伐明显加快,城

乡差距在这一时期急剧扩大,城乡矛盾日益突出。虽然户籍制度有所松动,但是它对改善城乡关系的作用日渐下降。这一领域内卓有建树的是费孝通,他对农村工业化发展,以及农村工业化以及与之伴随的城镇化给予了高度的评价。李泉[94]指出这一阶段经济学领域研究城乡关系问题的代表性著作有3部:中共中央党校与国家经济体制改革委员会编纂的《城乡改革实践的思考》(1987)重点论述了我国城乡经济体制改革的途径;骆子程的《城乡经济结合战略》(1989)以河南省为例提出了城乡经济协调发展的基本内容和建议;中国科学院国情分析研究小组的第3号国情报告《城市与乡村——中国城乡矛盾与协调发展研究》(1994年)以二元结构为主题研究了我国的城乡矛盾问题。

1990年代中期到2002年,乡镇企业的作用日渐式微,农村地区的发展又陷入了新的困境,城市改革仍是中国改革的主导,城乡二元结构的利益重心仍然是城市。针对城乡对立的新情况,理论界逐步意识到城乡分割给经济发展带来的消极作用,1996年,周叔莲、郭克莎、金碚等在《中国城乡协调发展问题研究》中深入分析了城乡经济和社会发展的关系。同年,王积业、王建等在《我国经济发展中的二元结构矛盾与90年代经济发展的出路选择》中提出发挥政府作用、通过"城乡分离"的工业化战略来解决城乡二元结构问题(谢志强,姜典航,2011)[95]。

由此可见,城乡的二元经济结构的形成和强化是我国在一穷二白的基础上和自力更生的条件下开始推进工业化的结果。从1953年到2002年对于城乡统筹发展理论和城乡关系的研究主要是体现在城乡一体化研究、农村城镇化研究和城乡二元结构研究中。

4) 党的十六大至今,以工促农,以城带乡长效机制形成和发展

直到2002年党的十六大才正式提出统筹城乡经济社会发

展,建立工业反哺农业、城市带动乡村的新型城乡关系。十六大报告提出:"统筹城乡经济社会发展,建设现代农业,发展农村经济,增加农民收入,是全面建设小康社会的重大历史任务。"此后,党的十六届三中全会正式提出了"五个统筹"的发展理念,将"统筹城乡发展"放在首位。在2004年9月,胡锦涛在党的十六届四中全会上指出在工业化达到相当程度以后,工业反哺农业、城市支持农村,也是带有普遍性的趋向。同年12月中央经济工作会议指出我国现在总体上已到了以工促农、以城带乡的发展阶段。2005年12月29日,十届全国人大常委会通过了关于废止农业税条例的决定,现行的农业税条例自2006年1月1日起废止,这标志着在中国存在2600年历史的农业税将彻底成为历史。2007年10月,中国共产党在第十七次全国代表大会上指出要解决好农业、农村、农民问题,建立以工促农、以城带乡长效机制,形成城乡经济社会发展一体化新格局。2008年10月,十七届三中全会通过了《中共中央关于推进农村改革发展若干重大问题的决定》,提出到2020年,城乡经济社会发展一体化体制机制基本建立。2010年10月,党的十七届五中全会,通过了《中共中央关于制定国民经济和社会发展第十二个五年规划的建议》,《建议》提出必须坚持把解决好农业、农村、农民问题作为全党工作重中之重,城乡统筹发展,坚持工业反哺农业、城市支持农村和多予少取放活方针。

从党的十六大到2011年这9年里,各省市自治区和直辖市的富有成效、深得民心的城乡统筹发展具体举措同样频出:社会保障体系建设稳步推进,全国城乡超过12.5亿人被纳入基本医疗保险制度;1100多个县(市、区、旗)开展新型农村社会养老保险试点,数以亿计的农村居民告别单纯靠土地养老、儿女养老的模式;实施具有划时代意义的农村税费改革,对种粮农民实行直接补贴等等。毋庸讳言,仅靠九年的城乡统筹发展改革,还难以一下子从根本上改变城乡发展差距扩大的势头,还无法彻底解决城乡二元体制的难题。这九年的改革显示了我国坚定不移推动城乡统筹发展改革发展的决心与能力。

缩小城乡差距,让9亿农民和城市居民一样,享有同等权利、拥有同等机会,这是当前党和国家启动和不断推进城乡统筹发展的出发点和着力点,也是党和国家今后城乡统筹发展工作致力于攻坚的重点。

2.3 城乡统筹发展模式

模式其实就是解决某一类问题的方法论。把解决某类问题的方法总结归纳到理论高度,那就是模式。模式是一种指导,在一个良好的指导下,有助于你完成任务,有助于你做出一个优良的设计方案,达到事半功倍的效果。而且会得到解决问题的最佳办法。城乡统筹发展模式,也就是促进城乡双赢发展的方法论。各国对城乡统筹发展模式的理解主要体现于各国促进城乡发展的政策和实践中。迄今为止对城乡统筹模式的考察尚未突破采取对若干样本国家或者区域的经验加以分析和归纳的方法阶段。因此,所有相关的结论都是置信度有限的经验总结,而决非普遍适用的公理。

2.3.1 国外城乡统筹发展模式

1) 英国城乡统筹发展模式:以市场为主导,以政府为辅

英国是崇尚自由市场的资本主义国家,在工业化和城市化的初始阶段,自由市场观念已经深入人心。但是放任自由的工业化

和市场化给英国的城乡发展带来了一系列的问题:乡村迅速城镇化伴随着农业用地被城市大量侵吞,乡村人口大量向城市转移,农村日益荒凉,城乡差距不断扩大,城乡发展不平衡日益显现,这不仅在一定程度上阻碍了经济的发展,而且造成大量的社会问题。因此到了20世纪初,英国出现了共同解决城乡问题的城市规划和建设理论——田园城市构想。同时,人们逐渐意识到市场本身无法解决由市场带来的问题,以及政府在维护工业化和城市化有序、健康运行不可或缺的作用。二战后,全国上下达成了城乡统筹发展的共识,开创了历史上第一个城乡统筹发展规划体系,与此同时,政府采取了一系列措施促进城乡共同发展,促进了工业化过程中城乡发展不平衡问题的解决。自此,英国开始了"以市场为主导,以政府为辅"城乡统筹发展模式。英国依据1948年通过的《城乡规划法案》,完整建立了世界上第一个城乡规划体系,并设立了独立的城乡规划管理机构体系;公众可以参与政府城乡统筹发展规划决策,使得城乡统筹发展决策具有了广泛的舆论基础,可以保障其城乡统筹发展措施的顺利实施。通过在地价低廉的农村地区购买土地,建立田园城市,促进大城市发展与小城镇发展相结合。

2) 日本城乡统筹发展模式:政府为主导的农业、农村现代化

日本人均资源匮乏,人口较多,在历史上一度经济落后,城乡差距比较大,为了改变这种状况,从20世纪70年代开始,日本采取了一系列措施促进城乡经济的共同发展。

日本采用了"以政府为主导,优先发展工业"的城乡统筹发展模式:一方面聚集发展城市工业,另一方面利用农村廉价劳动力和资源,同时开展农村工业。农村的居民也因此获得了兼业收入,增强了购买农业机械的可能性,同时农村劳动力向城市转移的增速减缓,缓解了城市人口的压力。随着工业化进行到一定阶段后,农业现代化也逐渐展开,农业生产效率得到有效的提高。

(1) 优先发展工业。不仅在城市密集发展工业,并且让工业逐渐发散到农村。不仅使得工业发展就近获得低廉的原料,而且使得青壮年留在农村,控制了大城市人口过快增长。

(2) 立法扶持农业和农村发展,详情参照图 2-1。这些法规在城乡均衡发展以及国土资源的高效利用上,起到了不可低估的作用。

(3) 通过政府力量,将城乡统筹发展纳入国土综合开发计划。通过第四次和第五次全国综合开发计划,改善乡村生活环境,建立起相辅相成的城乡发展机制,把城乡空间融合提高到一个新的水平。

(4) 增加对农村的财政投入。其中最为瞩目的就是建立了补助金农政。补助金农政,为发展农业无偿或者低息提供农业发展需要的资金,很大程度上解决了日本农业发展资金不足的问题。

(5) 健全的农协体制。日本农协是在亚洲办得最成功的农业合作社之一。它是按农村行政区域建立综合型农业合作社的典型代表。现行的日本农协实行基层农协——都道府县联合会——全国联合会的三级体制。基层农协是按市町村行政区域成立的。信用事业的全国联合体为农林中央金库。农协保障了日本农民免受工商业资本的盘剥。

3) 巴西城乡统筹发展模式:以土地改革为核心,重点解决农村贫困问题

巴西工业化、城市化和农业现代化的发展路径令人深思,从"巴西奇迹"到"拉美陷阱",从高速发展到经济停滞,由于城市化发展过于迅速,巴西并没有真正成为经济现代化的国家,甚至还造成了严重的社会问题。借鉴巴西在工业化、城市化和农业现代化过程中的经验教训,可以避免中国城市化过程中走弯路。面对严重的失衡问题,20 世纪 70 年代中后期,巴西政府重新审视工业化和城市化的发展策略,决定着手调整农业政策,重点解决农村

```
综合
├─规划──┬─国土综合开发法(1960)
│  法   ├─国土利用规划法(1974)
│       ├─首都圈整治建设法(1956)
│       ├─地方性的开发促进法
│       │    北海道、东北地区开发促进法
│       │    北陆、中国、四国、九州地区开发促进法
│       ├─重点地区开发规划法
│       │    新兴产业城市建设促进法(1962)、工业整治建设特定
│       │    地区建设促进法(1964)
│       ├─特定地区开发规划法
│       │    暴雪地区对策特别措施法(1962)、劳动力流失地区振兴
│       │    特别措施法(1970)、山村振兴法(1965)、农村地区工业引
│       │    进促进法(1971)煤矿产业地区振兴临时措施法(1961)
│       └─城乡规划法等
│            城市规划法(1968)、农业振兴地区整治建设法(1969)、村落地区
│            整治建设法(1987)、森林法(1951)、自然公园法(1967)、景观
│            法(2004)
│
├─特定    土地改良法(1949)、国土开发机动车干线道路建设法(1957)
│ 部门    道路整治建设紧急措施法(1958)、全国新干线铁路整治建设
│ 规划──法(1970)
│  法    下水道整治建设紧急措施法(1957)、港湾整治建设促进
│        法(1953)
│        治山治水紧急措施法(1960)、灾害对策基本法(1961)、住宅建设
│        规划法(1966)
│        垃圾处理设施整治建设紧急措施法(1972)、电力资源开发促进
│        法(1952)
│        市民农园整治建设促进法(1990)
│
└─其他──与环境相关的规划法
             大气污染防治法(1968)、自然环境保护法(1972)、
             濑户内海环境保护特别措施法(1973)、环境基本法(1963)
         与经济相关的规划法
             煤炭及采矿产业合理化临时措施法(1955)、石油产业
             法(1962)、
             特定机械信息产业发展临时措施法(1978)、
             特定产业结构改革临时措施法(1983)
```

图 2-1　日本现有规划法体系(王雷,2009)[96]

贫困问题,并推出了相应的政策与措施,通过宏观政策的调整,巴西经济出现了全面恢复。农村贫困有很大的缓解,主要包括以下措施:

(1) 进行土地改革:改变土地高度集中的现状,给无地农民分配土地,鼓励荒地开垦。

(2) 对家庭农业给予信贷支持,扶持家庭农业,减免土地税。

(3) 实行最低农产品保护价,加大农业基础设施建设。

通过工资和税收手段和社会保障等各项政策改善低收入者和贫困者的生活状况,以缩小城乡贫富差距。巴西政府每年用于救助穷人的各种救济(包括教育、医疗、文化、土地改革)财政支出达600亿美元,占国家财政支出的10%,加上用于社会保障的支出600亿美元,共占国家财政支出的20%,是国家财政支出最多的一项。2007年社会发展与反饥饿部的预算达120亿美元,为缩小贫富差距提供了财力保障(中国新闻代表团,2007)[97]。

2.3.2 我国城乡统筹发展模式

我国各地城乡状况各不相同,因此每一地方的城乡统筹发展模式各有特色。国内的学者不仅对此进行了一一阐述,而且对各种模式从不同角度进行分类,进行了归纳性的总结,具体可参见表2-3。

表2-3 各地城乡统筹发展模式

分类	城乡统筹模式	模 式 内 容
上海	城乡统筹规划	以社会经济效益为中心,以上海城乡为整体进行统筹规划,促进城乡资源综合开发利用和优化配置,促使城乡共同发展,从而保证上海城乡经济持续、快速、健康发展。

(续表)

分类	城乡统筹模式	模式内容
北京	工农协作、城乡结合	以城市工业支援农村为起点,以乡镇企业发展为脉络,带动郊区社会的政治、经济、文化及城镇建设发展。
珠三角	以城带乡	大中城市带动中小城镇和乡村,空间布局城乡一体。注重城市群体和城乡一体化的总体规划;大、中、小城镇及农村,在规划自身的发展时,不离开总体规划各搞一套,使城乡基础设施共享、体现总体功能,共谋发展。
苏南	乡镇企业为动力	苏南农村与上海以及苏州、无锡、常州等大中城市之间形成互补,完全能够以自身的能动发展,成为区域发展的动力,并通过向城镇渗透、展延,为城市发展提供资源、劳力、市场,以实现城乡互补、互助,直到城乡一体化。
天津华明	宅基地换房	农民以其宅基地按照规定的置换标准,换取小城镇中的一套住宅,迁入小城镇居住,农民原有的宅基地统一组织整理复耕,实现耕地占补平衡。
嘉兴	户籍制度改革为突破口	模式核心主要体现在产权理论、公共服务转型与城乡融合三个层面,核心理念是平等、自愿、有偿、梯度、分享与融合这12字精神。
成都	拉农模式	分三个层次向纵深推进,即以红砂村为代表的近郊模式,发展旅游,就地城市化;以双流县为代表的中郊模式,城乡统筹推进措施主要体现在三集中。以大邑县为代表的远郊模式,坚持"五化"("农业产业化、农村城镇化、产权市场化、服务均等化、管理民主化")联动。

(续表)

分类	城乡统筹模式	模式内容
重庆	人口城市化作为城乡统筹的重要着力点	创新体制,贯通城乡;素质提升,就业带动;异地转移,梯次推进;土地流转,转户定居。
苏州	三置换＋三集中＋三合作＋三统筹	以推行"三集中、三置换"为抓手,建立健全节约集约利用土地资源新机制;大力发展新型农村集体经济,建立富民强村新机制;充分发挥公共财政支撑引导作用,建立健全政府支持"三农"发展新机制;坚持转变农业发展方式,突出生态农业功能,建立现代农业发展新机制;以保障和改善民生为重点,建立城乡就业和社会保障统筹发展新机制。该模式实施需要有一个强有力的政府在政策引导、经济补贴方面提供支持,还需要有一个雄厚实力的村镇集体经济做支撑,需要有一定现代公民意识的广大农民做基础。
赣州	新农村模式	找准了一个极为切实可行的切入点,从村庄整治、改善农民的居住环境开始,让群众马上看到实实在在的好处,从而产生强烈的认同感。通过抓点示范、连点成线、以线扩面、逐步推开。在示范点的选址上,赣州各地把典型示范点选择在交通便利的国道或省道两旁。

注:上海、北京、珠三角、苏南、天津华明资料来源于刘家强,唐代盛,蒋华.我国城乡统筹发展与结构调整的几种模式[J].四川省情,2005,01:11—12;嘉兴资料来源于嘉兴市统计局课题组.统筹城乡发展的"嘉兴模式"研究[J].调研世界,2010,07:31—35;成都资料来源于李光跃,王敏,吴建中.统筹城乡发展的"成都模式"初探[J].系统科学学报,2010,18(01):67—71;重庆资料来源于:周勇,李春红,张涛.基于统筹城乡综合配套改革视角的农村人口城市化:重庆模式探讨[J].中国行政管理,2008,10:76—79;苏州资料来源于陈俊梁.城乡一体化发展的"苏州模式"研究[J].调研世界,2010,07:59—60.赣州资料来源于吕迪,黄赞.中国城乡统筹发展实践模式研究[A].规划创新:2010中国城市规划年会论文集[C],2010:1707—1713.

通过研究发现城乡统筹发展模式的区域性差别明显,既有相似点,又有不同点。相似点就是不论何种城乡统筹发展模式,都从城乡的实际情况出发,大胆进行制度创新,以工业化推动城镇化,促进人口、资金、知识、信息、资源等各种生产要素在城乡之间的双向运动。不同点就是这与其发展的历史背景、基础条件、政策倾向有很大的关系。小城镇的经济集聚力强弱不同,如珠三角为外向型经济,苏南为乡镇企业内生型。上海、北京为大都市带动型。

2.3.3 国内对城乡统筹发展的理论研究

自从2002年党的十六大正式提出城乡统筹发展策略后,各省市地区城乡统筹发展工作如火如荼地展开和推进,取得了不小的成就。因此,2007年以前对城乡统筹的研究主要集中于论证城乡统筹发展是不以人的意志为转移的客观规律,以及城乡统筹发展的重要作用。由于城乡统筹发展的不可避免性和重要作用有目共睹,这里就不一一加以阐述。随着各省市地区城乡统筹发展工作的开展和推进,以工业化和城市化为重心的城乡统筹发展工作逐渐暴露了一些问题,集中表现在:工作急于求成,耕地大量流失,社会保障、教育等制度存在严重的二元现象,失地农业人口的就业问题。2007、2008年后对城乡统筹发展研究开始转向解决城乡统筹发展过程中出现的问题,并且在2007、2008年研究热点主要集中于农村土地征用和使用过程中出现的问题,到了2009年以后失地和少地农民的社会保障、教育、养老等公共服务问题进入了研究者的视野,各学者不仅仅注重对城乡统筹工作本身研究,更注重城乡统筹工作环境的改善,下面对城乡统筹工作存在问题和对策做一简略的概括。

1) 对城乡统筹工作存在问题的研究主要集中几个方面:

(1) 围绕土地产生的问题

首先是,土地征用过程中的补偿、就业安置和被征用土地的农民保障的问题;其次是,土地使用过程中农民得到的补偿不合理,操作不规范;再次是,被征地的农民动迁中对房屋分配产生的矛盾,如面积认定、补偿标准等;最后是,开发利用土地过程中,环境污染给农民的生产和生活环境带来了极大的破坏。

(2) 社会保障体系

我国农村人口占绝大多数,很难实现全民社会保障;同时,由于城乡居民收入水平差距,导致了社会保障缴费水平的城乡差距,从而享受的保障水平也存在较大差距。

(3) 基础教育、社会保障、公共卫生、基础设施建设等方面与城市还存在相当大的差距。

2) 针对以上问题相应的对策和建议既要集中于如下几个方面:

(1) 围绕土地问题提出的建议:

推进农宅地流转制度创新,进一步完善农宅地流转法律制度,大力推进新的农宅地立法过程,健全和完善农宅地管理的法律制度;完善和改革土地征用、使用制度,变征用为购买;改革不合理的户籍制度,降低农民城市化的成本。

(2) 建立农村的社会基本医疗和养老保险制度,使得农村居民纳入我国的社会保障体系,同样能得到基本社会保障。

(3) 改革教育体制,使得农村居民能够平等享受义务教育。同时,完善农村失地居民的就业指导体系,增强失地农民自谋职业思想,提高失地农民素质。

(4) 改革农村金融体制,构建农村金融服务体系,引导城市资金反哺农村、促进农村资金回流,让农民和农村企业也能顺利地贷到款。

纵观以上实践和理论研究成果,城乡统筹发展是不以人为割裂的意志为转移的,农村的发展离不开城市的辐射和带动,城市的发展也离不开农村的促进和支持。因此,一个完整的中国城乡统筹发展战略应该是将农村和城市共同纳入工业化和城市化框架之中,形成城乡互补、联动发展和共同繁荣的协调格局,城乡统筹发展才会具有实践意义,中国城乡关系才会真正趋向协调。

本章脉络总结如下图 2-2:

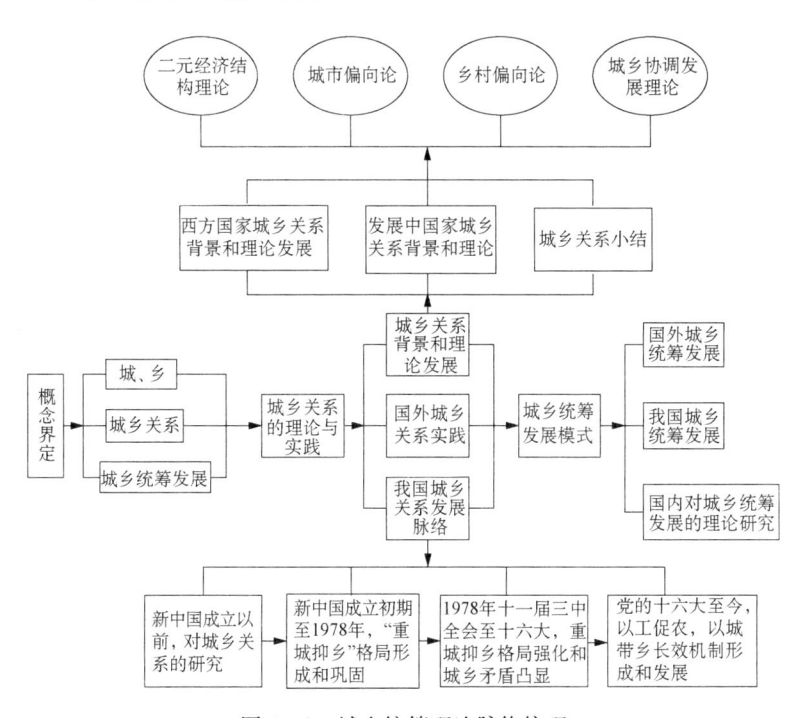

图 2-2 城乡统筹理论脉络梳理

3 城乡统筹发展评价指标体系的构建

3.1 城乡统筹发展评价文献的数量特征

以中国知网期刊为例,我们以主题是"城乡统筹发展"或"统筹城乡发展"且在摘要中出现"评估"或"评价"为检索条件,2011年前共有文献214篇(2003年2篇、2004年7篇、2005年4篇、2006年9篇、2007年16篇、2008年22篇、2009年43篇、2011年59篇);2002年前文献篇数为0,原因是统筹城乡作为"五个统筹"之首是在2002年十六大报告中正式提出,此后才有相应名词和研究;此前研究中与"城乡统筹发展"相近的名词为"城乡一体化",在中国知网上可追溯到最早的评估文献是杨荣南(1997)[98]发表于《城市研究》杂志第2期的《城乡一体化及其评价指标体系初探》。在214篇文章中,核心杂志91篇,CSSCI杂志34篇;149篇文献已被引,其中29篇文献的引用次数大于10次。通读这214篇,删去没有具体评价指标、或内容只是城乡统筹发展下个别具体细目(如土地储备、农村职业教育、居民点整治、大学生村官等)或不满 2 页等的文献,共得文献 78 篇。

从第一作者的单位看,高校占绝大多数,科研机构其次,政府单位占不到 10%。这说明城乡统筹发展评价还处于在理论探讨阶段,高校师生做出了积极的探索,但实际已用于实践指导的通用评价方法和统一评价指标尚未形成。同时从文章受资助情况看,经常可见国家自然科学基金(如马景娜、苏维词,2009;向云等,2010)[99—100]、国家社会基金(如邓玲、王彬彬,2008;任保平、梁炜,2008)[101—102]以及其他各类地方、高校科研基金项目资助的论文,城乡统筹发展评价在近十年间确是一个政府高度关注、学者积极探索的热点领域。

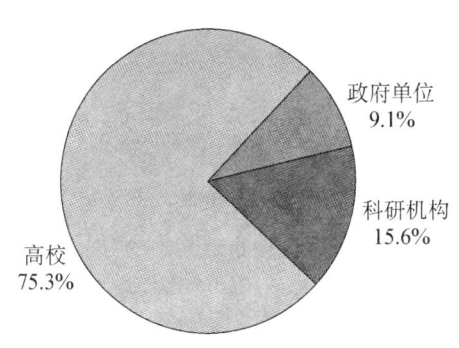

图 3-1 城乡统筹发展评价文献按第一作者单位分类比例图

从评价对象来看,评价对象为省区一级的占接近一半,评价对象为地级市的占 21%,评价对象为县级区域和全国的文献皆不多。且省区、地级市层面以一个省、一个地级市的评价占绝大多数,如高珊等(2006)[20]研究的江苏省、周加来等(2006)[103]研究的安徽省、吴先华等(2010)[21]研究的山东省,以省为研究对象的论文研究的城乡统筹发展行政单位为地级市;张华瑛(2008)[104]对成都下属 19 个区县、董志强(2011)[105]对烟台下属 13 个地市区所做的研究。县级区域的分析基本着眼于一个县(县级市),张晴、杨娜等(2010—2011)[105—108,24]系列论文用同一套指标体系分析了河南省长垣县和偃师市、安徽省宁国市、宁夏回族自治区平罗县城乡统筹发展水平及其变化趋势和成因。从这些文章的研究结论和政策建议看,在省级层面注重于地级市的横向比来看区域间城乡统筹发展的绝对差距,而单个县的研究注重历史角度的纵向比来看单个区域城乡统筹发展的动态趋势。

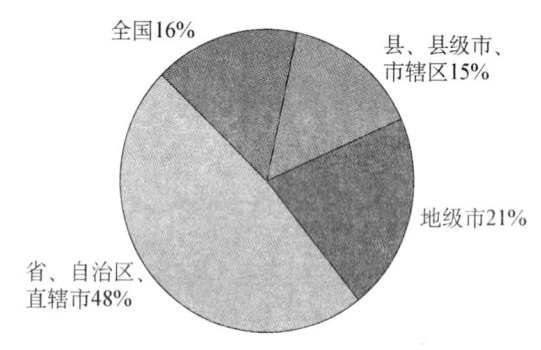

图3-2 城乡统筹发展评价文献按评价对象分类比例图

从跨地区的角度进行研究的比较少,但得到的结果更为丰富。如孙林、李岳云(2004)[22]从城市的规模、发展水平和城乡差距等出发选择跨地区比较对象,针对南京、北京、上海、杭州、天津、武汉、西安、哈尔滨和广州等九个副省级城市(直辖市)进行了城乡统筹发展水平的比较;张晴等(2010)[109]从县域经济城乡统筹发展及模式差异化的角度,在县级层面总结了东部地区萧山、寿光、增城三种代表性的县域经济城乡统筹发展模式;跨地区选择比较对象的原则主要还是地理接近,如任保平、梁炜(2008)[102]对西部11个省区、向萍等(2009)[18]对长株潭三市、黎苑楚等[110]对中部六省进行了横向比较。

除去研究全国的论文,研究东部地区和西部地区的论文比较多,原因是西部重庆、成都两地是国家级统筹城乡综合配套改革实验区,而东部地区城乡统筹发展的基础、态势皆好。

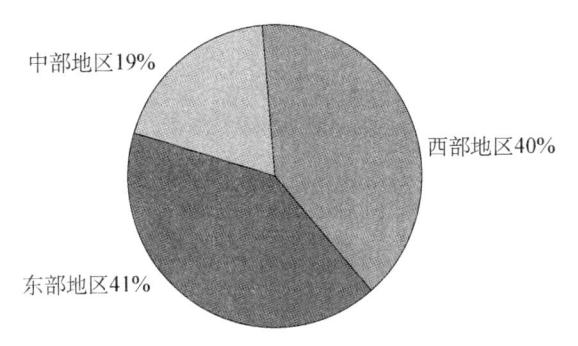

中部地区19%
西部地区40%
东部地区41%

图3-3 城乡统筹发展评价文献按评价区域归属分类比例图

从城乡统筹发展评估使用的数据来源看,使用各类统计年鉴、统计公报等二手数据的文献几乎100%(有些指标应是使用了未公布资料或加工数据,如孙林、李岳云(2004)[22]使用的"城乡居民选举权差异")。因此如果从城乡统筹发展的整个评价体系来看,目前的评价几乎都是从城乡统筹发展结果的统计数据角度来看的,客观性虽强,但都以习俗意义上的协调发展作为统筹成功的标准,缺乏从结合区域社会经济发展特点来考虑城乡统筹发展目标、从百姓受众角度考虑城乡统筹发展绩效的评估方法及实践。

文章的质量或可用核心杂志来体现,但也可用文章的页数来考量。由于城乡统筹发展评价文章大部分缺乏系统理论分析,偏重于政策效果分析,目前大部分论文多发表在非核心杂志上,我们不妨按年统计一下文章的页数,从下表我们可以看出文章的页数大致在4—7页的范围内,超过10页甚至15页的文章非常少。如果从纯学术角度来看,文章的整体理论性偏弱、学术规范性偏差。从文章发表的时效性看,文章见刊时间与文章所评估时段中最后一年年份的时间差大体在 2—3 年。

表 3-1 城乡统筹发展评价文献的平均页数、
平均评价时间长度、发表时间

发表年份	平均页数	评价时间跨度（单位:年）	论文发表年份与所评价年份的时间差（单位:年）
2004	4	7	2
2006	5	1	2.2
2007	3.7	1	1.3
2008	6.9	2.6	2.3
2009	6.7	3.7	2.3
2010	5.8	4.4	2.7
2011	5.4	3.8	2.6

可能由于城乡统筹发展工作推广时间不长或有些指标统计年限不长的双重缘故，评价时间段大致在四年左右，现有研究涵盖了全国、省、市、县的时间序列数据和截面数据；许多文章只能进行一年的静态评估，以省和市的截面数据为主。

从评价方法来看，在除了指标架构还进行实证分析的 59 篇文献中，涉及到 10 多种方法，AHP 最多有 23 篇（39%），主成分法和因子分析法其次有 17 篇（占 27%），第三位的是对指标进行加权加总有 16 篇（占 11%）。根据评价结果与评价数据之间的关系，线性评价法（包括 AHP、熵值权法、德尔菲法等）有 34 篇（占 58%），非线性评价法（包括主成分法、TOPSIS、DEA 等）有 25 篇（占 42%），AHP 法占到线性评级法的 67%，主成分法和因子分析法占到非线性评价法的 64%。

3.2 城乡统筹发展评价指标的海选及基本特征

从目前城乡统筹发展使用的指标来看,定量化研究尚未有统一的指标体系,已有文献所选用的指标各有特点。由于城乡统筹发展指标体系往往有多级,我们可从文献回顾来讨论其一级指标、末级指标设定的视角。

3.2.1 城乡统筹发展评价的一级指标设定方法

城乡统筹发展的一级指标的设定有赖于研究者对城乡统筹发展内涵的理解,由于研究视角不同而有三种设定方法。

一是从城乡统筹发展的目标角度,一级指标可以分为城乡整体发展指标和城乡均衡发展指标。前者如申丽娟、吴江(2009)[19]认为城乡社会统筹的科学内涵是政府对城乡教育、文化、卫生、居民生活、社会保障等事业进行的统一筹划,参照既有的经济社会发展指标体系,选取了文教、卫生、居民生活、社会发展与稳定四个方面12个指标对1997—2006年的重庆市城乡社会统筹发展进行了评价。后者如曾磊等(2002)[23]认为城乡关系的内涵就是城乡发展的关联性和组织性,故从空间联系、功能联系两个方面28个指标对我国2000年31个省市区的城乡关系发展状态进行了静态评价。前后者结合的如顾益康、许永军(2004)[111]在分析城乡一体化的科学内涵的基础上,从城乡一体化发展度、城乡一体化差异度和城乡一体化协调度三个方面42个指标来评估和全面反映城乡一体化的进程;罗雅丽、张常新(2007)[27]认为城乡一体化是在强调城乡互动、协同发展过程的前提下,达到城乡社会经济高度发达、协调的结果,故从城乡发展水平和协调度两个方面17个指标对1980—2004年大西安城乡一体化水平发展进行了评价,并结合这两个方面对大西安地区各年的城乡一体化阶段进行了组合划分。

二是从城乡统筹发展的内在机理角度,一级指标可以分为显示性指标、分析性指标和传导性指标。中国社会科学院农村发展研究所城乡统筹研究课题组(2009)[112]认为能直接体现城乡统筹发展最终状况为显示性指标,说明城乡发展不平衡的原因为分析性指标;分析性指标与显示性指标之间需要市场发育等指标的传导,这类指标称为传导性指标。一级指标由发展导向、市场一体化、经济生活、社会结构、社会事业发展五个方面构成,末级指标有11项。类似的,付兆刚(2009)[113]把城乡统筹经济社会发展解析为最基本的过程、结果两个子系统36个末级指标。过程指标指带有投入性质的要素,结果指标是指带有产出性质的要素;对过程、结果平均赋权构建了城乡统筹经济社会发展的总指标。

三是从城乡统筹发展的研究对象角度,一级指标可以分为城市指标和乡村指标。比如薛红霞等(2010)[114]从城市子系统和乡村子体系2个方面30个末级指标,两个子系统熵权法综合得分的平均值就是广州市城乡发展协调度(2002—2008年)。

现有文献大多采用作者理解的城乡统筹内涵来设置一级指标,此类方法确实非常简单、直观,但设置时往往只考虑了城乡的协调度而忽视了城乡发展的绝对水平,如高珊等(2006)[20]把所有指标都设置成比值。也有些文献在设置指标时考虑了自身城乡统筹发展的工作特点而变成工作考核,有欠区域可比性与移植性,如三亚市人民政府(2012)[115]在三亚市统筹城乡发展评价指标体系设置了区镇文体建设综合指数、村(居)委会文体建设综合指数两个指标,这两个指标依据《三亚市区镇经济和社会发展主要指标考核办法》,来源于市文化广电出版体育局。绝大部分论文把城乡整体发展指标、城乡均衡发展指标放在一起或显示性指标、分析性指标放在一起,综合成一个城乡统筹发展水平指标,更科学合理的方法应该是采用顾益康、许永军(2004)[111]、罗雅丽、张常新(2007)[27]、张元红(2009)[112]、付兆刚(2009)[113]、薛红霞等(2010)[114]中使用的组合评价。即先从城乡整体发展、城乡均衡发展分别评价,再对整体发展和均衡发展进行赋权综合;或先从城、乡角度进行分别评价,再对城乡进行赋权综合;也可对原因、结果进行分别评价,再对原因、结果进行赋权综合。在赋权综合得到总指标前,根据组合评价可得到 2 个维度 4 种(2×2)或 2 个维度 9 种(3×3)的分类情况来立体地显示城乡统筹发展程度。

3.2.2 城乡统筹发展评价的常用末级指标

在我们此次重点分析的 78 篇文献中,使用率超过 25% 的最常用的末级指标(括号内是使用该指标进行评估的文章比例)依次是城乡人均收入比(44.8%)、城乡人均消费支出比(40.3%)、非农人口占总人口比重(35.8%)、城乡恩格尔系数比(31.34%)、城乡人均 GDP(29.9%)、非农产业产值占 GDP 比重(26.9%)、农民人均纯收入(26.9%)。

首先,这些指标基本对应了城乡统筹发展所要求的经济社会协调发展的内涵,但在文化统筹、社会统筹方面的指标比较少用,其实这对应着评估数据可能性原则,目前在文化、社会统筹方面的基础统计数据不全。第二,除农民人均纯收入外皆为比值,暂且不论比值多少为合理,就是光选取这些比例指标说明指标设计过于强调了城乡统筹发展的城与乡之间的相对协调性而忽视了经济社会发展的整体绝对水平;这就造成了高珊等(2006)[20]选取了经济、社会、生活共15个比值后,评估得到2004年盐城市、宿迁市的城乡统筹融合度超过了南京市的情况,这类评估把"城乡一体化"有点等同于"城乡一样化"了。第三,可能是由于对城乡统筹发展内涵理解视角、评价指标获得性及忽视指标相关性验证等原因,即使是对同一个区域的城乡统筹发展评价,选取的指标也不相同。以江苏省南京市为例,在78篇文献中共有4篇文章涉及的评估区域涵盖了南京市(如下表),属于比率类指标占51.5%,平均每篇文献末级指标16.5个,使用AHP法的文献占50%。

表3-2 已用于评估南京市城乡统筹发展的评价指标举例

文章名称	总评估指标和方法	一级指标名称	末级指标名称
高珊等:城乡统筹的评估体系探讨——以江苏省为例(2006)[20]	城乡融合度,AHP法	经济融合度、社会融合度、城乡生活融合度	城乡人均GDP比;城乡人均工业产值比;城乡人均第三产业增加值比;城乡人均财政收入比;城乡人均财政支出比;城乡人均社会保障支出比;城乡初中毕业生升学率比;城乡每百小学生教师拥有量比;城乡每万人拥有医生比;城乡每人拥有医疗床位比
童玲玲等:江苏省城乡统筹评价体系评估及探讨(2007)[115]	城乡统筹发展水平,DEA法	经济统筹、社会统筹、空间统筹、环境统筹	区域城市化率;城乡人均收入;城乡人均第二产业产值比;城乡人均第三产业产值;城乡人均财政支出比;人均居住面积;城乡人均储蓄余额比;城乡人均恩格尔系数比;城乡人均社会保障

(续表)

文章名称	总评估指标和方法	一级指标名称	末级指标名称
			支出比;城乡电话普及率比;城乡初中毕业生升学率比;城乡每百万人医生比;城乡每百万人拥有医疗床位数比;城乡人均年生活用电量比;城乡人均公路密度比;城乡环境污染治理投资总额比
孙林、李岳云:南京城乡统筹发展及其与其他城市的比较(2004)[22]	城乡统筹发展水平,AHP法	城乡关系统筹、城乡要素统筹、城乡发展统筹	城乡科技三项费用的财政支出;城乡单位土地面积的固定资产投资;金融机构农业存款与农业贷款;城乡劳动生产率;城乡每百人拥有的卫生技术人员;城乡每百人拥有的医疗床位数;城乡文、教、卫等事业费的财政支出;城乡最低生活保障普及率;工农产品价格;城乡二元结构强度;城乡财政支出;金融机构短期工业贷款与农业贷款;农业财政税收收支;城乡人均工业产值;城乡人均第二产业产值;城乡居民人均纯收入;城乡居民人均储蓄存款额;城乡居民消费水平;城乡居民恩格尔系数;城乡居民交通、通讯和文教消费;城乡居民每百户耐用消费品拥有量;城乡最低生活保障水平;城乡居民选举权差异

(续表)

文章名称	总评估指标和方法	一级指标名称	末级指标名称
吴建楠等：长江三角洲城市群城乡统筹发展的空间差别化研究(2010)[116]	城乡统筹水平综合得分，主成分法	城镇化、外向型经济、城乡收入、城乡交流	地区人均GDP；非农业产值比；非农产业劳动力比；城镇化率；区域二元结构指数；城乡收入水平对比指数；经济外向度；人均教育支出；每万人拥有大学生人数；固定资产投资占GDP比重；城乡恩格尔系数比；人均实有道路面积；人均邮电业务量；百户互联网用户数；百户本地电话用户数；万人拥有医疗床位数；万人公共图书馆藏书

苏浙沪以县级区域为评价对象的文献不多。江苏省研究的文章最多，但多在地级市层面，县级层面较少，且评价指标选取未见官方口径。浙江省发改委、统计局在"十一五"期间每年公布全省市县的城乡统筹发展水平综合评价报告，上海市发改委、上海市社会科学院在"十一五"期末起每年出版的年度郊区发展报告中公布以实现城乡一体化为目标的郊区各县区新型城镇化评价。三省市以县级区域为评价对象的城乡统筹发展评价指标体系(详见表3-3)中，一级指标为3—4个，末级指标平均为16.7个，涉及城乡比值的指标为15个，人均数据类指标12个。

表 3-3 以县级区域为评价对象的苏浙沪城乡统筹发展的评价指标

资料、文章名称	总评估指标和对象	一级指标名称	末级指标名称
仇方道、熊瑾燕：江苏省城乡统筹发展水平评价与区域分异(2007)[117]	城乡统筹发展综合指数；2003年江苏省全部54个县（县级市）	经济联系、交通信息联系、非农业化水平、社会服务联系	人均GDP；农村人均纯收入；人均财政收入；交通信息联系；公路线网密度；农村人均固定电话拥有数；人均邮电业务量；非农业化水平；劳动力非农比重；非农业人口比重；第三产业比重；社会与服务联系；每千人拥有医院床位数；教育普及率；居民养老保险参保率
浙江省发改委、浙江省统计局：浙江省2010年及"十一五"城乡统筹发展水平综合评价报告(2011)[118]	城乡统筹发展水平综合得分；2010年浙江省全部11个市、58个县(县级市)以及按一级财政体制结算的萧山、余杭、鄞州三个区	统筹城乡经济发展、统筹城乡社会事业和基础设施、统筹城乡人民生活和社会保障、统筹城乡生态环境	二、三产业从业人员比重；一产劳动生产率；人均GDP；人均地方财政收入；财政支出中用于"三农"的比重和增幅；标准化公路通行政村率；农村安全饮用水覆盖率；城乡生均教育事业费比率；千人医务人员数；农业技术人员相当于农业从业人员的比例；城乡居民人均收入差距倍数；城乡人均生活用电支出比率；城乡人均文化娱乐教育、医疗保健支出比率；城乡信息化水平比率；城乡低保水平差异度；参加社会保险人数占全社会从业人员比重；环境质量综合评分；农村垃圾收集处理率；农村卫生厕所普及率；村庄整治率
上海市发展和改革委员会、上海市社会	郊区新型城镇化水平；2010年上海市全	城镇化水平、城镇化质量、城乡	非农业户籍人口比重；农村从事农业的从业人员比重；非农用地比重；空气质量优良率；工业废水排放达标率；农村人均区县财

（续表）

资料、文章名称	总评估指标和对象	一级指标名称	末级指标名称
科学院:上海郊区发展报告(2010—2011)(2011)[119]	部9个郊区县	一体化水平	政三农投入;单位非农土地产值;工业固体废物综合利用率;城镇人均住房面积;第三产业产值比重;农业劳动生产率;城乡居民收入比;城乡居民恩格尔系数;城乡居民教育文化娱乐消费支出比

同时可以发现,浙江、江苏基本对市辖区未进行评价,原因是大部分市辖区未按一级财政体制结算,那么江苏省13个地级市的市辖区、浙江省除萧山、余杭、鄞州三区外的所有市辖区有没有城乡统筹问题呢?答案是肯定的,而且代表着大城市驱动型的城乡统筹发展模式。既然这些市辖区的财政绝大部分未按一级财政体制结算,那么我们不妨把苏浙各地级市的所有市辖区看成一个区域;该区可视为按一级财政体制结算,在历年的浙江省统计年鉴中就是把市辖区作为一个单独统计单位来公布数据的,江苏省有关数据可以通过地级市以及与其下属县市的对应差额数据推算。

3.2.3 城乡统筹发展指标选取的原则

每篇评价文献都会表明评价指标选取的原则,但由于文献篇幅所限基本又不展开,原则的含义有些不清。因此,我们选取了2005年的浙江评价指标体系、2012年的三亚评价指标体系等两个已经正式用于地区实践的指标体系;并且选择了一个田美荣、高吉喜(2009)[48]的评价指标体系建立原则,该指标体系考虑了经济、政治、社会、环境、特色五个统筹,指标体系设计全面,尤其后两个统筹非常有特色。

表3-4 代表性指标体系的构建原则及原则释义

指标体系名称或指标作者	指标体系构建的基本原则	对基本原则的解释
浙江省城乡统筹发展水平综合评价指标体系及方法(2005)[120]	全面性和针对性原则	统筹城乡发展涵盖经济发展、社会事业、人民生活、生态环境等多个领域,统筹城乡发展水平综合评价指标体系既要全面反映各个领域的发展状态,又要通过城乡比较和对重点指标的监测,着重反映统筹城乡发展水平,为进一步推进统筹城乡发展提供决策依据
	可行性原则	要充分考虑统计资料的来源,便于从现行统计资料中直接或间接获取。但有些必需的统计指标虽然目前难以直接取得,但通过这项工作,促使有关厅局建立相应的统计制度。在指标设置上也要体现少而精的原则,所选指标控制在20个以内
	导向性原则	评价统筹城乡发展水平不能只反映经济领域,也不能只考虑发展速度,而要落实以人为本,全面、协调和可持续的科学发展观,体现城市、乡村在各领域的统筹发展水平
2011—2015年三亚市统筹城乡发展评价指标体系(2012)[121]	全面性原则	指标体系的构建从客观实际出发,既能反映我市在经济社会各领域取得的成果,也能反映城乡发展存在的差距,全面、真实、客观地反映统筹城乡发展进程
	科学性原则	选取的评价指标既相互独立又相互联系,既有主体指标,又有辅助分析指标,形成有机整体,科学地反映经济、社会和人的发展状况

(续表)

指标体系名称或指标作者	指标体系构建的基本原则	对基本原则的解释
田美荣、高吉喜(2009)[48]	可操作性原则	指标设置要建立在现行统计调查和部门行政记录的基础上,评价指标的选取便于收集和量化
	全面、协调、可持续发展原则	评价体系设计要客观真实的反映城乡关系的各个方面,同时各指标间既相互独立,又相互联系构成有机整体
	城乡关联性原则	选择指标应该能准确体现城乡之间的互动、差异及协调程度
	操作性原则	指标的设置要少而精,在实际分析中要易于计算和评价分析,力求数据的可得性、可量化

从上表,我们可以发现评价指标选取的原则大同小异,基本要求是科学反映城乡统筹发展的内涵,全面涵盖城乡统筹发展的主要建设内容,指标要易于收集且可量化。在政府指标体系中有些指标不在通常统计指标中但可由政府部门单独统计,而高校学者文献中强调指标的地区可比性而侧重于强调指标数据都应在已有统计资料中。

3.2.4 本书构建的城乡统筹发展指标体系

1) 指标体系初选及确定

在指标体系的初选上,我们采用了文献统计法、理论分析法和专家咨询法三个途径以满足指标选择的完备性和针对性。在文献统计中,对已有文献中的指标(特别是针对苏浙沪和县域层面的文献)进行了频度统计,筛选出频度较高的指标。理论分析法是结合城乡统筹发展的内涵和目标,筛选出针对性强的指标。在前两者的基础上,首先构建了一个初步的指标体系(入选的指标都已满足可获得性),然后进一步咨询有关专家意见(五位专家分别来自上海交通大学、上海社会科学院、上海应用技术学院和闵行区农委)后确定。

2) 评价对象的选择

由于县级层面的数据分散且难获,县级层面横向比较的城乡统筹发展研究开展并不十分普遍,且某些研究设计的评价指标体系无法应用于其他地区,原因是指标体系所需数据在其他地区无法获取,从而阻碍了城乡统筹发展指标体系的推广和城乡统筹发展成效的比较。处于我国经济最发达地区的苏浙沪地区,其经济实力从人均GDP看已接近富裕国家水平,这个区域内的区域协调及联动效应比较明显,以该区域的县(县级市、市辖区)为样本进行城乡统筹发展实证评估对我国整体城乡统筹发展工作具有示范、借鉴作用。2009年,苏浙沪共有24个地级市、214个县(县级市、市辖区),由于资料可获得性的原因,我们把除上海外的各地级市市辖区各视为一个(如苏州市下辖6个市辖区,在本书中归并为"苏州市辖区"),上海的9个无农业的中心城区也不列入考虑,因此本次共有32个市辖区、48个县级市、61个县、1个自治县共142个县级行政区域(其中,江苏省64个、浙江省69个、上海9个)列入本书研究范围。2007、2008年的数据根据2009年底的行政区划变动做了一些修正。

3) 指标体系的设定

在已有文献中,对城乡统筹发展的评价往往只侧重于发展的结果,这种方法有一个忽视因果关系的"缺陷"。比如:如果把人均GDP和城乡收入比放在一起赋值考虑,许多研究已经表明两者之间存在着明显的相关性,这提示我们可对评价体系进一步细化。于是,我们在构造城乡统筹发展评价指标体系时以"条件指数"衡量各地的城乡统筹发展条件,以"水平指数"进行城乡统筹发展水平的比较。根据对已有文献分析,城乡统筹评价应该可以分为城乡整体发展指标和城乡均衡发展指标,也可从显示性指标、分析性指标角度来设置。本书试图综合运用这两种设置方法,即考虑城乡统筹发展条件、城乡统筹发展水平两个角度来设置一级指标,从政府投入角度设置城乡统筹发展条件,从民生角度设置城乡统筹发展水平。设置一级指标时考虑因果关系,设置末级指标时考虑整体发展和均衡发展。为了避免混淆本书指标体系中作为指数考虑的"城乡统筹发展水平"与通常文献中所说的"城乡统筹发展水平",我们除本段外统一把我们设计指标体系中的"城乡统筹发展条件"简称为"城乡统筹条件"、把"城乡统筹发展水平"简称为"城乡统筹水平"。

首先设置的城乡统筹水平,经济社会发展的终极目标是提高人民的生活质量和幸福感,因此从民生角度而言,百姓体会到的城乡统筹水平可以从收入、支出、保障三个方面考虑,城乡人均收入比(人均城镇居民可支配收入/农民人均纯收入)是最常用的城乡统筹发展衡量指标;支出(消费)反映了城乡人民消费需求的满足程度,城乡消费比(城镇居民人均消费支出/农村居民人均消费支出)较精确地衡量了城乡居民生活质量。保障水平体现的是对社会公平和稳定的维护。指标设置不仅要考虑农民个体的平均指标(统筹的有效性或发展性),也要考虑其与城市居民的差距(统筹的公平性或协调性)。城乡人均收入比、城乡人均消费支出比、城乡人均低保比等三个指标从收入、支出、保障三个方面考察了城乡统筹发展协调性的优劣,用于比较各个区域内城、乡两者之间经济社会发展的协调水平。农民人均纯收入、农民人均生活消费支出、农村居民最低生活保障标准可用于衡量区域间收入、支出、保障的绝对水平,体现城乡统筹发展的绝对水平。城乡居民在社会保障上的差异是不容忽视的,但指标比较复杂,社会保障(保险)名目繁多,难以用简单指标统计,目前比较合适的指标只有低保数据最为公开、及时、全面。这恰好也回归了社会保障的最初含义——"救贫"和"防贫",即保证所有社会成员至少都能享有最低的生活水平。

  城乡统筹条件的已有研究不多,如黄国桢(2009)[122]在讨论推进城乡统筹条件时,使用了人均GDP、农业增加值占GDP比重、农村人口占常住人口比重三个条件来看城市支持农村、工业反哺农业的能力。我们考虑城乡统筹条件时,选取指标的出发点就是体现"以工哺农、以城带乡"。一方面要考虑所在区域城(工)的综合实力,如GDP、人均GDP、城市化率、非农GDP占比;第二要考虑可以统筹的财政能力,如地区一般财政支出及人均地区一般财政支出;第三要考虑已有的公共社会服务基础,公共社会服务是城市存在、发展的物质载体和社会进步的前提条件,集中体现了以往各种资源投入在区域间差距,但一些指标比较难以反映出发达地区近年城乡统筹发展工作的绩效(如电视覆盖率、电话普及率等)或难以获取(如垃圾处理率、生活污水纳管率等)。公共服务中最重要的就是教育和医疗,教育数据尽管在省市区面上较全,但大学生源来自各地,目前很难找到外地生源地的现成数据,一些大城市中小学生中也已出现了大量的外来人口,进行横向比较时可能会有失偏颇。因此,我们选取了以医生数为代表的、"无法移动"的医疗资源作为公共服务的代表。在指标设计上绝对性与相对性同样兼顾,在考虑总体指标的时候设计了对应的人均指标使得区域间更具可比性。平均指标是一个区域城乡经济发展水平主要体现,均值越大,水平越高;总量指标代表着一个区域规模实力,总量越大,规模越大,体现要素集聚保障城乡统筹发展的物质基础。两者都在某种意义上代表着一定的经济发展阶段。有些地区人均指标不高但总量很大,也可以动用足够资金在农村建设几项如医院、学校的民生工程以改善城乡统筹条件。

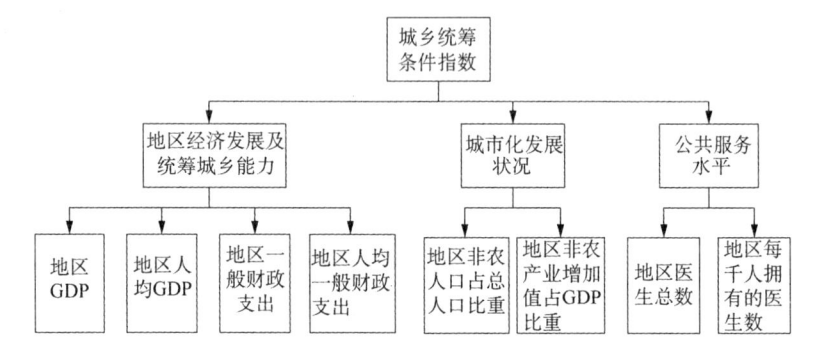

图 3-4　城乡统筹条件指数的结构框架

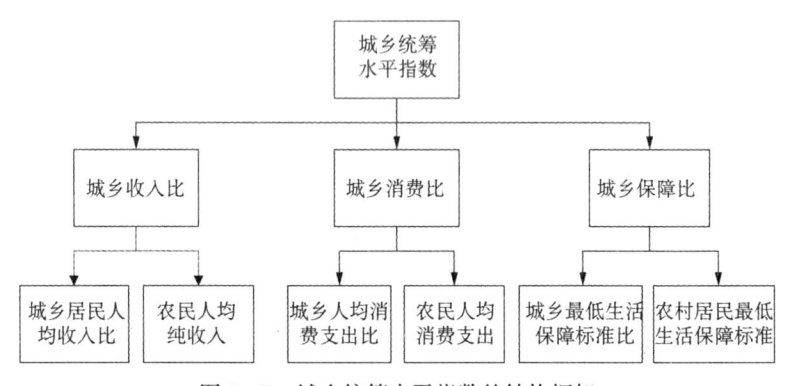

图 3-5　城乡统筹水平指数的结构框架

4）数据来源

评价指标体系设计充分考虑了所需数据的代表性和易得性，保障了城乡统筹发展评价指标体系的可靠性和适用性。目前我国各地统计工作在统计口径、发布时间和统计项目上略有不同，而彼此的不同构成了整个调查系统的许多缺失；尤其是分城乡两个口径统计的数据非常少，而通过一手调研获得跨地区的可比数据几乎是不可能的。有鉴于此，本书苏浙沪 2007—2009 年城乡统筹发展的数据来自《江苏统计年鉴》《浙江统计年鉴》《上海统计年鉴》和民政部网站上公布的城乡社会保障数据。

3.3 本书构建的城乡统筹发展评价体系与现有其他论文结论的对照

构建指标体系后,由于全国的指标容易获取且相应文献较多,我们以全国为评价对象进行城乡统筹发展评价的代表性论文及结论的比较研究,试图进一步验证指标体系的科学性、通用性和可行性。

3.3.1 基于整合AHP/DEA方法的区域城乡统筹发展评价研究

我们首先尝试性地整合AHP与DEA,以"条件指数"和"水平指数"为基础构建的指标体系,综合评价全国各省区(这里省区是省、直辖市和自治区的简称)城乡统筹整体发展效率,并提出各省区学习和改进的路径。本书采用全国31个省区2007—2009年城乡统筹发展的数据(为了更全面、准确地评估各地的城乡统筹发展情况,我们把2007—2009年的三年平均值作为分析对象),数据来自历年《中国统计年鉴》和民政部网站上公布的各省区城乡社会保障数据。AHP(层次分析法)是一种反映决策者主观偏好的多目标决策分析工具,每位评分者就可以依据个人对评价指标的主观评价,进行综合分析,对各指标之间进行两两对比之后,然后排定各评价指标的相对优劣顺序,依次构造出评价指标的判断矩阵;DEA是一种完全依赖于客观数据的、处理多投入—多产出系统相对有效性的非参数估计方法,我们设计一个整合思路(图 3-6),把城乡统筹的条件指标对应于 DEA 的投入,把城乡统筹的水平指标对应于 DEA 的产出,两组 AHP 的相对权重分别作为"约束锥"对应于投入、产出指标的重要程度(注意考虑投入、产出偏好的 DEA 模型的距离函数必须为非径向),DEA 效率对应于城乡统筹的效率。这样可以把 AHP 的主观性与 DEA 的客观性结合起来,AHP 判断矩阵的一致性检验指标C.R 控制着客观性的大小,C.R 控制得越小、评价结果主观成份就越大;C.R 控制得越大、评价结果客观性特点就越强(吴育华,1999)[123]。

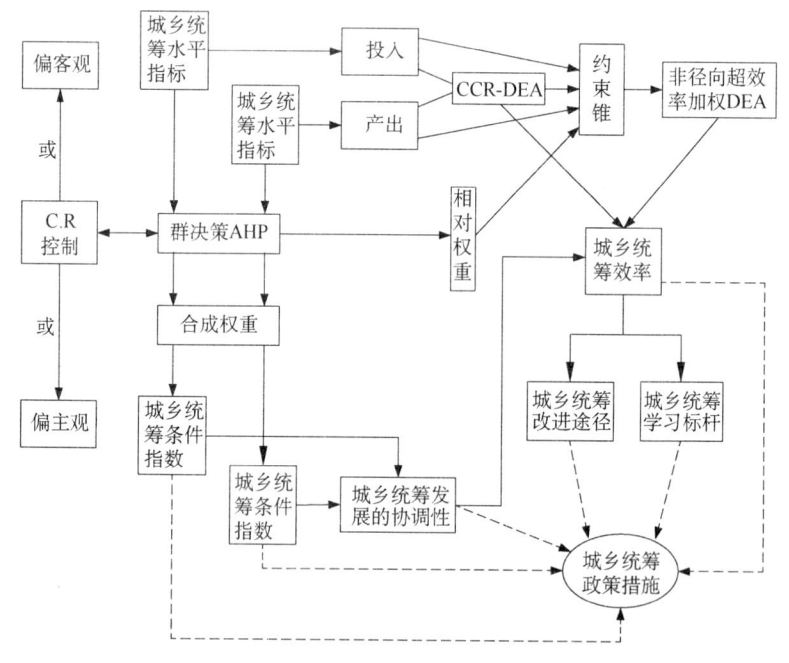

图 3-6 整合 AHP 和 DEA 的研究方法与思路

表 3-5 "城乡统筹条件"指标体系及权重

目标层(A1)	准则层(B1)	方案层(C1)	权重
城乡统筹发展条件	地区经济发展(B11)(0.5452)	GDP(亿元)(C11)	0.1417
		人均GDP(元)(C12)	0.1443
		地区一般财政支出(亿元)(C13)	0.0935
		人均地区一般财政支出(元)(C14)	0.1657
	城市化发展(B12)(0.3437)	非农人口占总人口比重(C15)	0.0971
		非农产业增加值占地区总GDP比重(C16)	0.2466
	公共服务(B13)(0.111)	地区医生总数(人)(C17)	0.0278
		每千人拥有的医生数(人)(C18)	0.0833

表 3-6 "城乡统筹水平"指标体系及权重

目标层(A2)	准则层(B2)	方案层(C2)	权重
城乡统筹发展水平	城乡收入比(B21)(0.5439)	城乡人均收入比(C21)	0.2474
		农民人均纯收入(元/年)(C22)	0.2965
	城乡消费比(B22)(0.2996)	城乡人均消费支出比(C23)	0.1743
		农民人均生活消费支出(元/年)(C24)	0.1253
	城乡保障比(B23)(0.1566)	城乡人均低保比(C25)	0.0904
		农村居民最低生活保障标准(月/人)(C26)	0.0662

在 AHP 指标比较判断上，我们邀请了政府管理部门和高校的多位专家（与最后确定指标的五位专家一致）采用群决策方法以提高决策的全面性、科学性，判断矩阵、一致性检验等具体计算过程限于篇幅未列，最终得到了两组层次的总排序及相应指数。

表 3-7　各省区的城乡统筹条件指数与城乡统筹水平指数（2007—2009）

省区	地区	城乡统筹条件指数	城乡统筹水平指数	省区	地区	城乡统筹条件指数	城乡统筹水平指数
安徽	中部	51.4	66.7	辽宁	东部	69.4	75.2
北京	东部	93.6	95.8	内蒙古	西部	65.0	68.4
福建	东部	57.4	76.7	宁夏	西部	51.1	60.9
甘肃	西部	46.2	54.9	青海	西部	51.9	59.7
广东	东部	85.6	76.5	山东	东部	75.0	73.7
广西	西部	47.7	60.1	山西	中部	58.4	65.8
贵州	西部	43.1	54.4	陕西	西部	54.9	56.9
海南	东部	43.5	70.7	上海	东部	100.0	100.0
河北	东部	60.2	71.1	四川	西部	58.2	68.2
河南	中部	59.5	68.7	天津	东部	75.0	86.5
黑龙江	中部	58.1	74.9	西藏	西部	55.6	51.1
湖北	中部	56.4	70.0	新疆	西部	52.9	64.3
湖南	中部	54.8	68.0	云南	西部	48.0	55.0
吉林	中部	57.3	71.8	浙江	东部	75.6	91.0
江苏	东部	80.6	84.5	重庆	西部	52.6	64.7
江西	中部	49.0	71.7	平均值		60.9	70.2

上表中的每个省区城乡统筹的条件评价值、水平评价值分

别除以对应之极大值乘以 100 后就得到了各个省区的城乡统筹条件指数、城乡统筹水平指数。这类指数只是当期有效,不能跨年动态使用;但可进行各省区每年名次变化规律的动态比照。

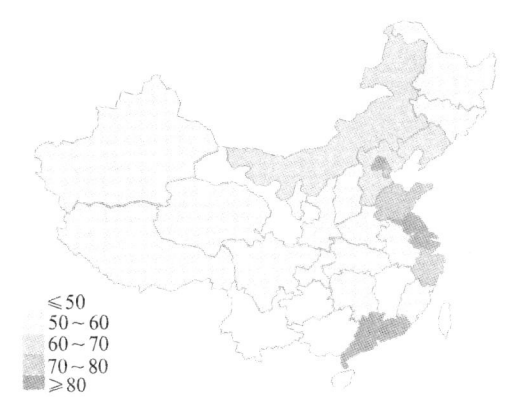

图 3-7　城乡统筹条件指数的地理分布

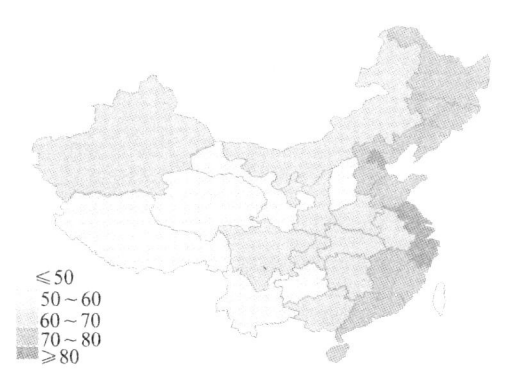

图 3-8　城乡统筹水平指数的地理分布

对东部、中部、西部三个地区的城乡统筹条件指数、水平指数进行独立样本的非参数 Kruskal-Wallis H 检验,H 统计量的近似显著性概率皆为 0.000,拒绝三个区域总体间不存在差异的假设,我们可以认为来自于不同区域的省区在城乡统筹条件指数、水平指数上的差异有统计学意义,可以看出两个指数无论名次还是具体数值都出现了东部＞中部＞西部的阶梯分布现象。

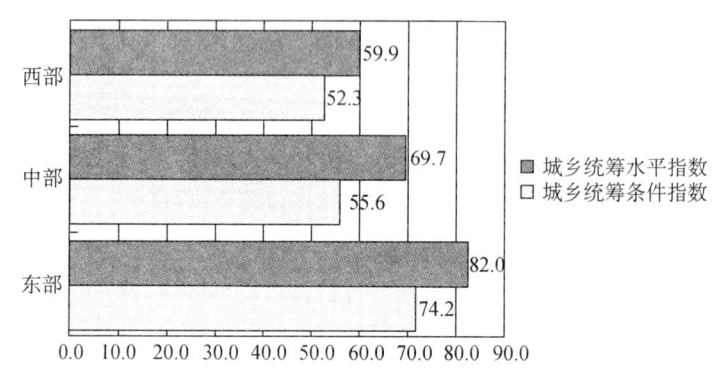

图3-9 东部、中部、西部城乡统筹平均指数值（西部：59.9 / 52.3；中部：69.7 / 55.6；东部：82.0 / 74.2。图例：■城乡统筹水平指数 □城乡统筹条件指数）

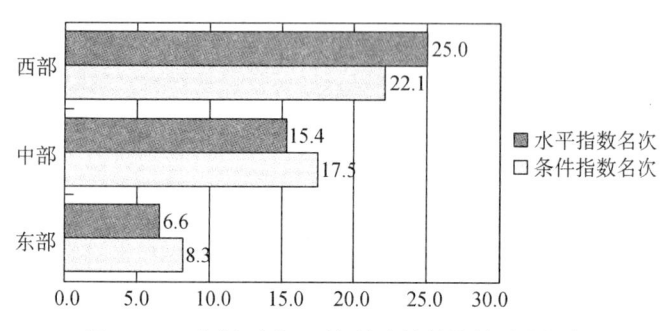

图3-10 东部、中部、西部城乡统筹指数平均排名（西部：25.0 / 22.1；中部：15.4 / 17.5；东部：6.6 / 8.3。图例：■水平指数名次 □条件指数名次）

表3-8 全国各省区城乡统筹条件指数与城乡统筹水平指数的相关分析

年 份	Spearman 相关系数
2007 年	0.768(＊＊)
2008 年	0.760(＊＊)
2009 年	0.753(＊＊)
2007—2009(平均)	0.778(＊＊)

＊＊表示在0.01水平显著

如果把城乡统筹工作看成一个系统，AHP已对条件和水平分别进行排序，那么条件和水平之间必然存在着某种定量关系，从Spearman分析看，城乡统筹条件、城乡统筹水平是强正相关的，两者的变化趋势相同，我们可以借助城乡统筹水平指数名次与城乡统筹条件指数名次之差来定义各个省区城乡统筹发展的效率（即：城乡统筹效率），即把城乡统筹条件转化成城乡统筹水平的效率。不妨把名次正负相差3名之内称为"同步"，"差"在4到6间的称为"较低效"，"差"在－6到－4间的称为"较高效"，"差"≥7的称为"低效"，"差"≤－7的称为"高效"。那么各个省区的城乡统筹发展效率如下表：

表3-9　区域城乡统筹条件与城乡统筹水平的协调性分析

高效地区	较高效地区	同步地区	较低效地区	低效地区
福建、海南、江西	吉林、黑龙江、安徽	北京、天津、河北、辽宁、上海、江苏、浙江、山东、广西、重庆、贵州、云南、甘肃、青海、宁夏、新疆、湖北、湖南	广东、四川、河南	内蒙古、西藏、陕西、山西
东部2个，中部1个	中部3个	东部8个，中部8个，西部2个	东部1个，中部1个，西部1个	中部1个，西部3个

表3-9的协调性效率分析比较粗泛，不能细致分析，我们自然想到借助于DEA分析来继续探讨。把城乡统筹条件各指标作为投入，城乡统筹水平各指标作为产出（三个逆产出用"逆算法"处理（Lewis，2004）[124]，假如y_{rj}为第j个DMU（逆产出）的第r个产出，逆算法为$y_{rj} = M - y_{rj}$，其中$M = max_k\{y_{rj}\}+1$，k＝1，

2,…,n)。首先用最基础的 CCR 模型,得到 10 个省区的 DEA 技术效率小于 1,其中内蒙、陕西、山西三地的 DEA 技术效率最小(都小于 0.9)且投入的规模效应递减;其他 21 个省区作为决策单元 DEA 有效,不能进一步区分效率的高低,而超效率模型正好可以解决这个缺陷(魏权龄,2004)[125],同时 AHP 的两组权数正好用于对各投入、产出在效率值测量中的重要程度进行加权,借助 MaxDEA5.0 软件中的非径向、超效率、偏好(Preference)权数模型进行计算,发觉福建、海南、江西是三个效率最高的地区。这说明 AHP 的一致性检验指标 C.R 控制比较合理,使得 AHP 的主观性与 DEA 客观性所得到的结果基本一致。另外,西藏尽管超效率值最高,但由于其自身经济发展较低而国家支持较多,表面条件好但实质上水平低,导致了其城乡统筹发展的低效。

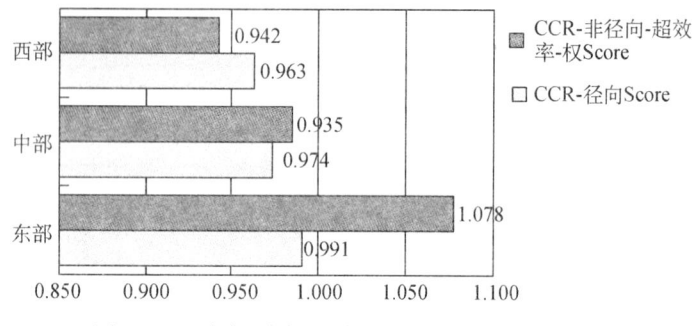

图 3-11 东部、中部、西部的 DEA 效率平均值比较

如暂时不考虑西藏,两个 DEA 效率也都呈现了东部＞中部＞西部的阶梯分布现象,非径向超效率加权后的 DEA 分析分辨力更高、反映信息更多。但进行非参数 Kruskal-Wallis H 检验,H 统计量的近似显著性概率为 0.302,说明了三个区域的 DEA 效率无差异;进一步用 Mann-Whitney U 检验,Z 值为 −0.991(0.351)、−1.539(0.134)、0.877(0.877),故三个区域两两间也没有显著差异。城乡统筹的水平依赖于条件,但把条件转换为水

平的效率与已有条件无关。根据非径向超效率加权 DEA 模型计算出的 DEA 效率值(设为 θ),如果从产出出发,各无效省区通过提高技术效率可以使得城乡统筹水平提高$(1-\theta)\%$,其中陕西、内蒙古的提高潜力最大;对于有效的省区,在不影响效率的前提下,仍然最多使其城乡统筹水平提高$(\theta-1)\%$,其中西藏、海南、福建、江西等地提高潜力最大。

在非径向超效率加权 DEA 模型分析中,我们也同时得到了每个 DMU 省区为了更好的改进、调整城乡统筹发展效率而需要参照的省区,通过学习最终完成提升路径,提升城乡统筹的有效性。超效率模型与一般 CCR 模型相比,由于被评价 DMU 的投入由其他 DMU 的线性组合替代,改善了一般 CCR 模型中效率有效的 DMU 自己参照自己的情况(张倩伟、魏权龄,2007)[126]。传统 DEA 的学习标杆总是那些所有指标都比自己优秀的 DMU,而本书方法可以允许被学习 DMU 较差指标的出现,更加符合实际情况。各参考地区的权重(上表括号内的数值)也就是应用 DEA 模型求得最优值时对应的各个 λ 基准值,最终选择的重点参考地区是以此权重的大小作为依据的(马占新,2010)[127]。其中江西、海南被作为重点参照省区的次数最多(其余次数都在 2 次及以下),两者次数占重点参照省区的 77%;江西、海南、浙江、福建、上海作为可选被参照省区的次数占总数的 70%(除去西藏外,其余次数也在 3 次以下),对照 AHP 所做的效率协调性分析,江西、海南、福建这些"高效"省区和浙江、上海这些个城乡统筹水平最高的地区都可建议作为近期城乡统筹发展的学习标杆,值得我们深入研究。

通过 AHP/DEA 分析,我们发现要推进某个省区的城乡统筹发展有两个途径。一是提高其城乡统筹的条件(我们已验证了条件指数和水平指数的总体同步性;如果把每个条件指标与每个水平指数分别进行秩分析,48 个相关系数中 12.5% 在 1% 显著性水平下相关、64.6% 在 5% 显著水平下相关、10.4% 在 10% 显著水平下相关),二是提高其城乡统筹发展的效率。通过 AHP 分析可以确定该省区在城乡统筹发展的学习样本(参见表 3-10)。

从图 3-7 至图 3-10,我们可以发现城乡统筹的条件、水平、效率基本呈东、中、西梯次递减排列,但条件、水平的差异在统计上显著,而关于效率反之。这说明效率与水平、条件高低无关,而这点也通过了秩分析的验证。在城乡统筹发展战略上不要过于强调各种条件,条件好的省区有其好的特点,条件差的省区也有高的招数,相同"条件"通过各类政策的有效催化会得到不同的"水平"(表 3-10)。从政策建议上看,我们特别关注那些城乡统筹发展效率"较低"、"低效"的省区,学习那些效率"较高"、"高效"的省区(表 3-10),借助 DEA 分析建议的标杆制定出针对性改进措施。

表 3-10　各省区城乡统筹发展的学习路径及标杆

序号	DMU	可选被参照省区					重点参照省区
1	安徽	江西 (0.927)	贵州 (0.055)				江西
2	北京	上海 (0.706)	海南 (0.408)				上海
3	福建	江西 (0.766)	海南 (0.143)	上海 (0.034)			江西
4	甘肃	贵州 (0.390)	青海 (0.235)	江西 (0.234)	海南 (0.022)	西藏 (0.017)	贵州
5	广东	江苏 (0.482)	福建 (0.413)	浙江 (0.129)			江苏
6	广西	江西 (0.788)	四川 (0.085)	浙江 (0.036)			江西
7	贵州	江西 (0.491)	海南 (0.080)				江西

(续表)

序号	DMU	可选被参照省区				重点参照省区
8	海南	宁夏(0.681)	天津(0.058)	江西(0.049)		宁夏
9	河北	河南(0.565)	江西(0.393)	福建(0.035)	浙江(0.028)	河南
10	河南	江西(0.685)	浙江(0.132)			江西
11	黑龙江	海南(0.522)	江西(0.446)	浙江(0.129)		海南
12	湖北	江西(0.631)	河南(0.204)	浙江(0.153)		江西
13	湖南	江西(0.782)	浙江(0.140)			江西
14	吉林	海南(0.646)	江西(0.237)	浙江(0.162)	黑龙江(0.054)	海南
15	江苏	福建(0.639)	浙江(0.360)	江西(0.021)		福建
16	江西	安徽(0.584)	海南(0.120)	福建(0.106)		安徽
17	辽宁	浙江(0.545)	海南(0.306)	江西(0.201)		浙江
18	内蒙古	江西(0.796)	上海(0.190)	海南(0.039)		江西
19	宁夏	海南(0.538)	青海(0.350)	西藏(0.014)		海南
20	青海	宁夏(0.485)	西藏(0.253)	海南(0.210)		宁夏

(续表)

序号	DMU	可选被参照省区					重点参照省区
21	山东	河南(0.749)	浙江(0.240)				河南
22	山西	江西(1.009)	西藏(0.068)	海南(0.032)			江西
23	陕西	江西(0.906)	西藏(0.087)	浙江(0.041)			江西
24	上海	北京(0.549)	福建(0.301)	海南(0.232)	浙江(0.016)		北京
25	四川	江西(0.768)	浙江(0.081)	河南(0.019)			江西
26	天津	海南(1.100)	上海(0.144)	北京(0.059)			海南
27	西藏	青海(0.417)					青海
28	新疆	江西(0.449)	海南(0.328)	贵州(0.177)			上海
29	云南	江西(0.472)	贵州(0.272)	安徽(0.072)	浙江(0.043)		江西
30	浙江	福建(0.533)	江苏(0.450)	上海(0.052)			福建
31	重庆	海南(0.498)	江西(0.339)	浙江(0.081)	福建(0.051)	贵州(0.014)	海南

3.3.2 不同指标体系对全国省区城乡统筹发展的评价结论对照

侯仁勇、王秀婷等(2009)[128]运用主成分法对21个指标进行了分析(表3-11),揭示了2007年我国城乡统筹状况(包括经济统筹、社会统筹、生活统筹),东部地区最好、东北第二、中部第三,西部最差。这个结论与我们设定指标结论基本一致。

表3-11 城乡统筹发展水平评价指标体系举例

一级指标	二级指标
城乡经济统筹	农村人均总收入、城镇人均总收入、城乡人均收入比、农村人均纯收入、城镇人均纯收入、城乡纯收入比
城乡社会统筹	农村每百户社会耐用品量(洗衣机+电风扇+电冰箱)、城镇每百户社会耐用品量(洗衣机+电风扇+电冰箱)、城乡每百户社会耐用品量比、农村每百户信息产品(彩电+电脑)、城镇每百户信息产品(彩电+电脑)、城乡每百户信息产品比、农村每百户移动电话、城镇每百户移动电话、城乡每百户移动电话比
城乡生活统筹	农村人均年费用支出、城镇人均年费用支出、城乡人均年费用支出比、农村恩格尔系数、城市恩格尔系数、城乡恩格尔系数比

曾国平、敬京等(2009)[129]通过对城乡人均可支配收入水平之比、城乡人均总支出之比、城乡人均消费水平之比、城乡食品支出之比、城乡固定资产投入之比、城乡人均固定资产投入之比、城乡家庭平均每百户电脑拥有量之比、城乡家庭平均每百户移动电话拥有量之比、城乡家庭平均每百户彩色电视拥有量之比等九个指标的因子分析得到城乡经济统筹水平、城乡生活统筹水平、城乡固定资产投入统筹水平等三个公共因子,由于全部选用了比值指标,故评价只能表明该省区城乡统筹发展情况比较公平,不能

判别省区间城乡统筹发展绝对水平的高低。文中的"水平"其实不是省区间的比较,而是城乡差距大小的比较。评价后得到我国2007年东部、中部地区的平均城乡差距较小,统筹发展"水平"高于西部地区。同时,西部地区平均城乡差距较大,大多数省市城乡统筹发展"水平"较低。此文结论在东中西分布上与我们的结论类似,但具体到省区上与我们有所不同,原因在于指标选取全为比值,过分强调了城乡发展的协调性而忽视了发展的绝对水平,产生了贵州与北京、上海同属高水平组的现象。

表3-12 2007年我国各省区城乡统筹水平举例

高"水平"组	低"水平"组
北京、辽宁、黑龙江、上海、江苏、浙江、广东、重庆、贵州、甘肃	天津、河北、山西、内蒙古、吉林、安徽、福建、江西、山东、河南、湖北、湖南、广西、海南、四川、云南、西藏、陕西、青海、宁夏、新疆

4 我国县域城乡统筹发展的组合评价模型及实证分析

4.1 已有研究回顾

城乡统筹发展思路在 2000 年以前主要用于解决农村富余劳动力的就业问题(田风,2000)[130],十六大后我国把城乡统筹发展作为解决"三农"问题的战略举措(陈锡文,2003)[131]。近十年来,全国各地各级政府推出了一系列行之有效的城乡统筹发展政策与措施,我国学者也对这些政策、措施的绩效进行了连续研究。

表 4-1 城乡统筹发展评价方法概览表

文献作者及 发表年份	评价方法	评价区域
曾磊等(2002)[23]	层次分析法	2000 年 31 个省区
修春亮等(2004)[132]	综合指数法	2001 年大连、长春和白城
王承强(2005)[133]	因子分析法	2003 年山东省 17 个省辖市
付海英等(2006)[134]	综合评价法、灰色关联法	2004 年泰安市

(续表)

文献作者及发表年份	评价方法	评价区域
童玲玲等(2007)[115]	DEA	2006年江苏省13个地级市
颜虹等(2009)[135]	模糊数学	2008年4个直辖市
苏春江(2009)[136]	德尔菲法	2005年河南省
何秀丽等(2010)[137]	熵值法	1998—2007长春市
郭效法(2010)[138]	TOPSIS法	1999—2007年重庆市
罗栋(2011)[139]	时序全局主成分法(GPCA)	2003—2007全国除西藏外的30个省区

从评价的理论发展来看,陈国宏等(2004)[140]总结比较了8类常用评价方法的优缺点及适用对象;具体到城乡统筹发展评价上,各种常用评价方法基本已都在城乡统筹发展上得到了有效运用;以层次分析法为例,从开始的AHP已经发展到ANP,并与DEA有效结合;再以熵值法为例,亦从用熵值法对研究指标赋值发展为与模糊数学、灰色关联法结合。评价方法使用日趋复杂,评价指标选取大同小异。通过评估对某个地区城乡统筹发展的综合情况与存在问题进行实证分析的研究已逐渐成熟,但评估结果依赖于评估指标和评估方法的选择。在指标选取方面,牛文元(2009)[1]、迟国泰等(2009)[141]就指标选取及其各种评价法方法运用等两个方面做了详细的介绍和描述。对同一组对象,选取相同指标,运用多种组合评价法会得出不同的评价结果,如何评判和提高评估的有效性?组合评价法是解决这一问题的有效路径,将各种方法进行组合将降低方法本身的片面性。此外,评价的地域主要集中在省市(区)、地级市层面,对县(县级市、市辖区)进行的评估还较少见。

在组合评价理论发展方面,郭显光(1995)[142]详细描述了平均值法、Borda法、Copeland法、模糊 Borda 等多种组合评价方法及组合评价方法的评价思路。近些年来,从运用领域看,组合评价法已在宏观的地区经济实力评价(刘艳春,2005)[143]到微观的联盟伙伴选择(彭本红,2005)[144]等得到了广泛应用。从理论进展来看,组合评价法逐渐走向成熟,例如:迟国泰等(2009)[145]用 Kendall 协和系数对各种单个评价法结果进行事前一致性检验、用 Spearman 等级相关系数对各种组合评价法进行事后一致性检验的循环评价程序型对我国 14 个省级行政区的经济发展做了全面实证研究;郭亚军等(2009)[146]给出了一种组合评价法有效性的定义,为解决组合评价法间的不一致性提供了一种方法。但是,组合评价法似乎尚未在城乡统筹发展中得到有效运用,因此本书将借助于基于"平均值法"的组合评价法思路、以 2007—2009 年苏浙沪县级城乡统筹发展为例展开实证分析。

4.2　评价方法

在评价方法上,本书从主客观紧密结合的角度、以赋权方法为标准选取了层次分析法、熵值法、TOPSIS 和因子分析四个方法分别进行评价。从文献回顾我们已经知道,线性评价法以 AHP 为代表,非线性评价法以主成分法或因子分析法为代表。线性、非线性评价法我们各取 2 种,除 AHP 和因子分析法外,我们还选取了熵值法和 TOPSIS。选取后 2 种的原因熵值法和 TOPSIS 可以应用 AHP 所赋权数以求起到主观、客观相结合的评估效果因子分析法是另外一种通过完全客观的统计学计算进行变量组合和赋权的评价方法,机理与专家的主观性完全无关,只有赖于各指标间的相关关系。

层次分析法、熵值和 TOPSIS 三者有个共同特点就是都可以结合专家赋权,是主客观相结合的评价方法。本书确定权数的方法以 AHP 为基础。而且三种方法各有特色:层次分析法侧重于定性的专家主观判断;熵值法用信息论原理通过指标的变异程度衡量其在综合评价中的作用,侧重原始数据的客观性;TOPSIS 主要依据被评估对象与正、负理想解之间客观关系,并不完全根据原始数据直接加权计算(而层次分析法、熵值法都根据原始数据直接汇总)。

四种评价方法肯定将得到不一致的结论,组合评价法就是沿着求同存异的思路将数个评价方法已得到的结果组合起来给出最终评价结果。哪种组合评价方法最优本身又是一个新课题,本书对四种评价方法的组合采用"平均值法"(郭显光,1995)[142];为了保证组合的有效性,用 Kendall 非参数检验检查四种评价结果的事先一致性,用 Spearman 等级相关系数进行事后一致性检验。

4.3 实证分析

4.3.1 评价原理与重要过程计算

基于第三章所构建的评价指标体系,我们用四种常用方法对 2007—2009 年苏浙沪 142 个县级行政区域进行了一一评价。

1) 层次分析法(AHP)

AHP 是 20 世纪 70 年代中期美国运筹学家托马斯·赛蒂(Saaty T. L.,1980)[147]创立的。它是指将一个复杂决策问题分解为总目标、各层子目标、评价指标若干层次结构,然后通过求解判断矩阵得到每一层次的各元素对上一层次元素的相对重要性,进而求得各评价指标对总目标的最终重要性,最终为决策提供依据。

AHP 的原理是将决策问题转化为总目标、各层子目标、评价指标的递阶层次结构,假定第 k 层次有 n_k 个元素即 $u_1^k, u_2^k, \cdots, u_{n_k}^k$,第 $(k-1)$ 层次有 n_{k-1} 个元素即 $u_1^{k-1}, u_2^{k-1}, \cdots, u_{n_{k-1}}^{k-1}$,在一定的标度判断法下(本书采用了 5 级量表)比较第 k 层次上任意两个元素即 u_i^k 和 u_j^k 对上一层次即第 $(k-1)$ 层次第 p 个元素 u_p^{k-1} 的相对重要性,得到判断矩阵

$$A_{kp} = (a_{ij}^{kp})_{n_k \times n_k} (1 \leqslant i, j \leqslant n_k) \qquad (4-1)$$

显然 $a_{ij}^{kp} > 0$ 且

$$a_{ij}^{kp} = \frac{1}{a_{ji}^{kp}} \qquad (4-2)$$

根据一定的权重计算方法,由判断矩阵推算第 k 层次的各元素对上一层次第 p 个元素的相对重要性,并进行一致性检验。权重计算方法及其一致性检验有和法、几何平均法、特征根法、对数最小二乘法、最小偏差法、梯度特征向量法等,其中特征根法及其一致性检验最受推崇、应用最为广泛,本书以特征根法及其一致性检验为例阐述层次分析法的权重计算方法及其一致性检验。在特征根法及其一致性检验下,假定决策者在同一层次的各元素对上一层次某个元素的相对重要性进行两两比较过程中判断不出现冲突,则判断矩阵 A_{kp} 是一致性矩阵,即满足条件

$$a_{ij}^{kp} \cdot a_{jm}^{kp} = a_{im}^{kp} \qquad (4-3)$$

并有

$$A_{kp}W_{kp} = n_k W_{kp} \quad (4-4)$$

其中

$$A_{kp} = (a_{ij}^{kp})_{n_k \times n_k}(1 \leqslant i,j \leqslant n_k) \quad (4-5)$$

$$W_{kp} = (w_i^{kp})_{n_k \times 1}(1 \leqslant i \leqslant n_k) \quad (4-6)$$

显见 n_k 是判断矩阵 A_{kp} 的特征根,且不难证明 n_k 是判断矩阵 A_{kp} 的正的最大特征根,其余 $(n-1)$ 个特征根全为 0;W_{kp} 是判断矩阵 A_{kp} 的与特征根 n_k 对应的特征向量。根据线性代数知识,由公式(4-4)可得。

$$(A_{kp} - n_k I)W_{kp} = 0 \quad (4-7)$$

这是一个 n_k 元一次线性齐次方程组,由于 n_k 是判断矩阵 A_{kp} 的特征根,即 $|A_{kp} - n_k I| = 0$,所以求解该方程组,会得到非零解 W_{kp},非零列向量 W_{kp} 的元素 w_i^{kp} 就是第 k 层次任意元素 u_i^k 对上一层次即第 $(k-1)$ 层次第 p 个元素 u_p^{k-1} 的相对重要性。但是现实世界的复杂性和人类认识的有限性使得判断矩阵 A_{kp} 会偏离一致性,这导致判断矩阵 A_{kp} 的最大特征根 $\lambda_{\max}^{kp}$ 不再是 n_k,从而判断矩阵 A_{kp} 的最大特征根 $\lambda_{\max}^{kp}$ 对应的特征向量也不再是 W_{kp};并由此带来三个问题,即判断矩阵 A_{kp} 的最大特征根 $\lambda_{\max}^{kp}$ 是否是正的?判断矩阵 A_{kp} 的最大特征根 $\lambda_{\max}^{kp}$ 对应的特征向量的元素是否都是正的?判断矩阵 A_{kp} 的最大特征根 $\lambda_{\max}^{kp}$ 对应的特征向量的各元素间大小关系是否与 W_{kp} 各元素间大小关系相同?对前两个问题,Perron 定理给出肯定的答案;对第三个问题,目前学界只能提供不太令人满意的答案,即当判断矩阵 A_{kp} 偏离一致性程度较小时,判断矩阵 A_{kp} 的最大正特征根 $\lambda_{\max}^{kp}$ 接近 n_k,判断矩阵 A_{kp} 的最大特征根 $\lambda_{\max}^{kp}$ 对应的特征向量也接近 W_{kp},从而判断矩阵 A_{kp} 的最大特征根 $\lambda_{\max}^{kp}$ 对应的特征向量的各元素间大小关系是否与 W_{kp} 各元素间大小关系相同。一致性检验就是考察判断矩阵 A_{kp} 偏离一致性

的程度是否符合"较小"要求。其过程是:先计算一致性指标

$$\text{C. I.} = \frac{\lambda_{\max}^{kp} - n_k}{n_k - 1} \qquad (4-8)$$

再查表得到平均随机一致性指标 R.I.;由此得到一致性比率

$$\text{C. R.} = \frac{\text{C. I.}}{\text{R. I.}} \qquad (4-9)$$

当 C.R. < 0.1 时,判断矩阵 A_{kp} 偏离一致性的程度较小,判断矩阵 A_{kp} 的最大特征根 $\lambda_{\max}^{kp}$ 对应的特征向量近似为 W_{kp},判断矩阵 A_{kp} 的最大特征根 $\lambda_{\max}^{kp}$ 对应的特征向量能够真实地反映第 k 层次各元素对上一层次第 p 个元素的相对重要性,反之则判断矩阵 A_{kp} 的最大特征根 $\lambda_{\max}^{kp}$ 对应的特征向量不能如实地反映第 k 层次各元素对上一层次第 p 个元素的相对重要性,需要修正判断矩阵 A_{kp} 使其通过一致性检验。在得到的任意层次 k 各元素对上一层次某一元素 p 的相对重要性即

$$W_{kp} = (w_i^{kp})_{n_k \times 1} (1 \leqslant i \leqslant n_k) \qquad (4-10)$$

在此基础上,通过自下而上地合成这些相对重要性,可以求得任意层次各元素对总目标的最终重要性。假定第 k 层次各元素对上一层次即第 $(k-1)$ 层次各元素的相对重要性为

$$W_k = (W_{kp})_{1 \times n_{k-1}} = (w_i^{kp})_{n_k \times n_{k-1}} (1 \leqslant i \leqslant n_k, 1 \leqslant p \leqslant n_{k-1})$$
$$(4-11)$$

第 k 层次各元素对总目标即第 1 层次元素的最终重要性为

$$T_k = (T_{kp})_{1 \times n_{k-1}} = (t_i^{kp})_{n_k \times n_{k-1}} (1 \leqslant i \leqslant n_k, 1 \leqslant p \leqslant n_{k-1})$$
$$(4-12)$$

则任意层次 k 各元素对总目标即第 1 层次的最终重要性是任意层次 k 各元素对上一层次即第 $(k-1)$ 层次各元素的相对重

要性的合成结果,即

$$T_k = W_k \times W_{k-1} \times \cdots W_3 \times W_2 = W_k \times W_{k-1} \times \cdots \times W_3 \times T_2$$
$$= W_k \times W_{k-1} \times \cdots \times T_3 = \cdots = W_k \times T_{k-1} \quad (4-13)$$

层次分析法决策者可为多人,且根据决策者的个体差异情况赋予不同的权重,本书决策者为5人,且等权赋值。由于CR都小于0.10,皆通过一致性检验。

表4‑2A 基于专家判别矩阵的城乡统筹条件一致性检验

专家代码	λmax	CI	RI	CR
专家A	4.13	0.04	0.90	0.05
专家B	4.25	0.085	0.905	0.095
专家C	4.14	0.05	0.90	0.05
专家D	4.00	0.00	0.90	0.00
专家E	4.00	0.00	0.90	0.00

表4‑2B 基于专家判别矩阵的城乡统筹水平一致性检验

专家代码	λmax	CI	RI	CR
专家A	3.02	0.01	0.58	0.016
专家B	3.00	0.00	0.58	0.00
专家C	3.00	0.00	0.58	0.00
专家D	3.07	0.04	0.58	0.06
专家E	3.00	0.00	0.58	0.00

2) TOPSIS方法

TOPSIS方法又称为优劣解距离法(C. L. Hwang,K.

Yoon,1981)[148]于1981年首次提出的一种适用于依据多项评价指标对多个对象进行比较选择的分析方法。基本思想是针对一组"同趋势化"的评价指标,基于归一化后的原始数据矩阵找出有限方案中的"正理想解"和"负理想解"(即最优方案和最劣方案),然后计算各个评价对象与"正理想解"和"负理想解"间的距离,获得相对贴近程度,根据其数值大小评价对象的优劣。

由于在计算水平指标时三个比为逆向指标,须用 $X'_{ij} = \dfrac{1}{X_{ij}}$ 变换转化成高优指标。同时,我们沿用 AHP 法分别获取的条件、水平两组专家权重,各指标与最优方案及最劣方案距离的计算公式应为:

$$D_i^+ = \sqrt{\sum_{j=1}^{m} \omega_j (a_{ij}^+ - a_{ij})^2} \qquad (4-14)$$

$$D_i^- = \sqrt{\sum_{j=1}^{m} \omega_j (a_{ij}^- - a_{ij})^2} \qquad (4-15)$$

ω_j 为第 j 个指标的权重系数,再根据 $C_i = \dfrac{D_i^-}{D_i^+ + D_i^-}$ 的大小将各评价对象排序,C_i 愈接近 1 表示该评价对象越接近最优水平,C_i 愈接近 0 表示该评价对象越接近最劣水平。

3) 因子分析法

因子分析是一种常用的多元统计分析方法,名称在 1931 年由 Thurstone 首次提出(Thurstone,1931)[149],概念源自 20 世纪初 Karl Pearson、Charles Spearmen 等人关于智力测验的统计分析。各对象评价值由公因子以方差贡献率为权数而得"综合因子得分",综合因子得分越大越优。在本书中,主要过程数据如表 4-4。

表 4-3A 群决策 AHP 城乡统筹条件专家赋值汇总

二级指标	专家 A 赋权	专家 A 权重	专家 B 赋权	专家 B 权重	专家 C 赋权	专家 C 权重	专家 D 赋权	专家 D 权重	专家 E 赋权	专家 E 权重	总权值
地区医生总数	0.020484	0.2	0.020484	0.2	0.032068	0.2	0.040856	0.2	0.022727	0.2	0.027324
地区每千人拥有的医生数	0.061451		0.061451		0.096203		0.122568		0.068182		0.081971
地区非农人口占总人口比重	0.03939		0.03939		0.069088		0.07424		0.151515		0.074725
地区非农增加值占 GDP 比重	0.196951		0.196951		0.207263		0.222721		0.30303		0.225383
地区 GDP	0.420783		0.420783		0.049728		0.089936		0.037879		0.203822
地区人均 GDP	0.093798		0.093798		0.102428		0.179871		0.189394		0.131858
地区一般财政支出	0.116747		0.116747		0.144855		0.089936		0.037879		0.101233
地区人均一般财政支出	0.050397		0.050397		0.298368		0.179871		0.189394		0.153685

表4-3B 群决策AHP城乡统筹水平专家赋值汇总

专家 二级指标	专家A 赋权	专家A 权重	专家B 赋权	专家B 权重	专家C 赋权	专家C 权重	专家D 赋权	专家D 权重	专家E 赋权	专家E 权重	总权值
城乡人均收入比	0.065481	0.2	0.133333	0.2	0.198459	0.2	0.460808	0.2	0.378787	0.2	0.247374
农民人均纯收入	0.589326		0.266667		0.39692		0.153603		0.075758		0.296455
城乡人均消费支出比	0.035694		0.3		0.069088		0.087916		0.378787		0.174297
农民人均消费支出	0.214162		0.1		0.207263		0.029305		0.075758		0.125298
城乡最低生活保障标准比	0.011917		0.066667		0.096203		0.201277		0.075757		0.090364
农村居民最低生活保障标准	0.083421		0.133333		0.032068		0.067092		0.015152		0.066213

表 4-4　因子分析统计检验表

指数类别	KMO统计量	Bartlett 球形检验显著性	大于 1 的特征根个数	方差累计贡献率
2007 条件指数	0.705	0.000	2	81.126%
2007 水平指数	0.652	0.000	2	82.830%
2008 条件指数	0.695	0.000	2	81.254%
2008 水平指数	0.540	0.000	2	84.711%
2009 条件指数	0.689	0.000	2	78.597%
2009 水平指数	0.611	0.000	2	79.917%

各个 KMO 都大于 0.5,通过球形检验的显著性检验说明各变量之间具有相关性,方差累计贡献率都基本满足了 80% 的下限,所以皆都能进行因子分析,因子分析模型虽不尽完善但已可尝试。

4) 熵值法

熵(Entropy)的概念来源于热力学,由 Shannon 引入信息论。信息熵可以反映指标的变异程度,因此可用于多元评价(邱菀华,2001)[150]。指标的信息量越大,其在评估中的作用越大,相应的信息熵值越小,权重越大;熵值达到最大值 1、熵权对应为 0,这也意味着该指标向决策者未提供任何有用信息,该指标可考虑被取消。从信息角度考虑,熵权代表该指标在该问题中,提供有用信息的多寡程度。熵权(ω_i)的确定取决于评价项目中的固有信息,因此称之为客观权重。为了更全面反映评价指标的重要性,同时考虑结合专家的主观经验判断,引入主观权重 θ_i。θ_i 沿用 AHP 得到的那组专家权重。ω_i 和 θ_i 结合确定各指标的综合权重 λ_i,

$$\lambda_i = \frac{\theta_i + \omega_i}{\sum_{i=1}^{m}(\theta_i + \omega_i)} (i = 1, 2, \cdots, m) \quad (4-16)$$

注意在进行熵计算前,也要进行指标的"同趋化"和标准化变

换得到评价矩阵 $(r_{ij})_{m\times n}(r_{ij} \in [0, 1])$，计算海明距离

$$L_p(\lambda, i) = 1 - \sum_{j=1}^{m} \lambda_j r_{ij} \quad (4-17)$$

距离更小者更接近理想方案。2007—2009 年苏浙沪县域城乡统筹条件、统筹发展水平的熵权分析如下面一组表格。可以看到三年中，条件三表或水平三表所显示的熵值、熵权都是比较一致；但是 C16、C21、C23 熵权几乎为 0，在评估中的作用不大，显然原因是苏浙沪县级行政区域各评价对象在非农产业增加值占地区总 GDP 比重、城乡人均收入比、城乡人均消费支出比三项的统计数据相对最为接近。

表 4-5 熵权分析 a1—2007 年城乡统筹条件

分析指标	熵值	熵权重	专家权重	综合权重
GDP(亿元)(C11)	0.3583	19.4814%	0.1417	25.583%
人均 GDP(元)(C12)	0.5535	13.5547%	0.1443	18.1267%
地区一般财政支出(亿元)(C13)	0.2895	21.5694%	0.0935	18.6901%
人均地区一般财政支出(元)(C14)	0.5154	14.7118%	0.1657	22.5918%
非农人口占总人口比重(C15)	0.739	7.9244%	0.0971	7.131%
非农产业增加值占地区总 GDP 比重(C16)	0.9999	0.0044%	0.2466	0.0101%
地区医生总数（人）(C17)	0.3789	18.8555%	0.0278	4.8579%
每千人拥有的医生数（人)(C18)	0.8716	3.8985%	0.0833	3.0096%
合计	4.706	100%	1	100%

表 4-6 熵权分析 a2—2008 年城乡统筹条件

分析指标	熵值	熵权重	专家权重	综合权重
GDP(亿元)(C11)	0.3681	18.9821%	0.1417	24.7678%
人均 GDP(元)(C12)	0.5201	14.4143%	0.1443	19.1528%
地区一般财政支出(亿元)(C13)	0.3151	20.5743%	0.0935	17.7137%
人均地区一般财政支出(元)(C14)	0.4948	15.1751%	0.1657	23.1541%
非农人口占总人口比重(C15)	0.7563	7.3206%	0.0971	6.5454%
非农产业增加值占地区总 GDP 比重(C16)	0.9999	0.0038%	0.2466	0.0086%
地区医生总数(人)(C17)	0.3883	18.3753%	0.0278	4.7038%
每千人拥有的医生数(人)(C18)	0.8284	5.1545%	0.0833	3.9537%
合计	4.6709	100%	1	100%

表 4-7 熵权分析 a3—2009 年城乡统筹条件

分析指标	熵值	熵权重	专家权重	综合权重
GDP(亿元)(C11)	0.3148	20.6937%	0.1417	27.1456%
人均 GDP(元)(C12)	0.4929	15.3139%	0.1443	20.4571%
地区一般财政支出(亿元)(C13)	0.2981	21.1965%	0.0935	18.3471%
人均地区一般财政支出(元)(C14)	0.5513	13.5491%	0.1657	20.7838%

(续表)

分析指标	熵值	熵权重	专家权重	综合权重
非农人口占总人口比重(C15)	0.8097	5.7458%	0.0971	5.1649%
非农产业增加值占地区总GDP比重(C16)	0.9998	0.0051%	0.2466	0.0116%
地区医生总数(人)(C17)	0.3536	19.5192%	0.0278	5.0234%
每千人拥有的医生数(人)(C18)	0.8683	3.9767%	0.0833	3.0666%
合计	4.6886	100%	1	100%

表4-8　熵权分析b1—2007年城乡统筹水平

分析指标	熵值	熵权重	专家权重	综合权重
城乡人均收入比(C21)	0.962	2.8669%	0.2474	4.8757%
农民人均纯收入(元/年)(C22)	0.7132	21.6495%	0.2965	44.126%
城乡人均消费支出比(C23)	0.9998	0.0127%	0.1743	0.0152%
农民人均生活消费支出(元/年)(C24)	0.5188	36.3196%	0.1253	31.2834%
城乡人均低保比(C25)	0.8485	11.4341%	0.0904	7.1055%
农村居民最低生活保障标准(月/人)(C26)	0.6328	27.7173%	0.0661	12.5943%
合计	4.675	100%	1	100%

表 4-9　熵权分析 b2—2008 年城乡统筹水平

分析指标	熵值	熵权重	专家权重	综合权重
城乡人均收入比(C21)	0.9999	0.0086%	0.2474	0.016%
农民人均纯收入(元/年)(C22)	0.7349	20.5273%	0.2965	45.6991%
城乡人均消费支出比(C23)	0.9975	0.1932%	0.1743	0.2528%
农民人均生活消费支出(元/年)(C24)	0.6618	26.1851%	0.1253	24.6352%
城乡人均低保比(C25)	0.7841	16.7155%	0.0904	11.3459%
农村居民最低生活保障标准(月/人)(C26)	0.5302	36.3703%	0.0661	18.0509%
合计	4.7084	100%	1	100%

表 4-10　熵权分析 b3—2009 年城乡统筹水平

分析指标	熵值	熵权重	专家权重	综合权重
城乡人均收入比(C21)	0.9902	0.7831%	0.2474	1.3673%
农民人均纯收入(元/年)(C22)	0.7068	23.3703%	0.2965	48.9035%
城乡人均消费支出比(C23)	0.9998	0.0158%	0.1743	0.0194%
农民人均生活消费支出(元/年)(C24)	0.6273	29.7094%	0.1253	26.2722%
城乡人均低保比(C25)	0.8594	11.2062%	0.0904	7.1495%
农村居民最低生活保障标准(月/人)(C26)	0.562	34.9153%	0.0661	16.288%
合计	4.7456	100%	1	100%

5) 组合评价法

郭显光(1995)[142]介绍了基于评价序的三种常用组合评价法:平均值法、Borda法和Copeland法,三种方法的思路基础都是"少数服从多数",目前使用的还有模糊Borda法、Condorcut、Nanson、相对秩次法等(郁利花,2011)[151]。本书选用了平均值法。

(1) 平均值法

如果r_{ij}是第j种评价方法对第i个评价对象的排序值($i=1,2,\cdots,n;j=1,2,\cdots m$),其中$m$为评价方法的总数,$n$为评价对象的总数。

$$F_{ij}=n-r_{ij}+1, \bar{F}_i=\frac{1}{m}\sum_{j=1}^{m}F_{ij} \qquad (4-18)$$

$\bar{F}_i$就是各评价对象在不同评价方法下的平均得分,即可得到新的组合评价序(如果有得分相同者,按方差最小原则依次排序)。

(2) Borda法

通过两两比较来确定评价对象的组合评价排序。若评价方法下方案i优于j的个数多于j优于i的个数记为iSj(反之记为jSi);若个数相同记为iEj。若iSj,$b_{ij}=1$,否则$b_{ij}=0$;如果r_{ij}是第j种评价方法对第i个评价对象的排序值($i=1,2,\cdots,n;j=1,2,\cdots m$),

$$b_i=\sum_{j=1}^{m}b_{ij}(i=1,2,\cdots,n) \qquad (4-19)$$

根据b_i值大小进行排序(如有得分相同者,按方差最小原则依次排序)。

(3) Copeland法

Copeland法既考虑优序关系又考虑劣序关系。若iSj,$c_{ij}=$

1；若 iEj，$c_{ij} = 0$；若 jSi，$c_{ij} = -1$。

$$c_i = \sum_{j=1}^{m} c_{ij} (i = 1, 2, \cdots, n) \quad (4-20)$$

根据 c_i 值大小进行排序（如有得分相同者，按方差最小原则依次排序）。

4.3.2 苏浙沪 2007—2009 城乡统筹发展排序

四种方法的评估结果确实具有一些差异，难以判断哪个才是最优的评价方法与结果，我们列出对应县级行政区域的五种排序值（对应略去了 AHP、TOPSIS、因子分析、熵值四种方法得到的四组评价值）。而基于"平均值法"的组合评价法综合利用了四种单一评价方法的结果信息，更加客观反映了苏浙沪城乡统筹发展的真实状况。

表 4-11 苏浙沪县域城乡统筹条件排序组合
评价前 25 及后 25 名（2007 年）

序号	市区县名称	AHP	TOPSIS	因子分析	熵值	组合评价
166	浦东新区	1	1	1	1	1
79	杭州市市辖区	3	2	2	3	2
2	南京市市辖区	4	3	3	2	3
86	宁波市市辖区	2	4	4	4	4
6	无锡市市辖区	6	5	5	5	5
25	昆山市	5	6	6	6	6
160	松江区	7	8	8	7	7
22	苏州市市辖区	10	7	7	8	8
158	闵行区	9	9	10	9	9

(续表)

序号	市区县名称	AHP	TOPSIS	因子分析	熵值	组合评价
161	嘉定区	8	10	9	10	10
162	青浦区	11	12	11	11	11
24	张家港市	12	11	14	12	12
18	常州市市辖区	14	13	15	13	13
159	宝山区	13	15	13	15	14
7	江阴市	16	14	16	14	15
93	温州市市辖区	15	18	12	16	16
164	奉贤区	18	19	19	17	17
163	金山区	17	20	18	19	18
23	常熟市	20	16	21	18	19
27	太仓市	19	17	23	20	20
10	徐州市市辖区	22	21	17	21	21
68	泰州市市辖区	21	23	22	24	22
29	南通市市辖区	27	24	20	23	23
26	吴江市	25	22	28	22	24
63	镇江市市辖区	23	26	24	25	25
127	武义县	108	121	110	127	118
154	缙云县	109	117	111	133	119
69	兴化市	123	123	117	112	120
145	三门县	117	122	121	119	121
40	灌南县	128	113	127	118	122
38	东海县	130	115	128	117	123
76	泗阳县	129	119	126	116	124

(续表)

序号	市区县名称	AHP	TOPSIS	因子分析	熵值	组合评价
51	阜宁县	125	126	124	120	125
150	龙泉市	122	127	123	126	126
46	金湖县	124	129	125	123	127
101	泰顺县	120	128	118	138	128
153	庆元县	127	131	130	129	129
16	邳州市	132	134	131	123	130
39	灌云县	137	118	137	131	131
156	松阳县	131	133	134	128	132
100	文成县	126	130	129	141	133
77	泗洪县	136	132	136	122	134
45	盱眙县	133	136	132	135	135
15	新沂市	134	137	133	134	136
75	沭阳县	139	135	139	130	137
50	滨海县	135	138	135	136	138
49	响水县	138	139	138	137	139
11	丰县	140	140	140	139	140
14	睢宁县	141	141	141	142	141
43	涟水县	142	142	142	140	142

表4-12 苏浙沪县域城乡统筹条件排序组合
评价前25及后25名(2008年)

序号	市区县名称	AHP	TOPSIS	因子分析	熵值	组合评价
166	浦东新区	1	1	1	1	1
79	杭州市市辖区	2	2	2	2	2

(续表)

序号	市区县名称	AHP	TOPSIS	因子分析	熵值	组合评价
2	南京市市辖区	4	3	3	3	3
86	宁波市市辖区	5	4	4	4	4
25	昆山市	3	5	5	5	5
6	无锡市市辖区	6	6	6	6	6
22	苏州市市辖区	10	7	7	7	7
158	闵行区	9	8	8	8	8
160	松江区	8	9	10	9	9
161	嘉定区	7	10	9	10	10
24	张家港市	13	11	12	11	11
162	青浦区	12	13	13	12	12
159	宝山区	11	15	11	15	13
7	江阴市	14	12	16	13	14
18	常州市市辖区	15	14	15	14	15
93	温州市市辖区	16	19	14	18	16
27	太仓市	17	16	21	16	17
164	奉贤区	18	18	19	19	18
23	常熟市	20	17	20	17	19
10	徐州市市辖区	19	21	17	20	20
29	南通市市辖区	22	23	18	22	21
163	金山区	21	22	22	21	22
57	扬州市市辖区	23	25	23	24	23
26	吴江市	26	20	26	23	24
63	镇江市市辖区	25	27	25	25	25

(续表)

序号	市区县名称	AHP	TOPSIS	因子分析	熵值	组合评价
76	泗阳县	125	115	124	111	118
127	武义县	110	124	111	130	119
154	缙云县	111	120	112	133	120
147	仙居县	113	122	108	134	121
40	灌南县	124	114	127	115	122
46	金湖县	119	123	122	117	123
145	三门县	122	126	119	125	124
38	东海县	129	117	130	121	125
150	龙泉市	123	128	121	126	126
51	阜宁县	127	125	126	124	127
16	邳州市	131	130	129	122	128
77	泗洪县	135	129	134	119	129
101	泰顺县	126	132	125	139	130
153	庆元县	130	131	131	131	131
39	灌云县	140	119	140	129	132
100	文成县	128	133	128	141	133
156	松阳县	134	134	135	128	134
45	盱眙县	132	137	132	132	135
75	沭阳县	138	135	138	127	136
15	新沂市	133	138	133	135	137
11	丰县	137	136	137	136	138
49	响水县	136	139	136	137	139

(续表)

序号	市区县名称	AHP	TOPSIS	因子分析	熵值	组合评价
50	滨海县	139	140	139	138	140
14	睢宁县	141	141	141	142	141
43	涟水县	142	142	142	140	142

表4-13 苏浙沪县域城乡统筹条件排序组合评价前25及后25名(2009年)

序号	市区县名称	AHP	TOPSIS	因子分析	熵值	组合评价
166	浦东新区	1	1	1	1	1
79	杭州市市辖区	3	3	2	3	2
6	无锡市市辖区	4	2	4	2	3
25	昆山市	2	5	6	4	4
2	南京市市辖区	6	4	3	5	5
86	宁波市市辖区	5	6	5	6	6
158	闵行区	7	8	8	8	7
22	苏州市市辖区	10	7	7	7	8
161	嘉定区	8	9	9	9	9
160	松江区	9	11	10	10	10
24	张家港市	12	10	12	11	11
162	青浦区	11	13	14	12	12
18	常州市市辖区	14	14	13	14	13
7	江阴市	15	12	15	13	14
159	宝山区	13	18	17	17	15
93	温州市市辖区	17	19	11	18	16
164	奉贤区	16	17	19	16	17

(续表)

序号	市区县名称	AHP	TOPSIS	因子分析	熵值	组合评价
27	太仓市	18	15	20	15	18
23	常熟市	22	16	23	19	19
29	南通市市辖区	20	21	18	22	20
163	金山区	19	22	22	20	21
10	徐州市市辖区	23	24	16	23	22
57	扬州市市辖区	21	23	21	24	23
26	吴江市	26	20	27	21	24
63	镇江市市辖区	25	25	24	25	25
146	天台县	108	123	99	134	118
129	磐安县	116	120	115	117	119
76	泗阳县	122	111	124	114	120
37	赣榆县	120	113	121	120	121
154	缙云县	112	125	109	132	122
84	淳安县	125	127	122	109	123
150	龙泉市	121	126	118	123	124
69	兴化市	128	128	116	116	125
46	金湖县	123	124	127	117	126
40	灌南县	130	117	135	113	127
145	三门县	124	130	119	124	128
147	仙居县	117	134	114	136	129
38	东海县	132	119	132	128	130
153	庆元县	129	131	128	131	131
51	阜宁县	131	129	130	130	132

(续表)

序号	市区县名称	AHP	TOPSIS	因子分析	熵值	组合评价
156	松阳县	134	133	134	126	133
77	泗洪县	136	132	137	125	134
75	沭阳县	137	136	136	127	135
101	泰顺县	133	137	129	140	136
100	文成县	135	138	131	141	137
45	盱眙县	138	139	138	135	138
39	灌云县	141	135	141	137	139
49	响水县	139	140	140	138	140
50	滨海县	140	141	139	139	141
43	涟水县	142	142	142	142	142

表4-14 苏浙沪县域城乡统筹水平排序组合评价前25及后25名(2007年)

序号	市区县名称	AHP	TOPSIS	因子分析	熵值	组合评价
159	宝山区	1	1	2	2	1
166	浦东新区	3	2	3	3	2
161	嘉定区	2	4	5	7	3
158	闵行区	4	7	4	13	4
119	绍兴县	5	3	15	5	5
79	杭州市市辖区	6	10	6	12	6
25	昆山市	8	12	9	14	7
23	常熟市	14	11	13	11	8
27	太仓市	13	9	19	8	9
26	吴江市	19	8	20	4	10

(续表)

序号	市区县名称	AHP	TOPSIS	因子分析	熵值	组合评价
86	宁波市市辖区	11	15	10	16	11
22	苏州市市辖区	10	16	14	17	12
24	张家港市	12	18	8	21	13
6	无锡市市辖区	20	32	1	10	14
160	松江区	7	20	11	26	15
18	常州市市辖区	9	29	7	19	16
88	慈溪市	15	14	18	24	17
93	温州市市辖区	23	6	36	6	18
105	海宁市	22	19	23	23	19
7	江阴市	16	22	24	36	20
107	嘉善县	42	5	52	1	21
106	桐乡市	17	30	16	38	22
115	绍兴市市辖区	26	24	28	28	23
162	青浦区	21	34	17	34	24
163	金山区	29	31	25	22	25
11	丰县	104	96	122	140	118
129	磐安县	127	132	91	117	119
101	泰顺县	129	131	118	90	120
49	响水县	107	107	132	127	121
38	东海县	109	114	120	131	122
45	盱眙县	117	123	126	110	123
100	文成县	132	136	101	108	124
151	青田县	138	133	129	80	125

（续表）

序号	市区县名称	AHP	TOPSIS	因子分析	熵值	组合评价
15	新沂市	111	106	127	139	126
44	洪泽县	120	109	139	116	127
154	缙云县	134	140	88	123	128
153	庆元县	137	134	121	96	129
46	金湖县	118	118	119	136	130
32	如皋市	122	121	130	119	131
42	淮安市市辖区	130	130	141	95	132
39	灌云县	112	119	135	134	133
43	涟水县	119	124	125	141	134
36	连云港市市辖区	142	135	142	91	135
74	宿迁市市辖区	124	128	134	125	136
152	云和县	135	137	133	106	137
155	遂昌县	136	139	136	103	138
157	景宁自治县	131	138	131	120	139
150	龙泉市	139	141	138	104	140
40	灌南县	125	127	137	142	141
156	松阳县	141	142	140	115	142

表 4-15　苏浙沪县域城乡统筹水平排序组合评价前 25 及后 25 名（2008 年）

序号	市区县名称	AHP	TOPSIS	因子分析	熵值	组合评价
159	宝山区	1	1	3	2	1
158	闵行区	2	2	2	3	2
25	昆山市	3	5	1	1	3

(续表)

序号	市区县名称	AHP	TOPSIS	因子分析	熵值	组合评价
166	浦东新区	4	3	5	4	4
79	杭州市市辖区	7	7	7	7	5
119	绍兴县	6	4	11	8	6
161	嘉定区	5	6	8	12	7
6	无锡市市辖区	8	15	4	10	8
86	宁波市市辖区	12	11	10	16	9
24	张家港市	16	13	13	13	10
160	松江区	9	16	12	19	11
22	苏州市市辖区	13	12	16	17	12
93	温州市市辖区	23	8	25	5	13
7	江阴市	15	9	26	14	14
27	太仓市	18	10	27	9	15
106	桐乡市	11	19	14	29	16
26	吴江市	21	14	30	11	17
115	绍兴市市辖区	19	20	24	24	18
88	慈溪市	20	17	21	30	19
139	嵊泗县	14	25	20	31	20
23	常熟市	25	18	29	23	21
116	诸暨市	29	24	23	21	22
138	岱山县	10	28	15	45	23
164	奉贤区	17	37	6	48	24
18	常州市市辖区	32	36	19	22	25
38	东海县	111	115	115	128	118

(续表)

序号	市区县名称	AHP	TOPSIS	因子分析	熵值	组合评价
14	睢宁县	109	104	116	141	119
48	盐城市市辖区	140	126	138	66	120
46	金湖县	117	118	114	131	121
154	缙云县	131	139	96	115	122
44	洪泽县	118	114	133	119	123
151	青田县	138	134	128	84	124
101	泰顺县	130	128	136	92	125
36	连云港市市辖区	142	130	140	75	126
39	灌云县	112	117	126	133	127
129	磐安县	128	133	120	113	128
45	盱眙县	119	120	113	142	129
10	徐州市市辖区	141	132	142	80	130
152	云和县	135	138	130	94	131
157	景宁自治县	129	135	123	113	132
155	遂昌县	136	141	125	99	133
150	龙泉市	137	140	131	93	134
34	海门市	127	129	139	107	135
153	庆元县	133	136	134	102	136
74	宿迁市市辖区	125	125	132	124	137
42	淮安市市辖区	132	131	141	106	138
100	文成县	134	137	135	104	139
43	涟水县	123	122	127	139	140
40	灌南县	124	124	129	136	141
156	松阳县	139	142	137	103	142

表 4-16 苏浙沪县域城乡统筹水平排序组合
评价前 25 及后 25 名(2009 年)

序号	市区县名称	AHP	TOPSIS	因子分析	熵值	组合评价
158	闵行区	1	1	5	2	1
25	昆山市	3	8	1	3	2
166	浦东新区	4	2	9	5	3
7	江阴市	8	5	6	1	4
22	苏州市市辖区	5	10	2	4	5
159	宝山区	2	3	10	6	6
86	宁波市市辖区	11	9	3	12	7
79	杭州市市辖区	12	6	13	7	8
23	常熟市	10	13	8	9	9
119	绍兴县	6	4	24	8	10
161	嘉定区	7	7	12	19	11
6	无锡市市辖区	9	22	4	14	12
26	吴江市	17	11	17	11	13
27	太仓市	16	12	16	13	14
24	张家港市	13	20	11	18	15
160	松江区	15	16	19	21	16
105	海宁市	22	18	30	20	17
88	慈溪市	23	15	26	27	18
106	桐乡市	18	27	20	30	19
29	南通市市辖区	27	33	7	31	20
18	常州市市辖区	26	36	14	24	21
116	诸暨市	29	26	23	25	22

(续表)

序号	市区县名称	AHP	TOPSIS	因子分析	熵值	组合评价
115	绍兴市市辖区	21	23	33	26	23
93	温州市市辖区	33	14	50	10	24
164	奉贤区	19	34	21	35	25
74	宿迁市市辖区	104	114	112	133	118
101	泰顺县	133	132	109	94	119
15	新沂市	115	104	134	117	120
39	灌云县	106	116	119	134	121
49	响水县	110	110	128	128	122
150	龙泉市	141	128	140	67	123
84	淳安县	129	131	108	109	124
44	洪泽县	120	111	135	114	125
154	缙云县	134	137	113	96	126
46	金湖县	116	113	116	137	127
151	青田县	139	133	132	84	128
42	淮安市市辖区	125	126	129	112	129
14	睢宁县	113	107	131	141	130
36	连云港市市辖区	130	130	137	113	131
153	庆元县	135	135	138	102	132
129	磐安县	131	136	122	122	133
155	遂昌县	136	142	126	110	134
40	灌南县	126	127	123	140	135

(续表)

序号	市区县名称	AHP	TOPSIS	因子分析	熵值	组合评价
43	涟水县	123	122	133	139	136
157	景宁自治县	132	138	125	124	137
45	盱眙县	127	125	139	129	138
152	云和县	138	141	136	105	139
100	文成县	137	139	141	106	140
156	松阳县	140	140	142	102	141
10	徐州市市辖区	142	134	130	135	142

4.3.3 空间统计分析及组合评价的有效性

1) 空间统计分析

空间统计分析，即空间数据（Spatial Data）的统计分析，核心就是认识与地理位置相关的数据间的空间依赖、空间关联或空间自相关，通过空间位置建立数据间的统计关系。首先定义一个"二元对称空间权重矩阵"W来表达 n 个位置的空间区域的邻近关系，其形式如下：

$$W = \begin{bmatrix} w_{11} & w_{12} & \cdots & w_{1n} \\ w_{21} & w_{22} & \cdots & w_{2n} \\ \cdots & \cdots & \cdots & \cdots \\ w_{n1} & w_{n2} & \cdots & w_{nn} \end{bmatrix} \quad (4-21)$$

式中：W_{ij} 表示区域 i 与 j 的邻近关系，它有两种最常用的确定空间权重矩阵规则：

（1）基于邻接的二进制空间权重矩阵

$$w_{ij} = \begin{cases} 1 & \text{当区域 } i \text{ 和 } j \text{ 相邻接} \\ 0 & \text{其他} \end{cases} \quad (4-22)$$

(2) 基于距离的二进制空间权重矩阵

$$w_{ij} = \begin{cases} 1 & \text{当区域 } i \text{ 和 } j \text{ 的距离小于 } d \text{ 时} \\ 0 & \text{其他} \end{cases} \quad (4-23)$$

空间自相关分析分析的是某个变量在同一个分布区内的观测数据之间潜在的相互依赖性,可以用来发现空间的异质性和空间的集聚性;而城市化的发展水平不但具有空间位置的特性,同时还具备空间异质性和空间集聚的特征,因此,空间自相关分析法也十分适用于分析城市化进程,即:城乡统筹发展的空间分布特性(张鸿辉等,2009)[152]。

Moran 指数是一个用来度量空间自相关的全局指标。Moran 指数反映的是空间邻接(或空间邻近)的区域单元属性值的相似程度。如果是位置(区域)的观测值,则该变量的全局 Moran 指数 I 用如下公式计算:

$$I = \frac{n \sum_{i=1}^{n} \sum_{j=1}^{n} w_{ij} (x_i - \overline{x})(x_j - \overline{x})}{\sum_{i=1}^{n} \sum_{j=1}^{n} w_{ij} \sum_{i=1}^{n} (x_i - \overline{x})^2} \quad (4-24)$$

$$S^2 = \frac{1}{n} \sum_{i} (x_i - \overline{x})^2 \quad (4-25)$$

$$\overline{x} = \frac{1}{n} \sum_{i=1}^{n} x_i \quad (4-26)$$

$$S_0 = \sum_{i=1}^{n} \sum_{j=1}^{n} w_{ij} \quad (4-27)$$

$$z_i = (x_i - \overline{x}) \quad (4-28)$$

$$z_j = (x_j - \overline{x}) \qquad (4-29)$$

$$z^T = [z_1, z_2, \cdots, z_n] \qquad (4-30)$$

$$I = \frac{n}{S_0} \frac{\sum_{i=1}^{n}\sum_{j=1}^{n} w_{ij}(x_i - \overline{x})(x_j - \overline{x})}{\sum_{i=1}^{n}(x_i - \overline{x})^2}$$

$$= \frac{n}{S_0} \frac{\sum_{i=1}^{n}\sum_{j=1}^{n} w_{ij} z_i z_j}{\sum_{i=1}^{n} z_i^2} = \frac{n}{S_0} \frac{z^T W z}{z^T z} \qquad (4-31)$$

Moran 指数 I 的取值一般在$[-1,1]$之间,小于零表示负相关,等于零表示不相关,大于零表示正相关;

对于 Moran 指数,可以用标准化统计量 Z 来检验 n 个区域是否存在空间自相关关系,基于方差 Var 和期望 E,Z 的计算公式为:

$$Z = \frac{I - E(I)}{\sqrt{Var(I)}} \qquad (4-32)$$

当 Z 值为正且显著时,表明存在正的空间自相关,也就是说相似的观测值(高值或低值)趋于空间集聚;当 Z 值为负且显著时,表明存在负的空间自相关,相似的观测值趋于分散分布;当 Z 值为零时,观测值呈独立随机分布。

数据地图化极大地帮助我们解释、理解了空间数据,由于本章用的组合评价选用了序数评价,我们构建了借用空间统计分析的空间权重矩阵概念(两县相邻等于1,其他为0)。

$$a_i = \sum_{j=1}^{n}(w_{i1} + w_{i2} + \cdots + w_{in}) \qquad (4-33)$$

$$(A_{ij}) = \begin{pmatrix} \dfrac{w_{11}}{a_1} & \dfrac{w_{12}}{a_1} & \cdots & \dfrac{w_{1n}}{a_1} \\ \dfrac{w_{21}}{a_2} & \dfrac{w_{22}}{a_2} & \cdots & \dfrac{w_{2n}}{a_2} \\ \cdots & \cdots & \cdots & \cdots \\ \dfrac{w_{n1}}{a_n} & \dfrac{w_{n2}}{a_n} & \cdots & \dfrac{w_{nn}}{a_n} \end{pmatrix} \qquad (4-34)$$

如果根据某种评估法得到的评估序 $v_1^i, v_2^i, \cdots, v_n^i$ 构造一列矩阵 V_i，B_i 对应着与第 i 个评估对象接壤的县域评估序的平均值。

$$V_i = (v_1^i, v_2^i, \cdots, v_n^i)^T \qquad (4-35)$$

$$B_i = (b_1^i, b_2^i, \cdots, b_n^i)^T = (A_{ij}) \times V_i \qquad (4-36)$$

用 Spearman 秩和分析工具对 V_i 和 B_i 所对应的两组数列（某县评估序与接壤诸县评估平均序）进行相关分析，得到以下 ρ 系数表，第一列标题（2007 条件至 2009 水平列）代表着 6 个评估对象，第一行标题（即 AHP 至组合评价行）代表着 5 种评价方法（$i=5$, $n=142$），表中的值对应着经相应的 Spearman 分析而得的 ρ 值。

表 4-17 不同评价方法下的空间集聚验证

	AHP	TOPSIS	因子分析	熵值	组合评价
2007 条件	0.703**	0.702**	0.672**	0.689**	0.692**
2008 条件	0.705**	0.720**	0.683**	0.700**	0.703**
2009 条件	0.704**	0.724**	0.676**	0.708**	0.710**
2007 水平	0.811**	0.828**	0.879**	0.839**	0.887**

(续表)

	AHP	TOPSIS	因子分析	熵值	组合评价
2008 水平	0.822**	0.821**	0.849**	0.816**	0.857**
2009 水平	0.862**	0.846**	0.876**	0.854**	0.877**

** 在置信度(双侧)为 0.01 时,相关性是显著的。

从统计学意义上来说,在 2007—2009 年间长三角在县域层面上呈现出某个县(县级市、区)为排名接近的县(县级市、区)所包围。由此形成条件排名、水平排名低值与低值的空间集聚(或高值与高值的空间集聚),据此可进一步认识到长三角在县级层面上的城乡统筹发展整体上趋于空间集聚的分布特征。

上海作为长三角地区的核心城市,其在城乡统筹整体发展方面的优势极为明显,而浙江省和江苏省的各个县市作为南北两翼,其城乡统筹的整体发展状况也呈现出明显的集聚特征,即:城乡统筹发展程度较高的市县基本都聚集在一个区域。此外,浙江和江苏两省的城乡统筹发展状况,基本是以杭州市、宁波和南京市作为核心,并依次向外扩散辐射开来。总体来看,长三角地区的城乡统筹整体发展出城乡集聚和以次级中心向外发散的特性。

2) 组合评价的有效性

2007 年四种方法城乡统筹条件指数的 Kendall 协和系数为 0.017,渐进显著性为 0.059;2007 年四种方法城乡统筹水平指数的 Kendall 协和系数为 0.013,渐进显著性为 0.128;两个检验都在 0.05 显著性水平上否定零假设,四种评价方法在 2007 年具有一致性。同理,我们亦在 0.05 显著性水平上检验了 2008、2009 年四种方法对城乡统筹条件、水平评价的一致性。

在这基础上,我们用 Spearman 相关分析进行四种评估方法和平均值法的事后一致性分析。所有相关性检验皆在 0.01 水平上双侧显著,某种评价值与其他四种评价值之间 Spearman 等级相关系数的平均值如下表。

表 4‑18　五种评价法 Spearman 等级相关系数的平均值及距离相关性

指数类别	AHP	TOPSIS	因子分析	熵值	组合评价法	组合评价法下"该年该类指数序"与"某地与上海距离"的相关性
2007 条件指数	0.989	0.988	0.985	0.983	0.994	0.656**
2007 水平指数	0.918	0.921	0.910	0.857	0.952	0.778**
2008 条件指数	0.989	0.988	0.985	0.983	0.994	0.680**
2008 水平指数	0.937	0.941	0.922	0.854	0.958	0.715**
2009 条件指数	0.983	0.974	0.971	0.976	0.989	0.691**
2009 水平指数	0.941	0.942	0.918	0.887	0.962	0.735**

与上海的距离选用 http://map.baidu.com 上"驾车选项"所显示的距离。

Spearman 等级相关系数的平均值代表着该评价方法与其他四种评价结果的一致性,平均值愈高说明这种方法愈理想。因此,2009 年在苏浙沪城乡统筹发展评估上,基于平均值法的组合评价法确实比其他四种评价法更为理想(类似的,2007 年、2008 年也得到了组合评价法最为理想的结论)。

同时,我们验证了组合评价法下,城乡统筹条件与城乡统筹水平的一致性;还是采用 Spearman 相关分析,2007 年的相关系数为 0.765**,2008 年为 0.764**,2009 年为 0.787**(**代表在置信度为 0.01 时显著);城乡统筹发展的条件愈好,城乡统筹发展的水平愈高,要提高城乡统筹发展的水平基础在于提高发展城乡统筹发展的条件。

上表最右一列的相关性(皆在 0.001 时显著)彰显了上海作为长三角龙头在城乡统筹发展中的地位,相关性显示:离上海愈远、城乡统筹条件与水平皆愈差。

如果把组合评级法得到的 142 个县级区域排名分成 5 级,每级 30 个小区域,第 1 和 5 级各 26 个,下图中颜色愈深排名愈前。

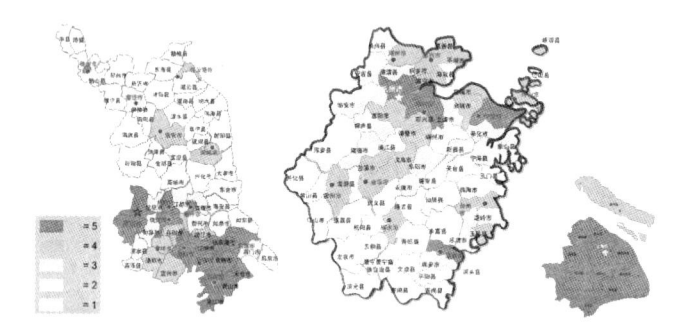

图 4-1　基于组合评价法的 2007 年苏浙沪县域
　　　　城乡统筹条件分布图

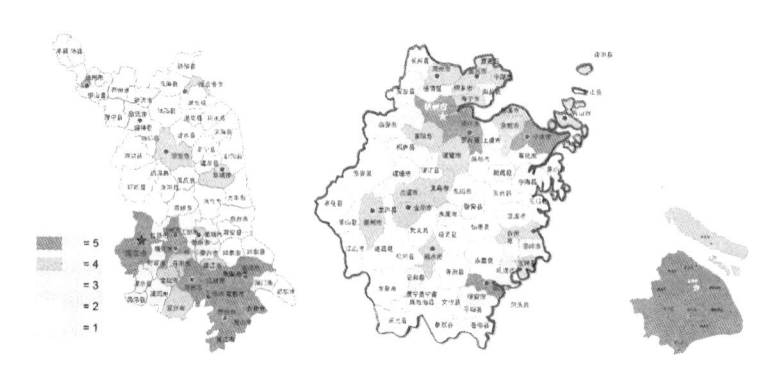

图 4-2　基于组合评价法的 2008 年苏浙沪县域
　　　　城乡统筹条件分布图

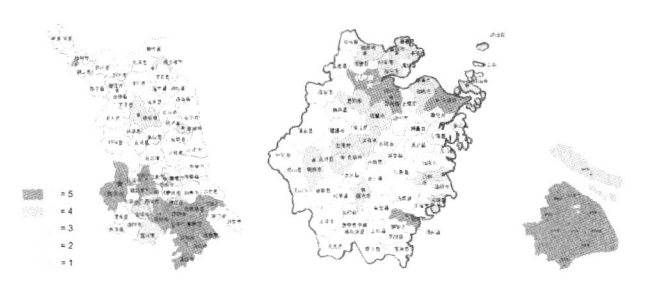

4 我国县域城乡统筹发展的组合评价模型及实证分析　139

图 4-3　基于组合评价法的 2009 年苏浙沪县域
　　　　城乡统筹条件分布图

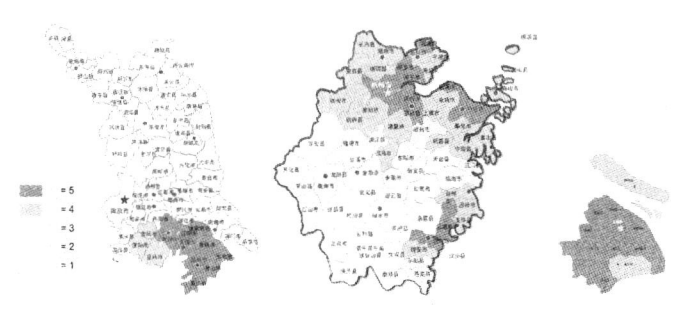

图 4-4　基于组合评价法的 2007 年苏浙沪县域
　　　　城乡统筹水平分布图

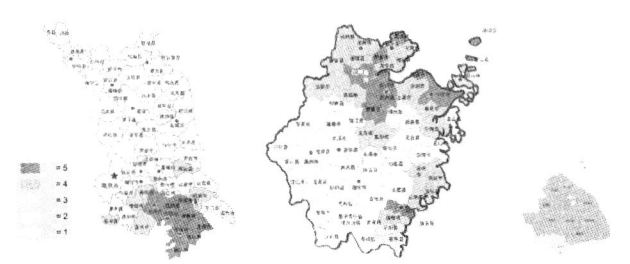

图 4-5　基于组合评价法的 2008 年苏浙沪县域
　　　　城乡统筹水平分布图

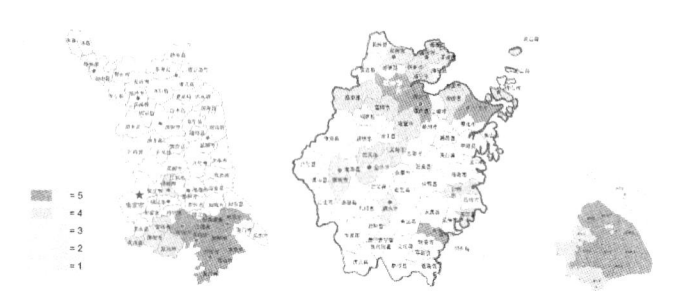

图4-6 基于组合评价法的2009年苏浙沪县域城乡统筹水平分布图

表4-19 组合评价法下城乡统筹条件指数与水平指数分布

市县区类	条件指数均值及标准偏差			水平指数均值及标准偏差		
	2007年	2008年	2009年	2007年	2008年	2009年
市辖区	23.16 (16.05)	23.47 (16.28)	23.06 (15.62)	52.06 (44.68)	50.72 (45.98)	49.22 (43.23)
县级市	65.35 (31.34)	64.46 (31.02)	94 (29.62)	59.15 (34.43)	58.98 (33.09)	56.83 (31.94)
县	101.58 (29.19)	101.92 (29.03)	101.84 (30.09)	91.47 (35.45)	92.23 (34.79)	94.71 (34.74)

表内各单元格上一行数字为平均排名,括号内数字为标准偏差

表4-20 组合评价法下城乡统筹水平指数与条件指数平均名次之差

市县区类	2007年	2008年	2009年
市辖区	29.00	27.25	26.16
县级市	-6.20	-5.48	-8.11
县	-10.11	-9.69	-7.13

在组合评价法下,苏浙沪市辖区、县及县级市2007年、2008年、2009年三年的条件指数、水平指数排名的平均值并无较大变动,市辖区排名最优先,县级市其次。但从变化趋势看,城乡统筹

水平三年来,市辖区、县级市两类小区域都呈指数排名变小的趋势,而县类反之,这反映了三年中市辖区、县级市与县的城乡统筹水平之间的距离在拉大。从三年的水平指数与条件指数平均名次之差来看,市辖区的城乡统筹发展效率最低,其他两个地区较高。

另从标准偏差角度看,各组数据三年变动也不大。但总体而言,标准偏差较大,说明各市辖区、县及县级市间的排名存在较大的落差;在城乡统筹条件方面,市辖区间的差异＜县之间的差异＜县级市之间的差距;在城乡统筹水平方面,县之间的差异＜县级市之间的差距＜市辖区间的差异。

2007—2009年,上海城乡统筹条件与水平发展程度都较高且变化不大,江苏、浙江都呈现了沿海比非沿海区域高的特点;江苏以苏南地区向苏北地区逐级降低的梯度发展,由一体化发展的苏锡常城市群为中心向苏北方向梯度递减;浙江以杭州、宁波、温州为区域中心向外辐射递减。进一步分析,在苏浙沪区域内,无论是城乡统筹条件或是城乡统筹水平,2007—2008年上海处于第一集团,苏南、浙东北处于第二集团,苏中、苏北、浙西南处于第三集团;而2009年,浙西南上升至第二集团。

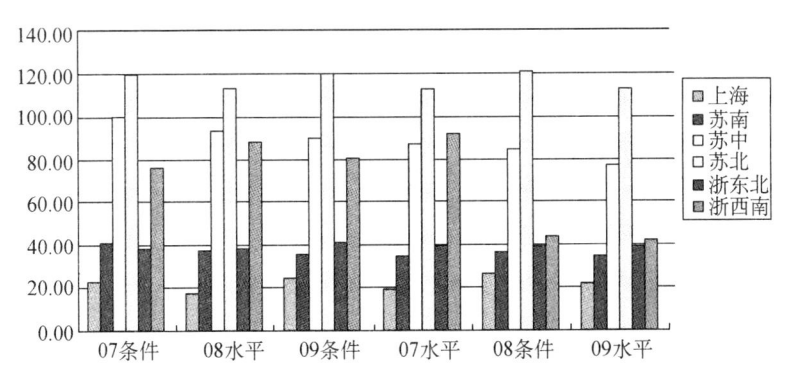

图4-7 苏浙沪城乡统筹发展区域分布示意图(平均排名)

4.4 结论与建议

组合评价法客观评价了苏浙沪县域城乡统筹发展的情况,依据这个结果,各县级政府不仅可以根据条件指数和水平指数的排序知道自身的绝对地位,还可以找到自己在区域内的相对地位、学习参考对象和发展路径。

就绝对名次而言,从条件接近的角度(条件排名差在正负5名之内)可以类比所制定的措施以保证政策的可移植性;而且进一步比较接近条件名次的区域导致了不同的城乡统筹水平。从水平接近的角度(水平排名差在正负5名之内)也可研讨城乡统筹发展政策的政策可移植性、城乡统筹条件、水平不一致的差距原因。既水平接近又条件接近的整体接近区域(条件排名差、水平排名差皆在正负5名之内)是所列比较对象最值得实地研究、深入考察的重点参照对象。就条件名次与水平名次之差而言,有的条件名次前而水平名次后,有的水平名次前而条件名次;从条件接近和水平接近两个角度,该差在($-10,10$)内区域称为竞争对象,大于等于10的区域称为学习对象,小于等于-10的区域称为反思对象。通过绝对比较可以获得某个县域的参照对象和重点参照对象;通过相对比较可以知悉某个县域的反思对象、学习对象和竞争对象;参照对象、重点参照对象、反思对象、学习对象和竞争对象构成了该县的学习参考对象集合,统称该县的"对照标杆"。

表 4-21 县级区域城乡统筹发展可比性举例（2009 年）

角度	区域名称	闵行区	泰兴市	东海县
绝对比较	条件相近（参照对象）	杭州市市辖区、无锡市市辖区、昆山市、南京市市辖区、宁波市市辖区、苏州市市辖区、嘉定区、松江区、张家港市、青浦区	姜堰市、象山县、宁海县、兰溪市、沛县、安吉县、新昌县、如皋市、新沂市、武义县	滨海县、仙居县、沭阳县、丰县、如皋市、宿迁市市辖区、泰顺县、新沂市、灌云县、龙泉市、响水县
	水平相近（参照对象）	昆山市、浦东新区、江阴市、苏州市市辖区、宝山区	泰州市市辖区、江山市、宝应县、平阳县、铜山县、洞头县、龙游县、仪征市、姜堰市、浦江县	兴化县、金湖县、灌南县、三门县、仙居县、庆元县、阜宁县、松阳县、泗洪县、沭阳县
	整体相近（重点参照对象）	昆山市、苏州市市辖区	姜堰市	仙居县、泗洪县、沭阳县
相对比较	反思对象	杭州市市辖区、无锡市市辖区、南京市市辖区、松江区、张家港市、青浦区	泰州市市辖区、铜山县、仪征市；兰溪市、沛县、如皋市、新沂市、武义县	丰县、如皋市、宿迁市市辖区、新沂市；金湖县、灌南县、庆元县、松阳县
	学习对象	（无）	江山市、宝应县、平阳县、洞头县、浦江县；象山县、宁海县、安吉县、新昌县	滨海县；兴化县、三门县、阜宁县、泗洪县

(续表)

角度	区域名称	闵行区	泰兴市	东海县
相对比较	竞争对象	昆山市、浦东新区、江阴市、苏州市市辖区、宝山区；宁波市市辖区、嘉定区	龙游县、姜堰市	仙居县、沭阳县、泰顺县、灌云县、响水县

从以上三例都为区、市、县分别找到了条件接近、水平接近、整体接近的比较对象，这样一来就可为政府在调研学习、政策制定时提供了具有较强可比性的工具。参照标杆体系为所列比较对象全面罗列出了城乡统筹发展的比较区域，这样就可以进一步调研分析以找到产生差距的原因，为城乡统筹研究提示了可比性较强的范围以期得到更为精确的数据挖掘成果。参评区域通过剖析"反思对象"，借鉴"学习对象"，重点参考"竞争对象"，可以指定更为有效的城乡统筹发展政策、找到提升城乡统筹发展的有效路径。从实际应用看，根据我们对闵行区的调研，闵行区确实一直把市内的宝山区、浦东新区和嘉定区，市外的昆山市、江阴市和苏州市辖区等作为自身城乡统筹发展的重点学习区域，这些地区间也经常组织农委干部的相互交流、考察。

如果不从名次差而根据评价结果分类，可得到城乡统筹程度的另一种组合分类。我们将142个县级行政区域按照3∶4∶3的比例，分成高（High，简称H）、中（Middle，简称M）、低（Low，简称L）三组，H组43个，M组56个，L组43个，2007—2009年的苏浙沪县域城乡统筹条件—城乡统筹水平组合分类如下。

表4-22 2007—2009的苏浙沪县域城乡统筹
条件-城乡统筹水平组合分类

III 条件高、水平低(HL)	II 条件高、水平中(HM)	I 条件高、水平高(HH)
VI 条件中、水平低(ML)	V 条件中、水平中(MM)	IV 条件中、水平高(MH)
IX 条件低、水平低(LL)	VIII 条件低、水平中(LM)	VII 条件低、水平高(LH)

表4-23 2007—2009年苏浙沪县域城乡统筹条件
—统筹发展水平组合分类统计表 （单位:个）

类别	2007年	2008年	2009年	2007—2009年	占比
I(HH)	30	32	32	94	22.1%
II(HM)	10	7	8	25	5.9%
III(HL)	3	4	3	10	2.3%
IV(MH)	13	11	11	35	8.2%
V(MM)	35	37	36	108	25.4%
VI(ML)	8	8	9	25	5.9%
VII(LH)	0	0	0	0	0.0%
VIII(LM)	11	12	12	35	8.2%
IX(LL)	32	31	31	94	22.1%

从上表看出2007—2009年高—高、中—中、低—低三者县级行政区占69.5%,低—中、中—高二类占16.4%,高—中、中—低二类占11.8%,高—低类占2.3%。值得重视的高—低组,主要是一些经济相对落后地级市的市辖区,这一结果与我们的经验认知相吻合,条件指标相对落后的地区其水平指标的结果也处于较低水平;此外,经济发展水平相对较好,城市化率较高的市辖区基本处于高—中组和高—高;而类似于射阳县、宝应县以及富阳市、乐清市这类的县市,其条件水平虽然较低,但水平指标的结果却

处于中高水平,因此这些县市处于低—中,中—高区域。

表4-24A 2007年苏浙沪城乡统筹发展的条件—水平对照表

III 条件高、水平低 (HL)	II 条件高、水平中 (HM)	I 条件高、水平高(HH)
南通市市辖区、连云港市市辖区、丽水市市辖区	南京市市辖区、宜兴市、徐州市市辖区、扬州市市辖区、镇江市市辖区、扬中市、泰州市市辖区、金华市市辖区、台州市市辖区、崇明县	无锡市市辖区、江阴市、常州市市辖区、苏州市市辖区、常熟市、张家港市、昆山市、吴江市、太仓市、杭州市市辖区、宁波市辖区、余姚市、慈溪市、温州市市辖区、嘉兴市市辖区、湖州市市辖区、绍兴市市辖区、绍兴县、义乌市、舟山市市辖区、嵊泗县、玉环县、闵行区、宝山区、松江区、嘉定区、青浦区、金山区、奉贤区、浦东新区
VI 条件中、水平低 (ML)	V 条件中、水平中 (MM)	IV 条件中、水平高 (MH)
如皋市、淮安市市辖区、盐城市市辖区、姜堰市、宿迁市市辖区、磐安县、云和县、遂昌县	溧水县、高淳县、溧阳市、金坛市、启东市、海安县、海门市、东台市、仪征市、江都市、丹阳市、句容市、靖江市、泰兴市、临安市、建德市、桐庐县、奉化市、象山县、宁海县、洞头县、永嘉县、平阳县、长兴县、安吉县、嵊州市、新昌县、兰溪市、东阳市、永康市、浦江县、衢州市市辖区、江山市、龙游县、临海市	富阳市、瑞安市、乐清市、平湖市、海宁市、桐乡市、嘉善县、海盐县、德清县、诸暨市、上虞市、岱山县、温岭市

(续表)

IX 条件低、水平低 (LL)	VIII 条件低、水平中 (LM)	VII 条件低、水平高 (LH)
丰县、睢宁县、新沂市、邳州市、如东县、赣榆县、东海县、灌云县、灌南县、涟水县、洪泽县、盱眙县、金湖县、响水县、滨海县、阜宁县、高邮市、兴化市、沭阳县、泗阳县、泗洪县、淳安县、文成县、泰顺县、开化县、仙居县、龙泉市、青田县、庆元县、缙云县、松阳县、景宁自治县	铜山县、射阳县、建湖县、大丰市、宝应县、苍南县、武义县、常山县、三门县、天台县	无

表4-24B　2008年苏浙沪城乡统筹发展的条件—水平对照表

III 条件高、水平低 (HL)	II 条件高、水平中 (HM)	I 条件高、水平高 (HH)
徐州市市辖区、连云港市市辖区、泰州市市辖区、丽水市市辖区	南京市市辖区、扬州市市辖区、镇江市市辖区、湖州市市辖区、金华市市辖区、台州市市辖区、崇明县	无锡市市辖区、江阴市、宜兴市、常州市市辖区、苏州市市辖区、常熟市、张家港市、昆山市、吴江市、太仓市、南通市市辖区、杭州市市辖区、宁波市市辖区、余姚市、慈溪市、温州市市辖区、嘉兴市市辖区、平湖市、绍兴市市辖区、绍兴县、义乌市、舟山市市辖区、嵊泗县、玉环县、闵行区、宝山区、松江区、嘉定区、青浦区、金山区、奉贤区、浦东新区

(续表)

VI 条件中、水平低(ML)	V 条件中、水平中(MM)	IV 条件中、水平高(MH)
如皋市、海门市、淮安市市辖区、盐城市市辖区、仪征市、宿迁市市辖区、兰溪市、云和县	溧水县、溧阳市、金坛市、如东县、启东市、海安县、建湖县、东台市、大丰市、江都市、丹阳市、扬中市、句容市、靖江市、泰兴市、姜堰市、临安市、建德市、桐庐县、奉化市、象山县、宁海县、瑞安市、洞头县、永嘉县、平阳县、长兴县、安吉县、嵊州市、新昌县、东阳市、永康市、浦江县、衢州市市辖区、龙游县、温岭市、临海市	高淳县、富阳市、乐清市、海宁市、桐乡市、嘉善县、海盐县、德清县、诸暨市、上虞市、岱山县
IX 条件低、水平低(LL)	VIII 条件低、水平中(LM)	VII 条件低、水平高(LH)
丰县、睢宁县、新沂市、赣榆县、东海县、灌云县、灌南县、涟水县、洪泽县、盱眙县、金湖县、响水县、滨海县、阜宁县、沭阳县、泗阳县、泗洪县、淳安县、文成县、泰顺县、磐安县、开化县、天台县、仙居县、龙泉市、青田县、庆元县、缙云县、遂昌县、松阳县、景宁自治县	沛县、铜山县、邳州市、射阳县、宝应县、高邮市、兴化市、苍南县、武义县、江山市、常山县、三门县	无

表4-24C 2009年苏浙沪城乡统筹发展的条件—水平对照表

III 条件高、水平低 (HL)	II 条件高、水平中 (HM)	I 条件高、水平高 (HH)
徐州市市辖区、连云港市市辖区、丽水市市辖区	南京市市辖区、扬州市市辖区、镇江市市辖区、泰州市市辖区、湖州市市辖区、金华市市辖区、台州市市辖区、崇明县	无锡市市辖区、江阴市、宜兴市、常州市市辖区、苏州市市辖区、常熟市、张家港市、昆山市、吴江市、太仓市、南通市市辖区、扬中市、杭州市市辖区、宁波市市辖区、余姚市、慈溪市、温州市市辖区、嘉兴市市辖区、平湖市、绍兴市市辖区、绍兴县、义乌市、舟山市市辖区、嵊泗县、闵行区、宝山区、松江区、嘉定区、青浦区、金山区、奉贤区、浦东新区
VI 条件中、水平低 (ML)	V 条件中、水平中 (MM)	IV 条件中、水平高 (MH)
新沂市、如皋市、淮安市市辖区、宿迁市市辖区、兰溪市、武义县、衢州市市辖区、开化县、云和县	溧水县、高淳县、沛县、铜山县、邳州市、溧阳市、金坛市、启东市、海安县、海门市、盐城市市辖区、建湖县、大丰市、仪征市、江都市、丹阳市、	富阳市、乐清市、海宁市、桐乡市、嘉善县、海盐县、德清县、诸暨市、上虞市、岱山县、玉环县

（续表）

	句容市、靖江市、泰兴市、姜堰市、临安市、建德市、桐庐县、奉化市、象山县、宁海县、瑞安市、洞头县、长兴县、安吉县、新昌县、东阳市、永康市、龙游县、温岭市、临海市	
IX 条件低、水平低（LL） 丰县、睢宁县、赣榆县、东海县、灌云县、灌南县、涟水县、洪泽县、盱眙县、金湖县、响水县、滨海县、阜宁县、沭阳县、泗阳县、泗洪县、淳安县、永嘉县、苍南县、文成县、泰顺县、磐安县、天台县、仙居县、龙泉市、青田县、庆元县、缙云县、遂昌县、松阳县、景宁自治县	VIII 条件低、水平中（LM） 如东县、射阳县、东台市、宝应县、高邮市、兴化市、平阳县、嵊州市、浦江县、江山市、常山县、三门县	VII 条件低、水平高（LH） 无

进一步，利用这个分类，我们可以借助苏浙沪的评价结果数据对我国其他地区的城乡统筹条件、城乡统筹水平进行类别判别。以2009年为例，我们选取了全国各省区的城乡统筹示范区14个，基本数据信息如下：

4 我国县域城乡统筹发展的组合评价模型及实证分析

表4-25A 2009年全国部分省级城乡统筹示范区数据

地区	称号	地区GDP（亿元）	人均GDP（元）	地区一般财政支出（亿元）	地区人均一般财政支出（元）	地区非农人口占总人口比重	地区非农产业增加值占GDP比重	地区医生总数（人）	地区每千人拥有的医生数（人）
甘肃省嘉峪关市	甘肃省统筹城乡综合配套改革试验区	313.60	29155.82	35.70	3319.08	0.59	0.86	1759.00	1.64
广东省广州市增城市	广东省城乡统筹综合改革试点	377.52	23626.01	46.34	2900.06	0.32	0.88	2697.00	1.69
广西壮族自治区钦州市	广西壮族自治区城乡统筹改革试点城市	48.00	27906.98	10.10	5872.09	0.63	0.89	540.00	3.14
海南省三亚市	海南省城乡一体化建设试点	270.48	8648.99	10.25	327.76	0.21	0.73	15471.00	4.95
河北省沧州市任丘市	河北省城乡一体化试点县	289.30	74967.61	43.89	11373.41	0.61	0.97	2541.00	6.58
河北省邯郸市涉县	河北省城乡一体化试点县	311.00	45735.29	29.64	4358.82	0.49	0.95	1106.00	1.63

(续表)

地区	称 号	地区GDP（亿元）	人均GDP（元）	地区一般财政支出（亿元）	地区人均一般财政支出（元）	地区非农人口占总人口比重	地区非农产业增加值占GDP比重	地区医生总数（人）	地区每千人拥有的医生数（人）
河北省秦皇岛市抚宁县	河北省城乡一体化试点县	484.17	42459.88	208.24	18261.86	0.56	0.93	1715.00	1.50
河北省石家庄市藁城市	河北省城乡一体化试点县	270.78	36336.55	48.99	6574.07	0.60	0.95	1557.00	2.09
河北省张家口市涿鹿县	河北省城乡一体化试点县	4502.60	39510.35	600.97	5273.52	0.55	0.94	22000.00	1.93
河南省洛阳市偃师市	河南省城乡一体化试点城市	144.79	36629.75	156.50	39591.99	0.29	0.88	610.00	1.54
河南省三门峡市义马市	河南省城乡一体化试点城市	380.00	46658.28	24.40	2995.95	0.44	0.99	938.00	1.15
河南省郑州市巩义市	河南省城乡一体化试点城市	665.90	51776.69	80.07	6225.80	0.50	0.96	2508.00	1.95
河南省济源市	河南省城乡一体化试点城市	780.00	20082.39	230.80	5942.33	0.25	0.83	18730.00	4.82
湖北省鄂州市	湖北省统筹城乡发展改革试点城市	2161.00	144567.84	231.40	15480.33	0.32	0.97	3764.00	2.52

表4-25B 2009年全国部分省级城乡统筹示范区数据

地区	称号	城乡居民人均收入比	农民人均纯收入（元）	城乡人均消费支出比	农民人均消费支出（元）	城乡最低生活保障标准比	农村居民最低生活保障标准（元）
甘肃省嘉峪关市	甘肃省统筹城乡综合配套改革试验区	2.34	5718.00	3.60	2793.00	2.00	100.00
广东省广州市增城市	广东省城乡统筹综合改革试点	2.29	5940.00	2.61	3331.00	2.44	71.67
广西壮族自治区钦州市	广西壮族自治区统筹城乡改革试点城市	2.40	5514.00	3.27	3468.00	1.85	108.30
海南省三亚市	海南省城乡一体建设试点	1.39	7916.00	0.95	3669.00	2.39	74.75
河北省沧州市任丘市	河北省城乡一体化试点县	3.32	4544.00	3.28	3759.00	3.16	72.00
河北省邯郸市涉县	河北省城乡一体化试点县	2.22	6763.00	2.22	3969.00	1.92	120.00
河北省秦皇岛市抚宁县	河北省城乡一体化试点县	2.42	6445.00	2.82	4381.00	1.90	100.00

(续表)

地区	称号	城乡居民人均收入比	农民人均纯收入（元）	城乡人均消费支出比	农民人均消费支出（元）	城乡最低生活保障标准比	农村居民最低生活保障标准（元）
河北省石家庄市藁城市	河北省城乡一体化试点县	2.65	5315.00	2.20	4543.00	3.60	58.33
河北省张家口市涿鹿县	河北省城乡一体化试点县	2.62	7129.00	1.42	5012.00	1.85	117.14
河南省洛阳市偃师市	河南省城乡一体化试点城市	1.93	6516.00	1.61	5243.00	2.33	90.00
河南省三门峡市义马市	河南省城乡一体化试点城市	1.70	8481.00	1.55	5372.00	2.14	110.00
河南省郑州市巩义市	河南省城乡一体化试点城市	2.57	7947.00	2.14	5962.00	1.97	152.50
河南省济源市	河南省城乡一体化试点城市	2.54	5625.00	1.53	7294.90	2.66	77.82
湖北省鄂州市	湖北省统筹城乡发展改革试点城市	2.80	7803.00	2.34	7831.00	1.92	140.40

借助 SPSS 的判别分析,我们得到了关于城乡统筹条件方面的系列表格表 4-25、关于城乡统筹水平条件方面的系列表格表 4-26。Wilks Lambda 的分析结果显示,无论在条件方面还是水平方面,判别函数都有效且显著,每组都提取了两个判别函数且绝大部分信息都在第一个判别函数上。根据未标准化的典型判别函数(表 4-25C、表 4-26C)和各类别重心在空间中的坐标位置(表 4-25D、表 4-26D)。这样,只要依据判别函数计算出样本分别离各类别重心的距离,离哪类别重心的距离近就判归哪类。从判别效果的验证来看,2009 年城乡统筹条件方面回代法的正确判断率为 80.3%、交互验证法(Cross Validation)的正确判断率为 76.8%;2009 年城乡统筹水平方面回代法、交互验证法的正确判断率皆为 94.4%。因此,判别分析的效果比较令人满意。把 2009 年 14 个省级城乡统筹示范区的数据代入 2 组判别函数,得到了这些区域相当于苏浙沪城乡统筹的条件类别和水平类别。上述判别函数以及相应的判别准则对辅助各县级区域进行城乡统筹发展提供一定的科学依据。我国任何一个县级区域依据其 2009 年的数据,结合表 4-25C 和表 4-25D、表 4-26C 和表 4-26D 可以得到这个县级区域的城乡统筹条件(或水平)相当于苏浙沪县级区域城乡统筹条件(或水平)的类别,进而找出对照、学习区域。

表 4-26A　2009 年城乡统筹条件的特征值

函数	特征值	方差的%	累积%	正则相关性
1	3.301[a]	92.9	92.9	.876
2	.252[a]	7.1	100.0	.448

a. 分析中使用了前 2 个典型判别式函数。

表 4-26B 2009 年城乡统筹条件的 Wilks 的 Lambda

函数检验	Wilks 的 Lambda	卡方	df	Sig.
1 到 2	.186	228.089	16	.000
2	.799	30.424	7	.000

表 4-26C 2009 年城乡统筹条件的典型判别式函数系数*

	函数系数	
	1	2
地区 GDP(亿元)	.001	-.002
人均 GDP(元)	.000	.000
地区一般财政支出(亿元)	-.013	.016
地区人均一般财政支出(元)	.000	.000
地区非农人口占总人口比重	2.262	1.488
地区非农产业增加值占 GDP 比重	7.106	17.358
地区医生总数(人)	.000	.000
地区每千人拥有的医生数(人)	1.032	-.012
(常量)	-10.210	-14.350

*非标准化系数

表 4-26D 2009 年城乡统筹条件的组质心处的函数*

2009 年条件序	函数	
	1	2
1	2.569	-.253
2	-.482	.601
3	-1.941	-.529

*在组均值处评估的非标准化典型判别式函数

4 我国县域城乡统筹发展的组合评价模型及实证分析

表 4-26E 2009 年城乡统筹条件的分类结果[b,c]

		2009年条件序	预测组成员 1	预测组成员 2	预测组成员 3	合计
初始	计数	1	34	8	1	43
		2	1	48	7	56
		3	0	11	32	43
	%	1	79.1	18.6	2.3	100.0
		2	1.8	85.7	12.5	100.0
		3	.0	25.6	74.4	100.0
交叉验证[a]	计数	1	34	8	1	43
		2	1	44	11	56
		3	0	12	31	43
	%	1	79.1	18.6	2.3	100.0
		2	1.8	78.6	19.6	100.0
		3	.0	27.9	72.1	100.0

a. 仅对分析中的案例进行交叉验证。在交叉验证中,每个案例都是按照从该案例以外的所有其他案例派生的函数来分类的。
b. 已对初始分组案例中的 80.3% 个进行了正确分类。
c. 已对交叉验证分组案例中的 76.8% 个进行了正确分类。

表 4-27A 2009 年城乡统筹水平的特征值

函数	特征值	方差的%	累积%	正则相关性
1	6.301[a]	99.2	99.2	.929
2	.051[a]	.8	100.0	.220

a. 分析中使用了前 2 个典型判别式函数。

表 4-27B 2009 年城乡统筹水平的 Wilks 的 Lambda

函数检验	Wilks 的 Lambda	卡方	df	Sig.
1 到 2	.130	278.144	12	.000
2	.952	6.783	5	.237

表4-27C 2009年城乡统筹水平的典型判别式函数系数*

	函数系数 1	函数系数 2
城乡居民人均收入比	-.769	.008
农民人均纯收入(元)	.001	.000
城乡人均消费支出比	.194	2.033
农民人均消费支出(元)	.000	.000
城乡最低生活保障标准比	-.553	1.744
农村居民最低生活保障标准(元)	.007	.012
(常量)	-6.734	-9.377

*非标准化系数

表4-27D 2009年城乡统筹水平条件的组质心处的函数*

2009年水平序	函数 1	函数 2
1	3.318	.161
2	-.206	-.276
3	-3.050	.199

*在组均值处评估的非标准化典型判别式函数

表4-27E 2009年城乡统筹水平的分类结果[b,c]

		2009年水平序	预测组成员 1	预测组成员 2	预测组成员 3	合计
初始	计数	1	43	0	0	43
		2	4	48	4	56
		3	0	0	43	43
		未分组的案例	0	2	12	14

(续表)

		2009年水平序	预测组成员 1	预测组成员 2	预测组成员 3	合计
初始	%	1	100.0	.0	.0	100.0
		2	7.1	85.7	7.1	100.0
		3	.0	.0	100.0	100.0
		未分组的案例	.0	14.3	85.7	100.0
交叉验证[a]	计数	1	43	0	0	43
		2	4	48	4	56
		3	0	0	43	43
	%	1	100.0	.0	.0	100.0
		2	7.1	85.7	7.1	100.0
		3	.0	.0	100.0	100.0

a. 仅对分析中的案例进行交叉验证。在交叉验证中，每个案例都是按照从该案例以外的所有其他案例派生的函数来分类的。
b. 已对初始分组案例中的94.4%个进行了正确分类。
c. 已对交叉验证分组案例中的94.4%个进行了正确分类。

表4-28 2009年省级城乡统筹示范区的条件类别、水平类别的判别

地区	称号	称号确定时间	条件类别	水平类别
甘肃省嘉峪关市	甘肃省统筹城乡综合配套改革试验区	2009年	M	L
广东省广州市增城市	广东省城乡统筹综合改革试点	2009年	M	L
广西壮族自治区钦州市	广西壮族自治区统筹城乡改革试点城市	2009年	H	L
海南省三亚市	海南省城乡一体化建设试点	2009年	H	M

(续表)

地区	称号	称号确定时间	条件类别	水平类别
河北省沧州市任丘市	河北省城乡一体化试点县	2009年	H	L
河北省邯郸市涉县	河北省城乡一体化试点县	2009年	M	L
河北省秦皇岛市抚宁县	河北省城乡一体化试点县	2009年	L	L
河北省石家庄市藁城市	河北省城乡一体化试点县	2009年	M	L
河北省张家口市涿鹿县	河北省城乡一体化试点县	2009年	L	L
河南省洛阳市偃师市	河南省城乡一体化试点城市	2006年	H	L
河南省三门峡市义马市	河南省城乡一体化试点城市	2006年	M	M
河南省郑州市巩义市	河南省城乡一体化试点城市	2006年	M	L
河南省济源市	河南省城乡一体化试点城市	2006年	H	L
湖北省鄂州市	湖北省统筹城乡发展改革试点城市	2008年	H	L

在分析了2007—2009年苏浙沪地区县域城乡统筹发展状况后,我们可以发现一些分布特点和规律,进而提出了三点政策建议。

以上海为龙头的世界第六大都市群,苏浙沪以上海为中心的苏锡常、杭嘉湖地区县域城乡统筹发展工作的整体发展优于其他地区,分别用县级区域与上海的最短公路距离(公里数)与相应的城乡统筹条件、水平进行相关分析,也得到了较高的相关性,验证了上海在城乡统筹发展中的核心作用及辐射效应。这个现象一方面当然基于这个都市群优良的统筹发展条件,但也说明了在都市圈快速城市化的推进中,这些地区也注重城乡一体化发展。随着都市圈建设进入深度城市化阶段,可以预期这些地区在县域城乡统筹发展方面的资金将愈发充足,但"新二元结构"等城乡统筹发展中的新现象将对这些资金在县域经济社会发展中的合理使用提出了新课题。

同时值得注意的是苏北地区在县域城乡统筹发展上条件、水平的绝对滞后,相对于这个区域内的发达县域,这些县级区域在统筹资源上明显相对不足,但其城乡统筹发展的"效率"在苏浙沪区域内最高(以城乡统筹水平排名与城乡统筹条件排名之差为例,2007年为-6.276、2008年为-7.103、2009年为-8.034,三年皆为区域内转化效率最优的区域),如果能在全省加强全局考量并加大投入,那么苏北的整体县域城乡统筹发展预计可以得到相对其他区域更快的发展速度。

从资金的使用效率来看,苏浙沪地区的市辖区与县级市、县已呈现各有侧重的发展战略。市辖区资金充沛,基础良好,农业负担轻,要进一步在深度城市化背景下提高城乡统筹发展程度,光靠资金有可能导致效率不高的困境,因此要注意偏重用等同甚至由于城区标准的优质资源投入(如高等级医院、高水平学校等)来提高城乡统筹发展投入的绝对质量,以资源投入质量的提升换来县域城乡发展的公平。县级市、县当前的城乡一体化发展相对较慢,通过加大投入来提升城乡统筹发展的速度,用资源投入数量的增加换来县域城乡发展的速度。

5 县域城乡统筹发展效率的 DEA 分析

5.1 相关文献回顾

以中国知网为例,从 2005—2012 的七年间,与我国城乡统筹相对效率评价有关的文献共计 14 篇。这些文献均以数据包络分析(DEA)为主要研究方法,结合因子分析或 AHP 等确定指标权重的方法,旨在对城乡发展水平,涉农财政配置效率、绩效水平及城乡统筹发展效率的现状进行描述和分析。下面就这 14 篇文献在研究区域、数据来源、模型选取、指标选取和结论五个部分进行评述。

从研究区域来看,除 1 篇文献选取了中国、澳大利亚、南非、加拿大等 27 个国家进行国际比较外,其余 13 篇文献的研究对象均以中国大陆地区的 30(西藏除外)或 31 个地区、某个省的市县作为研究对象。其中:以中国大陆地区作为研究对象的文献有 6 篇,以某个省的市县作为研究对象的文献也有 6 篇,还有一篇文献将中国大陆地区分为东、中、西三部分,并剔除了四个直辖市。

从数据来源看,上述 14 篇文献中,除一篇未注明数据来源外,其余13篇文献的数据均来自公开发表的各类统计年鉴、统计公报和有据可查的官方网站,包括:中国统计年鉴、中国社会统计年鉴、中国卫生统计年鉴、中国农村统计年鉴、中国环境统计年鉴、文化文物统计年鉴、中国教育经费统计年鉴、西安市统计年鉴、中国县市社会经济统计年鉴、中国区域经济统计年鉴等、各地区或市县统计年鉴,各类专业统计年鉴,以及各国的官方网站。

从模型选取看,由于14篇文献均采用数据包络分析(DEA)法,或结合因子分析,或结合AHP,为投入产出指标确定权重,因此,在模型选取上主要基于CCR、BCC,或Malmquist时间序列的分析。另外,还有三篇文献是基于两阶段或多阶段的数据包络分析。

从指标的选取来看,14篇文献的投入指标选取主要涉及到与城乡发展,城乡收入水平,城乡教育、医疗、文娱等公共服务相关的财政投入,例如:李银星等(2005)[153]通过采用城乡居民人均纯收入之比、第一产业人均国内生产总值比、第一产业从业人员比重、城乡人均消费支出比等12个输入指标,计算了1994年、1998年30个省区的影响城乡居民生活水平差别的综合因子;钱振伟(2010)[154]利用主因子分析把社会保障的资源配置过程,包括人均社会保障和就业财政支出、社会保障和就业财政支出占财政支出比例、从事就业和社会保障福利工作的人员工资成本、人均基本养老保险基金支出等47个指标简化成9个指标;王良健等(2010)[155]将义务教育生均教育经费、义务教育生师比、家庭收入中用于教育支出作为投入指标,类似的文献还有(戴飏,2010)[156];而产出指标多为综合评定指标或与公共服务产出水平相关的指标,如:综合发展水平、城市化率、文娱教育医疗等与城乡居民息息相关的公共服务提供水平。杨丽、赵富城(2010)[157]将18个输出指标划分为经济一体化(人均GDP、城乡居民恩格尔系数差异度、城乡人均收入对比系数、二三产业比重、城乡居民消费支出差异系数、人均财政收入、GDP 增长率)、社会一体化(城乡每千人拥有医疗资源、社会保障覆盖率、社会低保水平、城乡居民文教娱乐医疗支出比、二元对比系数)、人口环境一体化(人口城镇化率、非农就业比重、城乡居民平均受教育程度、城镇人均公园绿地面积、农村安全饮水普及率、农村卫生厕所普及率)三个方面;类似的文献还有吴华超、温涛(2008)[158],徐志文、谢方(2011)[159]。

从 14 篇文献的结论部分来看,绝大部分文献证明了现有的城乡发展水平存在很大的差距,需要国家的政策扶持和推动才能缩小城乡间的发展距离。此外,有关城乡公共服务的投入与产出之间的无效率,主要是由于技术变化决定的,规模效率对其影响相对较小。王良健等(2010)[155]得到的结论是:城镇总技术效率变化不稳定,农村总技术效率较高且波动较小;农村纯技术效率偏低;东部地区的部分省区存在规模过度现象,大多数西部省区处于规模报酬递增阶段;吴华超、温涛(2008)[158]认为,农村经济系统的整体运行绩效不佳,技术效率表现出明显的区域差异性;陈纪平(2010)[160]认为我国农业处于效率边界之上,因此通过提高农业生产率的方式提高农村人口收入的空间不大,难以有效缩小城乡收入差距;建立城乡统一的劳动力市场、减少农业劳动力数量是提高农村居民收入的根本出路。在城乡一体化发展方面,杨丽、赵富城(2010)[157]认为,揭示了城乡一体化发展效率的地理分布梯度特点,对非 DEA 有效和弱 DEA 有效的省区提出了改进路径;在公共服务均等化方面,郑永冰(2011)[161]的结论表示,适当提高财政性教育经费占 GDP 的比重、调整城乡财政性教育经费支出结构;而戴飚(2010)[156]认为,我国城乡基本公共服务财政支出的效率主要由技术变化决定,规模效率影响相对较小。

5.2 数据包络分析(DEA)原理

数据包络法(DEA)是由运筹学家 A. Charnes、W. W. Cooper 和 E. Rhodes(1978)[162]在 Dantzig(1951)[163]和 Farrell(1957)[164]研究基础上提出的,用来评价决策单元(DMU)之间的相对有效性。其中最简单的两类模型分别是 CCR(即:规模报酬不变,CRS)和 C^2GS^2(即:可变规模报酬,VRS)的数据包络分析模型。DEA 方法的大致原理如下:

假设有 n 个决策单元 $DMU_j(1 \leqslant j \leqslant n)$,其中,每个决策单元有 m 种输入和 s 种输出,记:

$$X_j = (x_{1j}, x_{2j}, \cdots, x_{mj})^T, Y_j = (y_{1j}, y_{2j}, \cdots, y_{sj})^T,$$
$$j = 1, 2, \cdots, n \quad (5-1)$$

x_{ij} 表示第 j 个决策单元对第 i 种输入的投入量,y_{rj} 表示第 j 个决策单元对第 r 种输出的产出量,(X_j, Y_j) 表示第 j 个决策单元 $DMU_j(1 \leqslant j \leqslant n)$,对应于输入和输出的权系数分别为:

$$v = (v_1, v_2, \cdots, v_m)^T, u = (u_1, u_2, \cdots, u_s)^T \quad (5-2)$$

每个决策单元相应的效率评价指标为:$h_j = \dfrac{u^T Y_j}{v^T X_j}$,$j = 1, 2,$ $\cdots, n$。通过计算,总可以选取适当的权系数 v 和 u,使得效率评价指标 $h_j \leqslant 1$,$j = 1, 2, \cdots, n$。现在对第 j_0 个决策单元 DMU_0 进行效率评价,其投入和产出向量 (X_{j_0}, Y_{j_0}) 简记为 (X_0, Y_0),h_{j_0} 简记为 h_0,且 $1 \leqslant j_0 \leqslant n$。在效率评价指标满足不超过1的条件下,选择权系数 u 和 v,使得 h_0 最大。于是构建如下最优化规划模型:

$$\begin{cases} \max h_0 = \dfrac{u^T Y_0}{v^T X_0} = V_{\overline{P}} \\ (\overline{P}) \ s.\,t.\ h_j = \dfrac{u^T Y_j}{v^T X_j} \leqslant 1,\ j = 1,\ 2,\ \cdots,\ n \\ v \geqslant 0,\ u \geqslant 0 \end{cases} \quad (5-3)$$

在引入非阿基米德无穷小量,加入松弛变量 s^+ 和 s^- 之后,分式规划($\overline{P}$)经过变换成为线性规划问题(D)(刘亚荣,2001)[165]:

$$\begin{cases} \min \theta = V_D \\ (D)\ s.\,t.\ \sum_{j=1}^{n} X_j \lambda_j + s^- = \theta X_0 \\ \sum_{j=1}^{n} Y_j \lambda_j - s^+ = Y_0 \\ \lambda \geqslant 0;\ j = 1,\ 2,\ \cdots,\ n;\ s^+ \geqslant 0;\ s^- \geqslant 0 \end{cases} \quad (5-4)$$

以上两个模型的最优解为 θ,λ^0,s^{-0},s^{+0}(s^+ 为松弛变量,s^- 为剩余变量),其基本结论为:①$\theta=1$,DMU_0 为弱 DEA 有效;②$\theta=1$,且 $s^{-0}=s^{+0}=0$,则 DMU_0 为 DEA 有效;③当 $\theta<1$,DMU_0 为 CCR 相对无效,非有效的 DMU_0 在生产前沿面上的投影为 $X'_0=\theta X_0-S^{-0}$,$Y'_0=Y_0+S^{+0}$。依据 CCR 模型计算得到的效率值包含了规模效率和技术效率两方面的内容(即综合效率),而 C^2GS^2 模型考察的则是决策单元的纯技术效率水平。

DEA 方法克服了参数方法中函数形式需要事先假定、参数估计的有效性和合理性需要检验等多方面问题,而且可以评价不同量纲的指标,不需要主观地赋予指标相对权重,而且可以对多投入多产出进行处理,具有较强的客观性。但是 CCR(即:规模报酬不变,CRS)和 C^2GS^2(即:可变规模报酬,VRS)等模型存在两个主要问题:一是没有考虑随机误差;二是若被考察决策单元有效率(效率值为1),将无法进一步区别单元之间的效率高低,即无法对有效率企业进行再排序(Seiford, Zhu, 1998)[166]。

5.2.1 超效率 CCR-DEA 模型

为了弥补 CCR 和 C^2GS^2 模型的缺陷,Andersen、Petersen(1993)[167]提出了"超效率"(Super-Efficiency)CCR 模型,使有效决策单元之间也能进行效率高低的比较。超效率 CCR 模型的基本思路是:在进行第 i_0 个决策单元效率评价时,使第 i_0 个决策单元的投入和产出被其他所有决策单元投入和产出的线性组合代替,而将第 i_0 个决策单元排除在外(CCR 模型则将这一单元包括在内)。一个有效的决策单元可以使其投入按比率增加,而其效率可保持不变,其投入增加比率即其超效率评价值。这一基本原理可从图 5-1 得到反映,以决策单元 DMU_C 为例,图中 C 点处在有效生产前沿面 ABCD 上,DEA 的 CCR 模型下 DMU_C 的效率值为 1。按照超效率模型的思路,在计算 DMU_C 效率值时,C 点应排除在决策单元的参考集合之外,于是生产前沿面就由 ABCD 变为了 ABD,C 到有效前沿面的距离 CC' 是 C 可扩张的大小,C 点的效率值为 $\theta_C = OC'/OC > 1$。对于 CCR 模型中非 DEA 有效的决策单元 E,在超效率模型中其生产前沿面依然是 ABCD,因此按照超效率模型计算的效率值与按照 CCR 模型计算的效率值是一致的,仍然是 $\theta_E = OE'/OE < 1$(汪旭辉、徐健,2009)[168]。将这一思路反映在模型上,就有以下的线性规划模型:

$$\begin{cases} \text{Min}\theta^{\text{sup}} \\ \sum_{i=1, i\neq 0}^{n} \lambda_i X_i - \theta^{\text{sup}} X_0 \leqslant 0 \\ \text{St} \sum_{i=1, i\neq 0}^{n} Y_i \lambda_i - Y_0 \geqslant 0 \\ \lambda_i \geqslant 0, i = 1, 2, \cdots, n \end{cases} \quad (5-5)$$

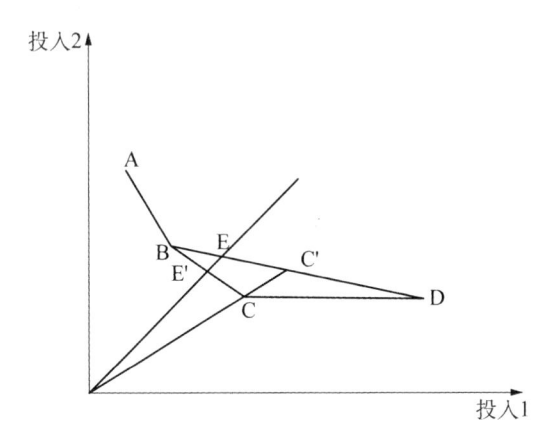

图 5-1 超效率 DEA 评价示意图

5.2.2 Malmquist 生产率指数

采用非参数的 Malmquist 指数,是将生产率的变化分解为技术效率和技术性因素(即:技术进步)两部分。Malmquist 生产率指数的测量方法有两种:一种为非参数方法(DEA),另一种为参数方法(SFE),本书应用第一种方法来测度 Malmquist 生产率指数。

应用产出导向的 Malmquist 生产率指数,就可以将两个时期内的总生产率变化分解为技术效率的变化或技术进步。参照 Coelli 等人(1998)[169]的研究,基于产出的 Malmquist 生产率指数形式可表示为:

$$M_O^{t+1}(y_t, x_t, y_{t+1}, x_{t+1}) = \left[\frac{D_O^t(y_{t+1}, x_{t+1})}{D_O^t(y_t, x_t)} \times \frac{D_O^{t+1}(y_{t+1}, x_{t+1})}{D_O^{t+1}(y_t, x_t)}\right]^{1/2}$$

(5-6)

其中,下标 O 是代表基于产出导向,M 代表 $t+1$ 期的生产点

相对于 t 期生产点的生产率,D 代表产出距离函数,其他变量的含义依据上文的解释。如果 M>1,表示从 t 期到 $t+1$ 期全要素生产率(TFP)为正增长;若 M<1,则 TFP 为负增长;若 M=1,则 TFP 无变化。此外,Malmquist 生产率指数还可以进一步分解,表达形式如下:

$$M_O^{t+1}(y_t, x_t, y_{t+1}, x_{t+1})$$
$$= \frac{D_O^{t+1}(y_{t+1}, x_{t+1})}{D_O^t(y_t, x_t)}$$
$$\left[\frac{D_O^t(y_{t+1}, x_{t+1})}{D_O^{t+1}(y_{t+1}, x_{t+1})} \times \frac{D_O^{t+1}(y_t, x_t)}{D_O^{t+1}(y_t, x_t)}\right]^{1/2} \quad (5-7)$$

或者 M = EP,其中 E 为追赶效应指数,它表示决策单元在不考虑外部技术或者制度因素变化的情况下,资源配置效率的变化情况,因此,E 的测度与时期的选取无关。P 代表前沿面移动效应指数,该指标的测度与时期的选取有关(傅毓维,邵争艳)[170]。采用这种方法,便可得到五个效率指数,分别为:

1) 技术效率变动(effch)(相对于规模收益不变技术)
2) 技术进步(techch)
3) 纯技术效率变动(pech)(相对于变动规模报酬技术)
4) 规模效率变动(sech)
5) 全要素生产率变动(tfpch)

其中:effch = pech × sech,tfpch = techch × pech。

5.2.3 城乡统筹发展效率的分析思路

本章尝试从静态和动态两个角度去分析苏浙沪地区的城乡统筹发展,其中:在运用 DEA 模型计算时,首先要确立各项投入与产出指标。区域城乡统筹资源优化配置的目标就是以尽量少的人力、财力、物力资源的耗费来充分实现城乡统筹的各项目标职能。基于上述考虑,本书构建了区域城乡统筹资源配置评价指标体系,把城乡统筹条件作为投入指标,城乡统筹水平作为产出指标。

县域城乡统筹发展的静态效率分析以 2009 年为例,采用超效率的分析方法,计算出各县域 2009 年的相对效率及效率的改进值,然后再根据 BCC 模型计算出的结果,结合地理上和行政级别的接近程度,为每个非效率的县市找到其对应的学习对象(或发展的参照对象);而在县域城乡统筹发展的动态效率分析中,我们采用 Malmquist 生产率指数方法,运用 2007—2009 两年间效率的变动,对各县域三年来城乡统筹资源配置效率增长及其构成变化的情况进行详细的说明和分析。此外,我们还针对各市县区不同的效率变动率进行了分类,并针对各市县区所在类别进行了详细的分析,同时还提出了相应的发展对策建议。最后,运用聚类分析,对 Malmquist 生产率指数值进行五类的划分,并对各类县域赋予相应的色块,在其所在区域的地图上进行着色,以便直观地体现出各县域在地域上的集聚特性。

5.3 县域城乡统筹发展 DEA 效率分析

5.3.1 县域城乡统筹发展效率的静态分析

表 5-1 所示结果为基于 CCR 模型的超效率计算结果,而表 5-2 中的结果为 142 个县市中排名前 15 和排名后 15 的 30 个城市的投入指标和产出指标的改进值。其中,"一"表示投入或产出的不足,即:应当增加对应的投入或产出,才能达到相对有效;而

改进值为正,则表示投入或产出指标的冗余值,即:应当减少对应的投入或产出,才能达到相对有效。例如,以142个县市中的安吉县为例,从超效率的角度来看,在剔除了松弛的影响后,若要安吉县达到相对有效,需要从投入和产出两个角度分别进行改进,其中:从投入的角度来看,需要增加地区医生总数(129.3人)和地区每千人拥有的医生数(0.5人);而从产出的角度来看,则需要在农民人均纯收入和农民人均消费支出两项上增加相应的产出,增加值分别为1050.9元和710.3元。此外,从表5-3中的义乌市来看,除了地区非农人口占总人口比重无需调整外,其余七个投入指标和六个产出指标都需要增加表中列出的各项值。从另一个侧面反映,义乌市若想达到超效率值,还需要增加一定量的投入和相应的产出。

表5-3呈现的是数据包络分析法BCC模型下各市县城乡统筹相对效率评估的结果。就CCR效率值的部分结果来看,142个市县的平均技术效率为0.975,其中有83个县市技术有效,即:技术效率值为1,占到DMU研究总量的58.45%,而剩下的59个市县则为技术无效率,其中,连云港市市辖区的相对效率值最低,仅为0.686。此外,在59个无效率的市县中,处于规模报酬递增(Ins)的市县有32个,而剩余27个市县的规模报酬处于递减(Des)的状况。

我们还需验证这个DEA效率是否与依据评估名次差得到的结果基本一致呢?从"名次差"视角,在表4-13、表4-16、表4-24C中我们发现徐州市市辖区、连云港市市辖区、丽水市市辖区为苏浙沪统筹城乡发展效率最低的地区,而超效率DEA结果显示徐州市市辖区(0.47)、连云港市市辖区(0.59)、丽水市市辖区(0.67)为效率最低的地区,BCC模型下连云港市市辖区(0.686)、徐州市市辖区(0.757)最低。这说明评估名次差与DEA分析得到的效率评估结论是基本一致的。

表 5-1 苏浙沪 2009 年基于 CCR 模型的超效率计算结果

序号	县域名	超效率值	序号	县域名	超效率值	序号	县域名	超效率值
1	安吉县	1.04	37	湖州市市辖区	0.90	73	宁海县	1.03
2	宝应县	1.03	38	淮安市市辖区	0.72	74	磐安县	1.00
3	宝山区	1.01	39	嘉定区	0.92	75	沛县	0.94
4	滨海县	1.06	40	嘉善县	0.89	76	邳州市	1.01
5	苍南县	1.07	41	嘉兴市市辖区	0.78	77	平湖市	0.85
6	长兴县	1.00	42	建湖县	0.85	78	平阳县	1.02
7	常熟市	1.01	43	建德市	0.90	79	浦东新区	1.00
8	常山县	1.05	44	江都市	0.88	80	浦江县	1.13
9	常州市市辖区	0.89	45	江阴市	1.02	81	启东市	1.03
10	崇明县	1.02	46	江山市	1.01	82	青浦区	0.88
						109	泰州市市辖区	0.69
						110	天台县	1.04
						111	桐庐县	0.96
						112	桐乡市	1.03
						113	铜山县	0.89
						114	温岭市	1.01
						115	温州市市辖区	0.74
						116	文成县	1.16
						117	无锡市市辖区	1.00
						118	吴江市	1.00

5 县域城乡统筹发展效率的DEA分析

(续表)

序号	县域名	超效率值	序号	县域名	超效率值	序号	县域名	超效率值	序号	县域名	超效率值
11	淳安县	0.88	47	姜堰市	0.83	83	青田县	0.72	119	武义县	0.84
12	慈溪市	1.01	48	金湖县	1.06	84	庆元县	1.04	120	仙居县	1.08
13	大丰市	1.02	49	金坛市	0.95	85	衢州市市辖区	0.77	121	响水县	1.09
14	岱山县	1.15	50	金华市市辖区	0.75	86	如东县	1.02	122	象山县	1.01
15	丹阳市	1.00	51	金山区	0.90	87	如皋市	0.81	123	新沂市	0.82
16	德清市	0.93	52	缙云县	1.01	88	瑞安市	1.01	124	新昌县	1.04
17	东海县	1.01	53	景宁自治县	1.19	89	三门县	1.11	125	兴化市	1.02
18	东台市	0.97	54	靖江市	0.85	90	上虞市	1.01	126	盱眙县	0.90
19	东阳市	1.00	55	句容市	1.00	91	绍兴市市辖区	0.84	127	徐州市市辖区	0.47
20	洞头县	1.66	56	开化县	1.05	92	绍兴县	1.02	128	盐城市市辖区	0.73

(续表)

序号	县域名	超效率值	序号	县域名	超效率值	序号	县域名	超效率值	序号	县域名	超效率值
21	丰县	1.12	57	昆山市	1.02	93	射阳县	1.06	129	扬中市	1.00
22	奉化市	0.94	58	兰溪市	0.90	94	嵊泗县	1.28	130	扬州市市辖区	0.82
23	奉贤区	0.89	59	乐清市	1.10	95	嵊州市	1.18	131	仪征市	0.86
24	阜宁县	0.92	60	丽水市市辖区	0.67	96	沭阳县	1.01	132	宜兴市	1.00
25	富阳市	0.98	61	溧水县	1.05	97	泗洪县	1.00	133	义乌市	2.60
26	赣榆县	0.92	62	溧阳市	1.02	98	泗阳县	0.93	134	永嘉县	1.04
27	高淳县	1.02	63	连云港市市辖区	0.59	99	松江区	0.86	135	永康市	1.01
28	高邮市	1.01	64	涟水县	1.10	100	松阳县	1.01	136	余姚市	0.91
29	灌南县	1.03	65	临安市	1.01	101	苏州市市辖区	1.02	137	玉环县	1.02
30	灌云县	1.05	66	临海市	1.09	102	宿迁市市辖区	0.82	138	云和县	1.00

5 县域城乡统筹发展效率的DEA分析

(续表)

序号	县域名	超效率值	序号	县域名	超效率值	序号	县域名	超效率值	序号	县域名	超效率值
31	海安县	1.01	67	龙泉市	0.68	103	睢宁县	1.58	139	张家港市	0.91
32	海门市	0.91	68	龙游县	1.01	104	遂昌县	0.75	140	镇江市市辖区	0.76
33	海宁市	0.94	69	闵行区	1.03	105	台州市市辖区	0.83	141	舟山市市辖区	0.90
34	海盐县	1.17	70	南京市市辖区	0.76	106	太仓市	1.00	142	诸暨市	1.07
35	杭州市市辖区	0.90	71	南通市市辖区	1.05	107	泰兴市	0.83			
36	洪泽县	0.90	72	宁波市市辖区	1.02	108	泰顺县	1.14			

表5-2 苏浙沪2009年142县市的指标改进值(前15名和后15名)

县市名称	地区GDP(亿元)	人均GDP(元)	投入指标							产出指标				
^	^	^	地区一般财政支出(亿元)	地区人均一般财政支出(元)	地区非农人口占总人口比重	地区非农产业增加值占GDP比重	地区医生总数(人)	地区每千人拥有的医生数(人)	城乡居民人均收入比	农民人均纯收入(元)	城乡人均消费支出比	农民人均消费支出(元)	城乡最低生活保障标准比	农村居民最低生活保障标准(元)
义乌市	-444.1	-50806.1	-30.8	-3571.7	—	-0.6	-1691.9	-2	-1.4	-8385.7	-1.3	-5217.8	-1	-131.8
洞头县	—	-8308.6	—	-1498.1	—	-0.4	—	-0.4	-1	-2617.4	-1.7	-2764.4	-0.6	-87.6
睢宁县	-22.2	-1831.7	-5.4	-262.4	-0.4	-0.3	—	—	-1.4	-2208.2	-1.4	-1384	-0.1	-41.8
嵊泗县	-22.8	-46004.8	-1.8	-5368.1	-0.3	—	—	-0.8	-0.7	-4472.9	—	-1531.8	-0.3	-40.3
景宁自治县	—	—	-3.2	-2096	-0.1	-0.2	—	-0.1	-0.2	-584.1	-0.8	-456.2	-0.3	-30.4

(续表)

	投入指标							产出指标				
县市名称	地区GDP(亿元)	人均GDP(元)	地区一般财政支出(亿元)	地区人均一般财政支出(元)	地区非农人口占总人口比重	地区非农产业增加值占GDP比重	地区医生总数(人)	地区每千人拥有的医生数(人)	城乡居民人均收入比	农民人均纯收入(元)	城乡人均消费支出比	农民人均消费支出(元)	城乡最低生活保障标准比	农村居民最低生活保障标准(元)
嵊州市	-52.2	-7428.1	—	—	—	-0.1	-54.2	-0.1	—	-2138	-0.5	-931.3	-0.5	-72.2
海盐县	-126.7	-34922.1	—	—	—	—	—	—	-0.3	-4531.7	—	-299.3	—	-7.7
文成县	—	—	-2.5	-429.2	—	-0.2	-7.2	—	—	-1071	-0.5	—	—	-38.3
岱山县	—	-1313.6	-2.3	-78	—	—	—	-0.2	-0.4	-1944.2	-0.6	-2081.1	—	—
泰顺县	-0.1	—	—	—	—	—	-83.6	-0.2	-0.4	—	—	-4605.2	—	-2.1

(续表)

县市名称	地区GDP(亿元)	人均GDP(元)	地区一般财政支出(亿元)	地区人均一般财政支出(元)	地区非农人口占总人口比重	地区非农产业增加值占GDP比重	地区医生总数(人)	地区每千人拥有的医生数(人)	城乡居民人均收入比	农民人均纯收入(元)	城乡人均消费支出比	农民人均消费支出(元)	城乡最低生活保障标准比	农村居民最低生活保障标准(元)
浦江县	—	−6343.8	—	—	—	−0.2	−111.2	−0.6	−0.2	−1296	−0.2	−1579.7	—	−25.5
丰县	—	—	−2.5	—	−0.1	—	−489.7	−0.3	−0.4	−763.7	−0.8	—	—	—
三门县	—	—	−1.8	−99	—	—	−60.5	—	−0.1	−1172.3	−0.4	−575.2	−0.1	−19.7
乐清市	−118.2	−320.8	−7.9	—	—	−0.1	−433.3	—	−0.2	−2398.5	—	—	−0.1	−12
涟水县	—	—	−2	—	—	—	−54.9	—	−0.4	−27.3	−0.8	−176	—	−5
衢州市市辖区	−98.6	—	−19.9	−1021.8	—	—	−1685.8	−1.7	1.4	2536.7	0.5	—	0.2	—

投入指标 / 产出指标

5 县域城乡统筹发展效率的DEA分析

(续表)

	投入指标						产出指标					
县市名称	地区GDP(亿元)	人均GDP(元)	地区一般财政支出(亿元)	地区人均一般财政支出(元)	地区非农人口占总人口比重	地区非农产业增加值占GDP比重	地区医生总数(人)	地区每千人拥有的医生数(人)	城乡居民人均收入比	农民人均纯收入(元)	城乡人均消费支出比	农民人均消费支出(元)	城乡最低生活保障标准比	农村居民最低生活保障标准(元)
南京市市辖区	−3131.6	—	−342.2	—	−0.5	—	−13192.5	−0.5	0.9	3777.3	0.9	2912.4	—	—
镇江市市辖区	−264.1	−13095.2	−19.7	—	−0.1	—	−370	−0.1	0.5	4845.3	0.7	4494.4	0.1	—
遂昌县	—	—	—	—	—	—	−75.3	−0.6	1	1181.9	1	1080.6	0	15.9
金华市市辖区	−184.4	—	−23.3	—	—	—	−2063.9	−1.5	1.3	1806.8	1.5	1085.4	0.2	—

(续表)

县市名称	投入指标									产出指标				
	地区GDP(亿元)	人均GDP(元)	地区一般财政支出(亿元)	地区人均一般财政支出(元)	地区非农人口占总人口比重	地区非农产业增加值占GDP比重	地区医生总数(人)	地区每千人拥有的医生数(人)	城乡居民人均收入比	农民人均纯收入(元)	城乡人均消费支出比	农民人均消费支出(元)	城乡最低生活保障标准比	农村居民最低生活保障标准(元)
温州市市辖区	−742.6	−5164.1	−78.1	—	−0.1	—	−5311	−2.1	0.8	1667.6	1.9	4977.8	0.2	—
盐城市市辖区	−354.3	—	−41.1	—	—	—	−2048.8	−0.4	1.2	1919.8	1.5	2251.9	—	29.4
青田县	—	—	−2.7	−339.6	—	—	—	—	0.9	1094.2	1.2	604.5	0.1	0
淮安市市辖区	−535.8	—	−68.8	—	—	—	−2525.4	—	0.9	2665.2	1.5	2407.4	—	20.6
泰州市市辖区	−260.8	—	−54.5	−2861.2	−0.1	—	−1358.1	−0.6	1	4349.5	1.4	4320.6	—	4.2

5 县域城乡统筹发展效率的DEA分析

(续表)

县市名称	投入指标							产出指标				
	地区GDP(亿元)	人均GDP(元)	地区一般财政支出(亿元)	地区人均一般财政支出(元)	地区非农人口占总人口比重	地区非农产业增加值占GDP比重	地区医生总数(人)	地区每千人拥有的医生数(人)	城乡居民人均收入比	农民人均纯收入(元)	城乡人均消费支出比	农民人均消费支出(元)	城乡最低生活保障标准比	农村居民最低生活保障标准(元)
龙泉市	—	−1688.8	—	—	—	—	−91.7	−0.5	0.8	251.3	1.5	1917.4	—	4
丽水市市辖区	—	—	−6.9	−2421	—	—	−778.5	−2.4	1.5	3630.7	1.5	1902.7	0.1	—
连云港市市辖区	−245.4	—	−36.3	−817.5	−0.3	—	−1966	−1.3	1.3	5405.5	1.8	4531.9	0.1	66.1
徐州市市辖区	−865.4	−7075.3	−86.6	—	−0.1	—	−5984.5	−1.7	2.7	5902.5	0.6	2367.4	1	99

表5-3 2009年BCC模型下各市县城乡统筹相对效率评估结果

市县名称	CCR＝BCC×Scale			参考集合及其权重	楷模次数	规模报酬状况
	技术效率	纯技术效率	规模效率			
安吉县	1	1	1	安吉县(1.000)	6	—
宝山区	1	1	1	宝山区(1.000)	2	—
宝应县	1	1	1	宝应县(1.000)	6	—
滨海县	1	1	1	滨海县(1.000)	2	—
苍南县	1	1	1	苍南县(1.000)	0	—
长兴县	1	1	1	长兴县(1.000)	0	—
常山县	1	1	1	常山县(1.000)	0	—
常熟市	1	1	1	常熟市(1.000)	4	—
常州市市辖区	0.96	0.964	0.996	岱山县(0.039)；江阴市(0.253)；南通市市辖区(0.107)；如东县(0.137)；射阳县(0.065)；苏州市市辖区(0.249)；无锡市市辖区（0.074）；诸暨市(0.075)	0	Des
崇明县	1	1	1	崇明县(1.000)	4	—

5 县域城乡统筹发展效率的 DEA 分析

(续表)

市县名称	CCR = BCC × Scale			参考集合及其权重	楷模次数	规模报酬状况
	技术效率	纯技术效率	规模效率			
淳安县	0.992	1	0.992	淳安县(1.000)	0	Ins
慈溪市	1	1	1	慈溪市(1.000)	1	—
大丰市	1	1	1	大丰市(1.000)	0	—
岱山县	1	1	1	岱山县(1.000)	28	—
丹阳市	1	1	1	丹阳市(1.000)	1	—
德清县	0.97	0.983	0.986	安吉县(0.263);宝应县(0.063);岱山县(0.260);海盐县(0.179);乐清市(0.004);桐乡市(0.231)	0	Des
东海县	1	1	1	东海县(1.000)	1	—
东台市	0.995	1	0.995	东台市(1.000)	0	Des
东阳市	1	1	1	东阳市(1.000)	1	—
洞头县	1	1	1	洞头县(1.000)	2	—
丰县	1	1	1	丰县(1.000)	5	—
奉化市	0.997	1	0.997	奉化市(1.000)	0	Des

(续表)

市县名称	CCR = BCC × Scale			参考集合及其权重	楷模次数	规模报酬状况
	技术效率	纯技术效率	规模效率			
奉贤区	0.96	1	0.96	奉贤区(1.000)	0	Des
卓宁县	0.968	1	0.968	卓宁县(1.000)	0	Des
富阳市	0.999	1	0.999	富阳市(1.000)	0	Des
赣榆县	0.963	0.969	0.994	宝应县(0.061);滨海县(0.631);灌云县(0.070);邳州市(0.019);射阳县(0.132);嵊州市(0.006);沭阳县(0.017);东海市(0.065)	0	Des
高淳县	1	1	1	高淳县(1.000)	0	—
高邮市	1	1	1	高邮市(1.000)	2	—
灌南县	1	1	1	灌南县(1.000)	0	—
灌云县	1	1	1	灌云县(1.000)	10	—
海安县	1	1	1	海安县(1.000)	0	—
海门市	0.973	0.991	0.982	宝应县(0.103);海盐县(0.047);启东市(0.445);嵊州市(0.108);睢宁县(0.055);新昌县(0.010);诸暨市(0.233)	0	Des

(续表)

市县名称	CCR＝BCC×Scale			参考集合及其权重	楷模次数	规模报酬状况
	技术效率	纯技术效率	规模效率			
海宁市	0.993	1	0.993	海宁市(1.000)	0	Des
海盐县	1	1	1	海盐县(1.000)	9	—
杭州市市辖区	0.956	0.957	0.998	常熟市(0.093);岱山县(0.356);闵行区(0.118);南通市市辖区(0.102);赤州市市辖区(0.332)	0	Ins
洪泽县	0.986	0.99	0.995	岱山县(0.031);金湖县(0.668);景宁畲族自治县(0.022);嵊泗县(0.017);睢宁县(0.021);响水县(0.241)	0	Ins
湖州市市辖区	0.935	0.939	0.996	安吉县(0.126);岱山县(0.389);乐清市(0.081);射阳县(0.134);诸暨市(0.270)	0	Ins
淮安市市辖区	0.81	0.844	0.959	岱山县(0.026);灌云县(0.343);江阴市(0.032);涟水县(0.294);如东县(0.035);三门县(0.011);松阳县(0.259)	0	Ins

(续表)

市县名称	CCR = BCC × Scale			参考集合及其权重	楷模次数	规模报酬状况
	技术效率	纯技术效率	规模效率			
嘉定区	0.949	1	0.949	嘉定区(1.000)	0	Des
嘉善县	0.991	1	0.991	嘉善县(1.000)	0	Des
嘉兴市市辖区	0.909	0.909	0.999	岱山县(0.819);射阳县(0.029);嵊州市(0.000);苏州市市辖区(0.028);诸暨市(0.124)	0	Ins
建德市	0.937	0.95	0.986	安吉县(0.028);岱山县(0.122);三门县(0.021);嵊州市(0.412);天台县(0.020);响水县(0.396)	0	Ins
建湖县	0.907	0.918	0.987	岱山县(0.105);射阳县(0.044);睢宁县(0.447);象山县(0.027)	0	Ins
江都市	0.916	0.921	0.995	东阳市(0.216);乐清市(0.001);邳州市(0.106);射阳县(0.416);嵊州市(0.178);温岭市(0.083)	0	Des
江山市	1	1	1	江山市(1.000)	1	—

(续表)

市县名称	CCR = BCC × Scale			参考集合及其权重	标杆次数	规模报酬状况
	技术效率	纯技术效率	规模效率			
江阴市	1	1	1	江阴市(1.000)	3	—
姜堰市	0.839	0.867	0.967	安吉县(0.022);岱山县(0.031);涟水县(0.483);射阳县(0.096);嵊州市(0.317);玉环县(0.050)	0	Ins
金湖县	1	1	1	金湖县(1.000)	3	—
金华市市辖区	0.824	0.875	0.941	崇明县(0.057);岱山县(0.217);高邮市(0.277);涟水县(0.260);南通市市辖区(0.013);三门县(0.102);苏州市市辖区(0.072)	0	Ins
金山区	0.968	1	0.968	金山区(1.000)	0	Des
金坛市	0.969	0.977	0.992	宝应县(0.165);岱山县(0.088);丹阳市(0.145);海盐县(0.126);江山市(0.069);溧阳市(0.031);临安市(0.005);嵊州市(0.047);桐乡市(0.134);新昌县(0.189)	0	Des
缙云县	1	1	1	缙云县(1.000)	0	—

(续表)

市县名称	CCR＝BCC×Scale			参考集合及其权重	楷模次数	规模报酬状况
	技术效率	纯技术效率	规模效率			
景宁自治县	1	1	1	景宁自治县(1.000)	1	—
靖江市	0.926	1	0.926	靖江市(1.000)	0	Des
句容市	1	1	1	句容市(1.000)	0	—
开化县	1	1	1	开化县(1.000)	2	—
昆山市	1	1	1	昆山市(1.000)	4	—
兰溪市	0.963	0.966	0.998	丰县(0.051);灌云县(0.020);涟水县(0.054);龙游县(0.067);嵊州市(0.291);天台县(0.368);响水县(0.148)	0	Ins
乐清市	1	1	1	乐清市(1.000)	5	—
丽水市市辖区	0.869	0.884	0.983	崇明县(0.110);涟水县(0.076);三门县(0.172);射阳县(0.147);嵊泗县(0.244);松阳县(0.234);苏州市市辖区(0.016)	0	Ins
溧水县	1	1	1	溧水县(1.000)	0	—

(续表)

市县名称	CCR = BCC × Scale			参考集合及其权重	楷模次数	规模报酬状况
	技术效率	纯技术效率	规模效率			
溧阳市	1	1	1	溧阳市(1.000)	1	—
连云港市市辖区	0.686	0.786	0.873	岱山县(0.079);灌云县(0.518);涟水县(0.403)	0	Ins
涟水县	1	1	1	涟水县(1.000)	20	—
临安市	1	1	1	临安市(1.000)	1	—
临海市	1	1	1	临海市(1.000)	0	—
龙泉市	0.978	0.981	0.997	灌云县(0.043);庆元县(0.442);三门县(0.108);嵊州市(0.013);松阳县(0.279);仙居县(0.082);响水县(0.032)	0	Ins
龙游县	1	1	1	龙游县(1.000)	3	—
闵行区	1	1	1	闵行区(1.000)	3	—
南京市市辖区	0.888	0.899	0.987	昆山市(0.074);涟水县(0.061);南通市市辖区(0.106);射阳县(0.398);苏州市市辖区(0.361)	0	Ins

(续表)

市县名称	CCR = BCC × Scale			参考集合及其权重	楷模次数	规模报酬状况
	技术效率	纯技术效率	规模效率			
南通市市辖区	1	1	1	南通市市辖区(1.000)	8	—
宁波市市辖区	1	1	1	宁波市市辖区(1.000)	0	—
宁海县	1	1	1	宁海县(1.000)	2	—
磐安县	1	1	1	磐安县(1.000)	0	—
沛县	0.989	1	0.989	沛县(1.000)	0	Des
邳州市	1	1	1	邳州市(1.000)	2	—
平湖市	0.949	0.954	0.995	岱山县(0.258);海盐县(0.177);桐乡市(0.386);象山县(0.091);诸暨市(0.088)	0	Ins
平阳县	1	1	1	平阳县(1.000)	0	—
浦东新区	1	1	1	浦东新区(1.000)	0	—
浦江县	1	1	1	浦江县(1.000)	0	—

(续表)

市县名称	CCR = BCC × Scale			参考集合及其权重	楷模次数	规模报酬状况
	技术效率	纯技术效率	规模效率			
启东市	1	1	1	启东市(1.000)	1	—
青浦区	0.98	1	0.98	青浦区(1.000)	0	Des
青田县	0.983	1	0.983	青田县(1.000)	0	Des
庆元县	1	1	1	庆元县(1.000)	1	—
衢州市辖区	0.893	0.898	0.994	崇明县(0.064); 岱山县(0.224); 丰县(0.034); 灌云县(0.125); 开化县(0.332); 涟水县(0.132); 南通市市辖区(0.082); 苏州市市辖区(0.007)	0	Ins
如东县	1	1	1	如东县(1.000)	3	—
如皋市	0.849	0.864	0.983	岱山县(0.007); 丰县(0.135); 涟水县(0.465); 射阳县(0.206); 诸暨市(0.186)	0	Ins
瑞安市	1	1	1	瑞安市(1.000)	0	—
三门县	1	1	1	三门县(1.000)	6	—
上虞市	1	1	1	上虞市(1.000)	0	—

(续表)

市县名称	CCR = BCC × Scale			参考集合及其权重	楷模次数	规模报酬状况
	技术效率	纯技术效率	规模效率			
绍兴市市辖区	0.925	0.927	0.998	宝山区(0.030);岱山县(0.137);绍兴县(0.043);嵊泗县(0.222);苏州市市辖区(0.027);桐乡市(0.161);诸暨市(0.381)	0	Des
绍兴县	1	1	1	绍兴县(1.000)	2	—
射阳县	1	1	1	射阳县(1.000)	17	—
嵊泗县	1	1	1	嵊泗县(1.000)	5	—
嵊州市	1	1	1	嵊州市(1.000)	14	—
沭阳县	1	1	1	沭阳县(1.000)	1	—
泗洪县	1	1	1	泗洪县(1.000)	0	—
泗阳县	0.974	1	0.974	泗阳县(1.000)	1	Des
松江区	0.907	0.911	0.996	昆山市(0.254);闵行区(0.102);嵊泗县(0.632);苏州市市辖区(0.012)	0	Ins
松阳县	1	1	1	松阳县(1.000)	4	—

（续表）

市县名称	CCR = BCC × Scale			参考集合及其权重	标模次数	规模报酬状况
	技术效率	纯技术效率	规模效率			
苏州市市辖区	1	1	1	苏州市市辖区(1.000)	13	—
宿迁市市辖区	0.851	0.858	0.992	灌云县(0.820)；开化县(0.015)；南通市市辖区(0.047)；如东县(0.063)；泗阳县(0.055)	0	Des
睢宁县	1	1	1	睢宁县(1.000)	6	—
遂昌县	0.938	0.954	0.983	岱山县(0.054)；洞头县(0.202)；金湖县(0.033)；松阳县(0.502)；泰顺县(0.168)；响水县(0.040)	0	Ins
台州市市辖区	0.884	0.906	0.976	岱山县(0.109)；乐清市(0.011)；涟水县(0.102)；宁海县(0.065)；象山县(0.334)；诸暨市(0.378)	0	Ins
太仓市	1	1	1	太仓市(1.000)	0	—
泰顺县	1	1	1	泰顺县(1.000)	1	—
泰兴市	0.852	0.87	0.979	涟水县(0.232)；射阳县(0.412)；嵊州市(0.322)；诸暨市(0.034)	0	Ins

(续表)

市县名称	CCR＝BCC×Scale			参考集合及其权重	楷模次数	规模报酬状况
	技术效率	纯技术效率	规模效率			
泰州市市辖区	0.789	0.84	0.94	崇明县(0.101);涟水县(0.165);射阳县(0.602);嵊泗县(0.049);苏州市市辖区(0.084)	0	Ins
天台县	1	1	1	天台县(1.000)	2	—
桐庐县	0.968	0.972	0.996	安吉县(0.028);宝应县(0.059);岱山县(0.101);海盐县(0.380);龙游县(0.204);射阳县(0.009);嵊州市(0.085);响水县(0.074);新昌县(0.061)	0	Des
桐乡市	1	1	1	桐乡市(1.000)	4	—
铜山县	0.949	1	0.949	铜山县(1.000)	0	Des
温岭市	1	1	1	温岭市(1.000)	1	—
温州市市辖区	0.9	0.906	0.993	常熟市(0.165);岱山县(0.616);绍兴县(0.010);苏州市市辖区(0.092);诸暨市(0.116)	0	Ins
文成县	1	1	1	文成县(1.000)	0	—

5 县域城乡统筹发展效率的 DEA 分析

(续表)

市县名称	CCR = BCC × Scale			参考集合及其权重	楷模次数	规模报酬状况
	技术效率	纯技术效率	规模效率			
无锡市市辖区	1	1	1	无锡市市辖区(1.000)	1	—
吴江市	1	1	1	吴江市(1.000)	0	—
武义县	0.948	0.949	0.999	洞头县(0.325);海盐县(0.074);连水县(0.052);龙游县(0.072);三门县(0.313);射阳县(0.071);嵊州市(0.051);响水县(0.042)	0	Des
仙居县	1	1	1	仙居县(1.000)	1	—
响水县	1	1	1	响水县(1.000)	10	—
象山县	1	1	1	象山县(1.000)	3	—
新昌县	1	1	1	新昌县(1.000)	4	—
新沂市	0.882	0.888	0.993	岱山县(0.007);丰县(0.024);灌云县(0.461);涟水县(0.118);射阳县(0.284);睢宁县(0.104);响水县(0.003)	0	Ins
兴化市	1	1	1	兴化市(1.000)	0	—

(续表)

市县名称	CCR = BCC × Scale			参考集合及其权重	楷模次数	规模报酬状况
	技术效率	纯技术效率	规模效率			
盱眙县	0.948	0.96	0.987	安吉县(0.016);滨海县(0.080);海盐县(0.010);涟水县(0.226);射阳县(0.014);嵊州市(0.004);睢宁县(0.046);响水县(0.605)	0	Ins
徐州市市辖区	0.757	0.791	0.957	岱山县(0.117);涟水县(0.706);南通市市辖区(0.178)	0	Ins
盐城市市辖区	0.789	0.848	0.93	岱山县(0.259);灌云县(0.294);涟水县(0.183);射阳县(0.264)	0	Ins
扬中市	1	1	1	扬中市(1.000)	0	—
扬州市市辖区	0.994	1	0.994	扬州市市辖区(1.000)	0	Des
仪征市	0.887	0.888	0.998	宝应县(0.060);海盐县(0.007);金湖县(0.283);涟水县(0.046);睢宁县(0.270);嵊州市(0.027);响水县(0.188);新昌县(0.119)	0	Ins
宜兴市	1	1	1	宜兴市(1.000)	0	—

表5-3中还列出59个不具相对效率各市县所提供的学习标杆。参考集合所列举出的各县市，在各个条件指数方面均与不具效率各县市最为接近，因此，以此作为不具效率的各市县参考学习的对象，可使其找出为达到效率水平应做出的调整幅度。一般情况下，在选取学习标杆的时候，我们会考虑参考集合中权重值最大的对象，作为学习的目标。但是，考虑到各个市县在地缘的接近程度，以及在行政区划的等级性，我们从地理接近程度（如：同在苏南地区，或苏北地区等）和行政级别（如：同为市辖区，或同为县）等级两个角度提出了两类学习标杆，这些县市同样来源于参考集合，但是更能体现出学习标杆的可参考性和现实性（详见表5-4）。这里以南京市市辖区为例，如果参照表5-5中参考集合的对象及其权重值的大小，南京市市辖区的学习标杆应该是射阳县，因为其参考权重最大，为0.398。但是，在南京市市辖区可以学习的参考集合中还有与其行政级别相同的南通市市辖区（0.106）和苏州市市辖区（0.361），且南京市市辖区和苏州市市辖区同属苏南地区，在地缘上十分接近，再对比南通市市辖区与苏州市市辖区参考权重的大小，我们认为，无论是从地理接近程度，还是行政级别等级来看，南京市市辖区的建议学习标杆都应该是苏州市市辖区，而非射阳县，这个结果无论是从可参考性还是现实性的角度来讲，都更为合理。去除表5-3中17个只按照自身的行政区域（如奉贤区、富阳市、青田县等），其他42个非效率县市的学习建议如表5-4。

表5-4　42个非效率市县的学习标杆及其建议学习标杆

市县名称	主要学习标杆	建议学习标杆（地理接近）	建议学习标杆（行政级别）
南京市市辖区	射阳县	苏州市市辖区	苏州市市辖区
徐州市市辖区	涟水县	涟水县	南通市市辖区

（续表）

市县名称	主要学习标杆	建议学习标杆（地理接近）	建议学习标杆（行政级别）
新沂市	灌云县	灌云县	灌云县
常州市市辖区	江阴市	江阴市	苏州市市辖区
金坛市	新昌县	丹阳市	丹阳市
张家港市	岱山县	常熟市	常熟市
如皋市	涟水县	射阳县	涟水县
海门市	启东市	启东市	启东市
连云港市市辖区	灌云县	灌云县	灌云县
赣榆县	东海县	东海县	东海县
淮安市市辖区	灌云县	涟水县	灌云县
洪泽县	金湖县	金湖县	金湖县
盱眙县	响水县	涟水县	响水县
盐城市市辖区	灌云县	射阳县	灌云县
建湖县	睢宁县	射阳县	射阳县
仪征市	金湖县	金湖县	嵊州市
江都市	射阳县	射阳县	东阳市
镇江市市辖区	常熟市	常熟市	常熟市
泰州市市辖区	射阳县	崇明县	射阳县
泰兴市	射阳县	射阳县	嵊州市
姜堰市	涟水县	涟水县	嵊州市
宿迁市市辖区	灌云县	灌云县	灌云县
杭州市市辖区	岱山县	苏州市市辖区	苏州市市辖区
建德市	嵊州市	嵊州市	嵊州市
桐庐县	海盐县	龙游县	海盐县
余姚市	宁海县	宁海县	诸暨市

(续表)

市县名称	主要学习标杆	建议学习标杆（地理接近）	建议学习标杆（行政级别）
温州市市辖区	岱山县	诸暨市	苏州市市辖区
嘉兴市市辖区	岱山县	苏州市市辖区	岱山县
平湖市	桐乡市	海盐县	桐乡市
湖州市市辖区	岱山县	安吉县	诸暨市
德清县	安吉县	安吉县	桐乡市
绍兴市市辖区	诸暨市	诸暨市	桐乡市
金华市市辖区	高邮市	三门县	高邮市
兰溪市	天台县	龙游县	嵊州市
武义县	洞头县	龙游县	三门县
衢州市市辖区	开化县	开化县	开化县
舟山市市辖区	岱山县	宝山区	乐清市
台州市市辖区	诸暨市	象山县	诸暨市
丽水市市辖区	嵊泗县	松阳县	三门县
龙泉市	庆元县	松阳县	松阳县
遂昌县	松阳县	松阳县	松阳县
松江区	嵊泗县	闵行区	昆山市

5.3.2 县域城乡统筹发展效率的动态分析

动态分析的研究期间为2007—2009年，研究对象包括所属苏浙沪地区的142个市、市辖区、地级市和县在城乡统筹投入产出方面的状况。

在此基础上，利用基于产出的DEA模型，通过计算各种距离函数来计算 Malmquist 生产率指数及其构成部分,对苏浙沪 142 个市、市辖区、地级市和县等,从 2007—2009 年进行逐年测算,整理后得到各区域三年来城乡统筹资源配置效率增长及其构成变化的情况。此外,为了更明显地区分苏浙沪三地在城乡统筹资源配置方面的效率增长,我们将 142 个市、市辖区、地级市和县等划分为 6 个不同的区域,即:上海、苏北地区、苏南地区、苏中地区、浙东北地区和浙西南地区(参见表 5-5)。

表 5-5　苏浙沪地区城乡统筹资源配置的 Malmquist 指数及其分解指数的评价结果

项　目	effch	techch	pech	sech	tfpch
2007—2008 年	1.002	0.937	0.996	1.006	0.939
2008—2009 年	1.018	0.962	1.017	1.001	0.979
年均变化(%)	1	−5.1	0.6	0.3	−4.1
上海地区年均变化(%)	−1	29.2	−0.9	−0.1	28.3
苏北地区年均变化(%)	22.5	−340.5	39.2	−15.5	−318
苏南地区年均变化(%)	29.8	34.1	9.1	20.2	64.5
苏中地区年均变化(%)	68.5	−96.8	39.5	27.5	−29.8
浙东北地区年均变化(%)	18.5	−30.4	11.4	7.1	−11.5
浙西南地区年均变化(%)	5.1	−264.5	−6.5	11.6	−259.2

表 5-5 的结果显示:

各年中 Malmquist 指数均小于 1,尽管 2008—2009 年间较 2007—2008 年间有所上升,但是从均值意义上讲,表明苏浙沪区域的城乡统筹在考察期内资源配置效率是不断降低的。

从六个划分区域来看,上海地区和苏南地区的年均 Malmquist 指数均大于 1,年均增幅分别为 28.3% 和 64.5%,且苏南地区年均增幅远高于上海地区的年均增幅。

由于生产率增长变动等于技术效率变动与技术进步变动之和,因此,可以通过对比效率变动值和技术进步值的大小,来确定影响生产率增长的主要因素。换句话说,生产率增长既可以是效率提升的结果,也可以是技术改进的结果,亦或是由二者共同作用的结果。从表5-5的结果中不难发现,上海地区和苏南地区年均Malmquist指数呈现上升的趋势,全都归因于该地区的技术进步变动(techch)。而苏北地区、苏中地区、浙东北地区和浙西南地区年均Malmquist指数的不断降低也是由于技术进步变动的无效率造成的,即:上海地区和苏南地区生产率的整体提高主要是由于前沿面的整体提高所致,而其余四个区域生产率的整体下降主要归咎于前沿面的大幅下降,也就是技术的退步造成的。

　　技术效率又可以进一步分解为纯技术效率(pech)和规模效率(sech),结合表5-5的结果可知,在纯技术效率方面,除上海和浙西南地区外,其余四个区域在降低资源耗费方面均呈现显著的成效,特别是苏中地区(39.5%);而在规模效率方面,除了上海和苏北地区外,其余四个区域在拓宽资源产出方面表现得更为出色。

　　出现上述结果并不令人感到诧异,上海和苏南地区在技术进步方面的优势远胜于其他四个地区,三年间生产率的变动呈现大幅增长,但上海在拓宽资源产出方面的表现不如苏南地区,为此还需不断提高。而苏北地区、苏中地区、浙东北地区和浙西南地区由于技术进步变动的大幅下降,导致考察期生产率变动表现欠缺,因此,要使整个苏浙沪地区在生产率变动方面大幅提升,还需不断提高上述四个地区的技术进步变动。有鉴于此,在农业机械化和科技进步及扶持方面应当加大相应的投入才是明智之举。

　　另外,除了从效率的变动率进行考量之外,我们还对各市县效率变动率的变动趋势做了分类,一共分为四类,分别是(各市县区所在类别参见表5-6系列):

第Ⅰ类——当年度统筹绩效相对较佳,且跨年度效率呈现成长趋势

属于此类之市区县有27个市区县,其静态相对效率值等于1,且跨期动态效率值大于1,显示这24家市区县不仅当期效率佳,且从2007到2009年此段期间,效率亦呈现成长的趋势,因此,这些具备良好统筹发展基础的市县区,可以通过增加城乡统筹的投入力度,提高产出,并应设法保持其优势。

第Ⅱ类——当年度统筹绩效相对较佳,但跨年度效率呈现衰退趋势

属于此类之市区县有67个,其静态相对效率值等于1,但跨期动态效率值小于1,显示这3家市区县虽然当期效率佳,但与过去相较之下,其效率变动却呈现衰退的趋势,因此,这些市区县不应以当期效率佳便掉以轻心,仍应设法力求突破,以免丧失其竞争优势。

第Ⅲ类——当年度统筹绩效相对较差,但跨年度效率呈现成长趋势

属于此类之市区县59个市区县,其静态相对效率值小于1,但跨期动态效率值大于1,显示这7家市区县当期效率相对较差,但与过去相较之下,其效率变动却呈现成长的趋势,因此,这些市区县应致力提升及改善目前统筹上之缺失,例如更有效地使用投入资源,以增加更大的产出,或依据其所处之规模报酬状态扩大或缩小统筹规模,才能追赶上其他相对效率较佳之市区县。

第Ⅳ类——当年度统筹绩效相对较差,且跨年度效率呈现衰退趋势

属于此类之市区县有32个,其不仅静态相对效率值小于1,且跨期动态效率值亦小于1,显示这家市区县当期效率相对较差,与过去相较之下,其效率变动亦呈现衰退的趋势,因此,这32家市区县应改善其统筹策略及政策弹性,以免持续恶化。

5 县域城乡统筹发展效率的 DEA 分析

表 5‑6A1　苏浙沪分地区城乡统筹资源配置的 Malmquist 指数的分类结果

类别	上海	苏南	苏中	苏北	浙东北	浙西南	合计
I	3	10	2	0	7	2	24
II	5	3	3	4	10	2	27
III	1	4	5	14	9	26	59
IV	0	2	6	11	5	8	32
合计	9	19	16	29	31	38	142

表 5‑6A2　苏浙沪分地区城乡统筹资源配置的 Malmquist 指数的分类结果（按类别汇总）

类别	上海	苏南	苏中	苏北	浙东北	浙西南
I	33.3%	52.6%	12.5%	0.0%	22.6%	5.3%
II	55.6%	15.8%	18.8%	13.8%	32.3%	5.3%
III	11.1%	21.1%	31.3%	48.3%	29.0%	68.4%
IV	0.0%	10.5%	37.5%	37.9%	16.1%	21.1%
合计	100.0%	100.0%	100.0%	100.0%	100.0%	100.0%

表 5‑6A3　苏浙沪分地区城乡统筹资源配置的 Malmquist 指数的分类结果（按地区汇总）

类别	上海	苏南	苏中	苏北	浙东北	浙西南	合计
I	12.5%	41.7%	8.3%	0.0%	29.2%	8.3%	100.0%
II	18.5%	11.1%	11.1%	14.8%	37.0%	7.4%	100.0%
III	1.7%	6.8%	8.5%	23.7%	15.3%	44.1%	100.0%
IV	0.0%	6.3%	18.8%	34.4%	15.6%	25.0%	100.0%

表 5 – 6B1　苏浙沪分地区城乡统筹资源配置的
Malmquist 指数的分类结果

市区县	第 I 类	第 II 类	第 III 类	第 IV 类	合计
县级市	10	6	19	13	48
县	7	1	40	14	62
市辖区	7	20	0	5	32
合计	24	27	59	32	142

表 5 – 6B2　苏浙沪分地区城乡统筹资源配置的 Malmquist
指数的分类结果（按类别汇总）

市区县	第 I 类	第 II 类	第 III 类	第 IV 类
县级市	41.7%	22.2%	32.2%	40.6%
县	29.2%	3.7%	67.8%	43.8%
市辖区	29.2%	74.1%	0.0%	15.6%
合计	100.0%	100.0%	100.0%	100.0%

表 5 – 6B3　苏浙沪分地区城乡统筹资源配置的 Malmquist
指数的分类结果（按地区汇总）

市区县	第 I 类	第 II 类	第 III 类	第 IV 类	合计
县级市	20.8%	12.5%	39.6%	27.1%	100.0%
县	11.3%	1.6%	64.5%	22.6%	100.0%
市辖区	21.9%	62.5%	0.0%	15.6%	100.0%

表 5-7 苏浙沪各市县区城乡统筹资源配置的
Malmquist 指数的具体分类

原序号	DMU	所属小区域	市名	市县区类	CCR-Score	tfpch	类别
2	南京市市辖区	苏南	南京	市辖区	0.888	0.999	4
3	溧水县	苏南	南京	县	1	0.934	3
4	高淳县	苏南	南京	县	1	0.892	3
6	无锡市市辖区	苏南	无锡	市辖区	1	1.024	1
7	江阴市	苏南	无锡	县级市	1	1.133	1
8	宜兴市	苏南	无锡	县级市	1	1.105	1
10	徐州市市辖区	苏北	徐州	市辖区	0.757	1.071	2
11	丰县	苏北	徐州	县	1	0.824	3
12	沛县	苏北	徐州	县	0.989	0.908	4
13	铜山县	苏北	徐州	县	0.949	0.97	4
14	睢宁县	苏北	徐州	县	1	0.84	3
15	新沂市	苏北	徐州	县级市	0.882	0.785	4
16	邳州市	苏北	徐州	县级市	1	0.872	3
18	常州市市辖区	苏南	常州	市辖区	0.96	1.011	2
19	溧阳市	苏南	常州	县级市	1	1.032	1
20	金坛市	苏南	常州	县级市	0.969	0.937	4
22	苏州市市辖区	苏南	苏州	市辖区	1	1.115	1
23	常熟市	苏南	苏州	县级市	1	1.087	1

(续表)

原序号	DMU	所属小区域	市名	市县区类	CCR-Score	tfpch	类别
24	张家港市	苏南	苏州	县级市	0.952	1.038	2
25	昆山市	苏南	苏州	县级市	1	1.13	1
26	吴江市	苏南	苏州	县级市	1	1.08	1
27	太仓市	苏南	苏州	县级市	1	1.075	1
29	南通市市辖区	苏中	南通	市辖区	1	1.278	1
30	如东县	苏中	南通	县	1	1.021	1
31	启东市	苏中	南通	县级市	1	0.966	3
32	如皋市	苏中	南通	县级市	0.849	0.946	4
33	海安县	苏中	南通	县	1	0.945	3
34	海门市	苏中	南通	县级市	0.973	0.93	4
36	连云港市市辖区	苏北	连云港	市辖区	0.686	1.021	2
37	赣榆县	苏北	连云港	县	0.963	0.912	4
38	东海县	苏北	连云港	县	1	0.897	3
39	灌云县	苏北	连云港	县	1	0.801	3
40	灌南县	苏北	连云港	县	1	0.842	3
42	淮安市市辖区	苏北	淮安	市辖区	0.81	1.094	2
43	涟水县	苏北	淮安	县	1	0.829	3
44	洪泽县	苏北	淮安	县	0.986	0.84	4
45	盱眙县	苏北	淮安	县	0.948	0.801	4

(续表)

原序号	DMU	所属小区域	市名	市县区类	CCR-Score	tfpch	类别
46	金湖县	苏北	淮安	县	1	0.798	3
48	盐城市市辖区	苏北	盐城	市辖区	0.789	1.019	2
49	响水县	苏北	盐城	县	1	0.809	3
50	滨海县	苏北	盐城	县	1	0.827	3
51	阜宁县	苏北	盐城	县	0.968	0.859	4
52	射阳县	苏北	盐城	县	1	0.906	3
53	建湖县	苏北	盐城	县	0.907	0.91	4
54	东台市	苏北	盐城	县级市	0.995	0.956	4
55	大丰市	苏北	盐城	县级市	1	0.927	3
57	扬州市市辖区	苏中	扬州	市辖区	0.994	1.161	2
58	宝应县	苏中	扬州	县	1	1.038	1
59	仪征市	苏中	扬州	县级市	0.887	0.896	4
60	高邮市	苏中	扬州	县级市	1	0.937	3
61	江都市	苏中	扬州	县级市	0.916	0.901	4
63	镇江市市辖区	苏南	镇江	市辖区	0.876	1.082	2
64	丹阳市	苏南	镇江	县级市	1	1.027	1
65	扬中市	苏南	镇江	县级市	1	0.96	3
66	句容市	苏南	镇江	县级市	1	0.984	3
68	泰州市市辖区	苏中	泰州	市辖区	0.789	1.02	2

(续表)

原序号	DMU	所属小区域	市名	市县区类	CCR-Score	tfpch	类别
69	兴化市	苏中	泰州	县级市	1	0.935	3
70	靖江市	苏中	泰州	县级市	0.926	0.977	4
71	泰兴市	苏中	泰州	县级市	0.852	1.026	2
72	姜堰市	苏中	泰州	县级市	0.839	0.941	4
74	宿迁市市辖区	苏北	宿迁	市辖区	0.851	0.989	4
75	沭阳县	苏北	宿迁	县	1	0.832	3
76	泗阳县	苏北	宿迁	县	0.974	0.838	4
77	泗洪县	苏北	宿迁	县	1	0.843	3
79	杭州市市辖区	浙东北	杭州	市辖区	0.956	1.031	2
80	富阳市	浙东北	杭州	县级市	0.999	0.991	4
81	临安市	浙东北	杭州	县级市	1	0.964	3
82	建德市	浙东北	杭州	县级市	0.937	0.921	4
83	桐庐县	浙东北	杭州	县	0.968	0.881	4
84	淳安县	浙东北	杭州	县	0.992	0.95	4
86	宁波市市辖区	浙东北	宁波	市辖区	1	1.107	1
87	余姚市	浙东北	宁波	县级市	0.949	1.041	2
88	慈溪市	浙东北	宁波	县级市	1	1.016	1
89	奉化市	浙东北	宁波	县级市	0.997	1.01	2
90	象山县	浙东北	宁波	县	1	1.017	1
91	宁海县	浙东北	宁波	县	1	0.988	3

(续表)

原序号	DMU	所属小区域	市名	市县区类	CCR-Score	tfpch	类别
93	温州市市辖区	浙西南	温州	市辖区	0.9	1.048	2
94	瑞安市	浙西南	温州	县级市	1	0.993	3
95	乐清市	浙西南	温州	县级市	1	0.981	3
96	洞头县	浙西南	温州	县	1	0.97	3
97	永嘉县	浙西南	温州	县	1	0.943	3
98	平阳县	浙西南	温州	县	1	0.923	3
99	苍南县	浙西南	温州	县	1	0.884	3
100	文成县	浙西南	温州	县	1	0.824	3
101	泰顺县	浙西南	温州	县	1	0.95	3
103	嘉兴市市辖区	浙东北	嘉兴	市辖区	0.909	1.028	2
104	平湖市	浙东北	嘉兴	县级市	0.949	1.024	2
105	海宁市	浙东北	嘉兴	县级市	0.993	1.015	2
106	桐乡市	浙东北	嘉兴	县级市	1	0.996	3
107	嘉善县	浙东北	嘉兴	县	0.991	1.048	2
108	海盐县	浙东北	嘉兴	县	1	1.069	1
110	湖州市市辖区	浙东北	湖州	市辖区	0.935	1.018	2
111	德清县	浙东北	湖州	县	0.97	0.986	4
112	长兴县	浙东北	湖州	县	1	1.015	1
113	安吉县	浙东北	湖州	县	1	0.92	3

(续表)

原序号	DMU	所属小区域	市名	市县区类	CCR-Score	tfpch	类别
115	绍兴市市辖区	浙东北	绍兴	市辖区	0.925	1.03	2
116	诸暨市	浙东北	绍兴	县级市	1	0.99	3
117	上虞市	浙东北	绍兴	县级市	1	1.006	1
118	嵊州市	浙东北	绍兴	县级市	1	0.926	3
119	绍兴县	浙东北	绍兴	县	1	1.036	1
120	新昌县	浙东北	绍兴	县	1	0.899	3
122	金华市市辖区	浙西南	金华	市辖区	0.824	0.912	4
123	兰溪市	浙西南	金华	县级市	0.963	0.947	4
124	东阳市	浙西南	金华	县级市	1	0.933	3
125	义乌市	浙西南	金华	县级市	1	1.357	1
126	永康市	浙西南	金华	县级市	1	0.981	3
127	武义县	浙西南	金华	县	0.948	0.839	4
128	浦江县	浙西南	金华	县	1	0.837	3
129	磐安县	浙西南	金华	县	1	0.863	3
131	衢州市市辖区	浙西南	衢州	市辖区	0.893	0.981	4
132	江山市	浙西南	衢州	县级市	1	0.856	3
133	常山县	浙西南	衢州	县	1	0.871	3
134	开化县	浙西南	衢州	县	1	0.872	3
135	龙游县	浙西南	衢州	县	1	0.856	3

(续表)

原序号	DMU	所属小区域	市名	市县区类	CCR-Score	tfpch	类别
137	舟山市市辖区	浙东北	舟山	市辖区	0.951	1.049	2
138	岱山县	浙东北	舟山	县	1	0.945	3
139	嵊泗县	浙东北	舟山	县	1	0.968	3
141	台州市市辖区	浙西南	台州	市辖区	0.884	1.008	2
142	温岭市	浙西南	台州	县级市	1	0.967	3
143	临海市	浙西南	台州	县级市	1	0.894	3
144	玉环县	浙西南	台州	县	1	1.08	1
145	三门县	浙西南	台州	县	1	0.996	3
146	天台县	浙西南	台州	县	1	0.877	3
147	仙居县	浙西南	台州	县	1	0.859	3
149	丽水市市辖区	浙西南	丽水	市辖区	0.869	0.956	4
150	龙泉市	浙西南	丽水	县级市	0.978	0.852	4
151	青田县	浙西南	丽水	县	0.983	0.93	4
152	云和县	浙西南	丽水	县	1	0.874	3
153	庆元县	浙西南	丽水	县	1	0.857	3
154	缙云县	浙西南	丽水	县	1	0.889	3
155	遂昌县	浙西南	丽水	县	0.938	0.891	4
156	松阳县	浙西南	丽水	县	1	0.871	3
157	景宁自治县	浙西南	丽水	县	1	0.91	3

(续表)

原序号	DMU	所属小区域	市名	市县区类	CCR-Score	tfpch	类别
158	闵行区	上海	上海	市辖区	1	1.056	1
159	宝山区	上海	上海	市辖区	1	0.898	3
160	松江区	上海	上海	市辖区	0.907	1.007	2
161	嘉定区	上海	上海	市辖区	0.949	1.017	2
162	青浦区	上海	上海	市辖区	0.98	1.048	2
163	金山区	上海	上海	市辖区	0.968	1.059	2
164	奉贤区	上海	上海	市辖区	0.96	1.021	2
165	崇明县	上海	上海	县	1	0.983	3
166	浦东新区	上海	上海	市辖区	1	1.054	1

表 5-8 苏浙沪城乡统筹资源配置的 Malmquist 指数及其分解指数的分类评价结果

地 区	effch	techch	pech	sech	tfpch
市辖区平均值	1.023	1.019	1.022	1.0008	1.042
县平均值	1.003	0.904	1.001	1.0014	0.907
县级市平均值	1.011	0.972	1.003	1.008	0.983

依据上表，我们从总体上看，除了规模效率变动指标 sech 市辖区＜县＜县级市（且三个指标都大于1），其他四个动态效率变动都呈现了市辖区＞县级市＞县特征的提高幅度上；在规模效率变动指标 sech 上，2007—2009 年苏浙沪各市辖区、县、县级市在城乡统筹发展工作都在向其自身的最适规模发展，且县级市的发展速度最快、市辖区最慢；在技术效率变动指标 effch 上，市辖区、县级市、县都呈现了技术效率增长的趋势，市辖区最多、县增长最

少;在技术变动指标 techch 上,市辖区呈现了正增长,县、县级市出现了技术衰退;全要素生产率变动指标 tfpch 上,市辖区出现了增长的情况,而县、县级市出现了衰退的现象,县衰退程度比较大。

表 5-9 各类 DEA 研究方法所得重要结论及其对应建议

DEA 分类	研究方法	重要结论	政策建议
静态 DEA	超效率	在剔除了松弛的影响之后,使有效决策单元之间也能进行效率高低的比较	根据超效率 CCR 模型的结果,相应地增加不足的投入或产出,或是减少冗余的投入或产出,从而实现相对有效
	BCC	就 CCR 效率值的部分结果来看,142 个市县的平均技术效率为 0.975,其中有 83 个县市技术有效,占到 DMU 研究总量的 58.45%,而剩下的 59 个市县则为技术无效率,其中:处于规模报酬递增的市县有 32 个,而剩余 27 个市县的规模报酬处于递减的状况。	根据 BCC 模型计算出的结果,结合地理上和行政级别的接近程度,为每个非效率的县市找到其对应的学习标杆
动态 DEA	Malmquist	苏浙沪区域的城乡统筹在考察期内资源配置效率是不断降低的;从 6 个划分区域来看,上海地区和苏南地区的年均 Malmquist 指数均大于 1,年均增幅分别为 28.3%和 64.5%,且苏南地区年均增幅远高于上海地区的年均增幅。其中:上海	要使整个苏浙沪地区在生产率变动方面大幅提升,还需不断提高苏北地区、苏中地区、浙东北地区和浙西南地区四个地区的技术进步变动。有鉴于此,在农业机械化和科技进步及扶持方面应当加大相应的投入才是明智之举

(续表)

DEA 分类	研究 方法	重要结论	政策建议
		地区和苏南地区年均 Malmquist 指数呈现上升的趋势,全都归因于该地区的技术进步变动。此外,按照 Malmquist 指数的效率变动趋势,各市县可分为四类。	I 类:可以通过增加城乡统筹的投入力度,提高产出,并应设法保持其优势 II 类:不应以当期效率佳便掉以轻心,仍应设法力求突破,以免丧失其竞争优势 III 类:应致力于提升及改善目前统筹上之缺失,以增加更大的产出,或依据其所处之规模报酬状态扩大或缩小统筹规模,才能追赶上其他相对效率较佳之市区县 IV 类:应改善其统筹策略及政策弹性,以免持续恶化

　　此外,为了更直观地反映各县市的动态效率变动是否在地域上具有一定的规律,本书还采用聚类分析,并在地图上进行分色块填充。首先将各县市的全要素生产率变动进行聚类分析(此处共分为五类),然后每一类对应一种颜色,最后在苏浙沪的地图上进行分色块填充(参见图 5-2,5-3 和 5-4)。

　　从上述各图中不难看出,各个县市的全要素生产率变动具有一定的集聚性,即生产率变动率较大的地区呈现出一定集聚的特性。此外,我们还将各县域的 Malmquist 指数与上海之间的距离做了回归分析,结果显示,Malmquist 指数与距离上海的 R^2 结果太小,但是 Spearman rho 的结果为 -0.607,表示 Malmquist 指数与上海之间距离存在着负相关,即:距离上海越近,Malmquist 指

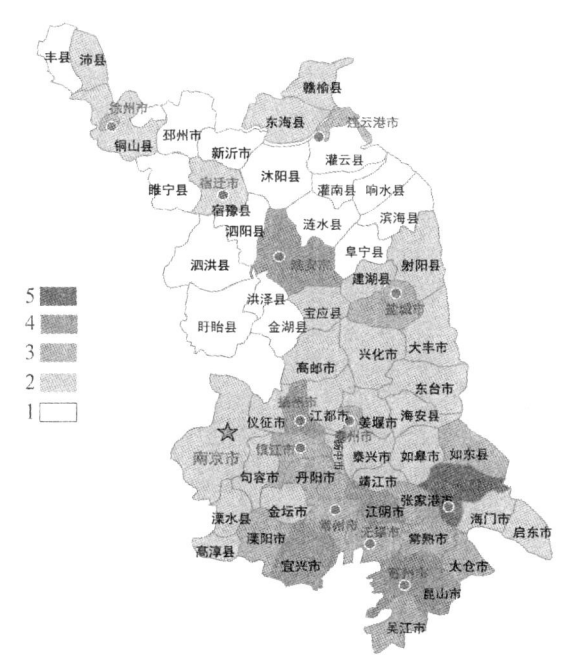

5 县域城乡统筹发展效率的 DEA 分析

图 5-2 江苏省各县域聚类分析结果

图 5-3 浙江省各县域聚类分析结果

图 5-4　上海市各县域聚类分析结果

数结果相对越大,从上图中也不难发现这一规律。距离上海越近的县域,其聚类所在等级也越高,即:上海处于第一集团,苏南、浙东北处于第二集团,苏中、苏北、浙西南处于第三集团。

如进一步用空间统计学方法分析,DEA 效率分析而得的 2009 年 CCR 效率和超效率都无法验证其空间集聚的整体分布特征,但 Malmquist 分析中的全要素生产率变动 tfpch 值有空间集聚的分布特征($\rho = 0.561$,在 0.01 水平上显著)。

6 基于农民满意度的城乡统筹发展评估

6.1 闵行区城乡统筹发展的研究视角和现状分析

6.1.1 研究视角和文献回顾

本书第 3 章到第 5 章已建立了县域城乡统筹发展区域间横向比较的评价体系,可从政府角度对县域城乡统筹的整体发展进行评价,这些结果对县域经济社会发展具有重要意义,但没能具体衡量某个政策期内县域城乡统筹发展各项政策的有效性,而这个有效性首先集中体现于该县域农民对城乡统筹发展的满意度,该满意度不仅仅是对城乡统筹发展整体工作的满意度,更应是对城乡统筹发展全部政策的微观绩效评估。

因此,对城乡统筹发展的评估不仅需要从宏观角度出发还必须从农民角度考虑,本书依据 2010、2011 年中对上海市闵行区下辖所有行政村的两次全面调研(调研方式为问卷和深入访谈相结合),以闵行区为例构建了基于区域内受众(基层群众、基层干部)

满意度调查的、微观视角的城乡统筹发展评价框架,基层农民对城乡统筹发展的支持度和受益度是城乡统筹发展工作的一个重要衡量指标。县域城乡统筹农民满意度是由各个行政村的城乡统筹满意度合并而成的,虽说本书由于篇幅限制没有罗列各个行政村的农民满意度,但各村农民对各项城乡统筹发展政策的评价虽有一致性但也有不一致的地方,这说明城乡统筹发展在县域范围内也存在着差异,各项政策还存在着基于区域针对性的分类指导问题,需要我们具体问题具体分析。农民满意度高的政策固然令人欣喜,但各村中农民满意度较低的具体措施恰能为下阶段的城乡统筹发展政策指明方向。

此外,城乡统筹发展国际间比较也非常重要。通过国际比较,我们可以看见自身城乡统筹发展的成绩和不足,成绩进一步说明了相关政策的有效性,不足为下一步城乡统筹发展战略、政策的制定明确了方向。由于跨国调研在时间、经费上的限制,我们一般多利用二手资料进行比较,二手资料中我国对国外城乡统筹模式的考察基本还是对若干样本国家或者区域的经验总结,很难找到进行全面定量分析的匹配数据。因此,我们进行国际比较时,不妨缩小比较范围,用国内国际基本可比的若干个指标来考察我们城乡统筹某些政策的成效;鉴于村庄硬件的可比性,国际比较从村庄改造着眼不失为一个重要思路,而欧洲恰也刚推行了村庄翻新(徐世卫、信乃诠,2010)[50]。

本章将进行的城乡统筹发展微观评价和国际比较将使得在宏观城乡统筹发展条件、水平皆优的闵行区立体、深入地把握其城乡统筹发展的全面状况。

城乡统筹发展是一项民生工程,农民满意度从某种意义上说决定着此项战略的成败。目前对城乡统筹发展评价集中于理论层面、政策层面,针对此项战略的受众——农民的研究还比较少,针对某个地区全部政策措施进行的农民满意度调查更少。

农民满意度是一个复杂的评价系统,为了能准确、系统地反映农民对城乡统筹发展的满意程度,了解指标对农民满意度的影响,目前学者对农民满意度、知晓度研究主要是通过问卷调查、现场调查等手段,利用描述性统计分析、logistics 回归分析对农民满意度、知晓度及其影响因素进行测量与评估,为各级管理者提供了可操作的政策建议。如黄进(2006)[171]揭示了农民对新农合的知晓程度直接影响农民的参合方式,政府应加大新农合的宣传力度。张琴(2008)、霍帅(2007)、姜瑛(2008)等[172—174]认为由于已有政策在实施过程中形成的负面效应以及农民缺乏对新农合总体评价能力,参合农民对新农合缺乏内在的信任感、满意度也较低。刘近安(2008)[175]证明了年龄、婚姻状况、文化程度、职业、自感健康状况、自感生活幸福感指数等对农民对新农合的满意度作用显著。李燕凌、曾福生(2008)[176]采集了湖南省 126 个乡(镇)农户对农村公共品供给"满意度"评价(CSI)抽样调查数据,运用 CSI-Probit 回归模型对农户的农村公共品供给"满意度"及其影响因素进行了实证分析。蒋琼(2009)[177]基于湖南洪江市 618 份问卷调查结果分析表明:农民对洪江市新农村建设项目中最满意的是农村基础设施,最不满意的是农民增收。王心良、蒋剑勇(2009)[178]通过主成分分析得到的描述农村公共品三个影响因子中,农村基础设施因子的满意度较高,农民服务管理和农业基本建设的满意度较低。马林靖、张林秀(2010)[179]使用 2005 年全国大样本调查获得的 100 个村和 800 个农户的相关数据分析表明,农村饮水类型较六年前有了较大的改观,七成以上的农民对饮用水的情况比较满意;但大部分饮水设施投资仍依靠村自筹。田野、赵晓飞(2010)[180]以湖北省 711 个农户的调查数据为依据,对影响农民对新农村建设满意度的因素进行分析,并对被调查地区的农民进行了新农村建设满意度评价。段春阳等(2011)[181]以辽宁省 4 个县的农民为对象,从农户对新型农村合作医疗满意度的角度出发讨论新农合制度的可持续性,并采用概率单位模型(Probit)对影响其满意度的因素进行实证分析。杨静、陈亮(2012)[182]利用2008—2010年对河北省三地市农民的960份有效调查问卷,综合运用归纳总结和频数统计方法,实证分析新农村建设过程中的农民满意度,由此挖掘农民亟待解决问题的需求次序以及对政府责任的需求期望,发现新农村建设取得的实际进展和农民切身需求存在的偏差。以上研究成果为本章提供了方法模式和参考借鉴,但这些调研皆只以城乡统筹发展的一项或某几项内容为调研对象。

我们设计了一套"城乡统筹发展政策梳理→问卷设计(客观题测满意度、主观题听意见建议)→问卷调研与分析→新政策措施建议"的问卷调研流程,站在农民满意度的视角,以上海市闵行区为例进行了城乡统筹发展的绩效评估。

6.1.2 闵行区现状

1992年9月26日,上海市撤销上海县和原闵行区,建立新的闵行区。闵行区位于上海市中部,东与徐汇区、浦东新区相接,南隔黄浦江与奉贤区相望,西与松江区、青浦区接壤,北与长宁区、嘉定区毗邻,虹桥国际机场位于区境边沿。闵行区现下辖9个镇、3个街道、1个市级工业区,共有156个村委会和353个居委会。2009年末,全区常住人口181.43万人,其中,外来人口89.09万人。2009年,全区完成地区生产总值1236.35亿元,其中第一产业1.67亿元、第二产业802.05亿元、第三产业432.63亿元;全区实现财政总收入342.79亿元,其中,区级财政收入110.35亿元。近年来,闵行区获得一系列荣誉:2007年"全国科技进步先进区"、"全国绿化模范城区",2008年"全国企业创建环境最佳区(县)"、"全国平安建设先进区",2009年"第三批国家科技进步模范县(市)",2011年"全国农村改革试验区"等。

由此可见,闵行区是上海乃至长三角地区一个经济高度发达的近郊市辖区。从人口、用地景观、经济和社会等四大特征来看,闵行的农村地区处于城乡结合部,是既不同于典型城市又有异于典型农村的区域,其特殊的经济地理位置、得天独厚的优势和明显的区域特征,使闵行区成为城乡统筹发展、破解二元结构、解决"三农"问题、构筑社会主义和谐社会的先行示范地区。

6.1.3 闵行区城乡统筹发展特点

闵行区城乡统筹发展具有鲜明的特点,用一句话来概括就是快速城市化背景下的城乡统筹发展,其主要特点为:

一是农村基本实现全面小康。根据国家统计局农村社会经济调查司发布的2009年农村小康蓝皮书《中国农村全面建设小康监测报告》,2008年上海市农村全面建设小康社会综合实现程度达到91.7%,位居全国首位。如使用相同的指标计算,2009年闵行区农村全面建设小康社会综合实现程度已达到95%,位居上海市郊区第一。

二是城市化发展进入深度城市化阶段。就全国而言,闵行区的经济发展水平已非常高,户籍人口的人均GDP已从2005年的55927.27元提高到2009年的131135.98元,算上外来人口的人均GDP2009年首次突破了1万美元大关。闵行区的整体城市化水平已经很高,从户籍人口角度看,2008年闵行区非农业人口已占总人口的89.3%,2009年达到91.8%。产业结构高端化、城市布局合理化、都市圈发展同城化、城市管理高效化、城市品质高级化,成为闵行深度城市化的重要目标。今后几年,闵行区农业人口将继续减少,青壮年农民将进入人力资源培训和生活方式转变的关键时期;外省市流入区内农村的从业人员数量也将下降且下降幅度较大(这其中有闵行区产业调整的原因,更有闵行区部分战略储备地块的城市化开发后生活成本上升等原因,外省市流入闵行区农村的从业人员总数比"十五"末下降幅度超过40%)。

三是农业发展进入全面转型期。2009年闵行区从事农业的人数约占常住人口的2.5‰,第一产业占GDP比重下降至0.14%,人均第一产业增加值4200多元。闵行区农业正处在转型期,承担物质产品生产的"生计农业"作用已逐渐弱化,而保护自然生态环境、提供生态产品的功能正趋于强化、逐步显现和发挥。以前,人们只把农业当成衣食之源;现在,人们发现农业是人类与自然界的一个巨大接口,是人类与大自然和谐相处的一个广阔平台。工业、服务业的生态功能总量是个负数,正因为农业的生态功能是一个很大的正数,人类才得以生存、发展。转型后的闵行区农业的生态功能将日益突出,充分发挥都市型农业洁、净、绿的特点,建立人与自然、都市与农业和谐的生态环境,以生态农业进一步净化上海的水质、土壤和空气,使农业成为城市的花园和绿色生态屏障。

6.1.4 闵行区城乡统筹发展的举措

闵行区每年制定了城乡统筹发展的具体项目并落到实处,其项目化管理与推进卓有成效。闵行区城乡统筹发展工作,主要有四大方面举措:

1)规划聚焦,注重把握阶段特点稳步推进

2008年闵行区制定了"闵行区关于统筹城乡发展的指导意见"、"闵行区统筹城乡发展三年行动计划"等纲领性文件,集中体现了其城乡统筹发展分阶段规划实施的系统思维(详见图6-1)。把2008—2010年闵行区每年城乡统筹发展各项重点工作进一步分解(2008年6大类38项,2009年3大类58项,2010年8大类60项),全区共推出城乡统筹发展的措施353个,已执行并达到预期效果241个,执行率100%(详见表6-1、图6-2)。从数量上看,闵行区城乡统筹发展的措施已经从"硬件"建设发展到制度建设和软环境建设,这也标志着以夯实基础为标志的第一阶段结束,城乡统筹发展工作转为深入推进阶段。

2) 政策聚焦,注重发挥政策合力效应

城乡统筹发展的综合性很强,很多问题靠单项政策是很难解决的。为此,闵行区在实践中加大政策的整合力度,努力发挥"1+1>2"的效应,集中推出十多项"三农"政策,集中精力破解一些难点问题。

3) 投入聚焦,注重提高资金使用效益

经过三十多年的改革开放,闵行区经济社会快速发展,以工促农、以城带乡的条件基本成熟,已进入以工促农、以城带乡的发展阶段。2008年,共安排资金约8.4亿元,比上年增长111%,对6大类38项城乡统筹发展重点工作予以配套。2009年,共安排资金约18亿元,比上年增长114%,对3大类58项城乡统筹发展重点工作予以配套。2010年,共安排资金约10亿元,对8大类60项城乡统筹发展重点工作予以配套。

4) 重点聚焦,注重关键环节实现突破

2008年,闵行区重点推进了农民增收、农业产业、农村环境、财政支农、基础设施、社会事业等6个方面38项城乡统筹发展工作。2009年,重点推进农村改革、都市农业、农民增收、公共服务等方面58项城乡统筹发展工作。城乡统筹发展成效取决于是否能在关键环节上进行突破,闵行区积极探索,努力提高农民的长效性收入,如给予种田农民直补、建立生态补偿机制、对经济薄弱村补差扶持、对农村基础养老金进行全区统筹,扶持村集体经济回购经营性物业、扶持村集体经济参股来沪人员集中居住点项

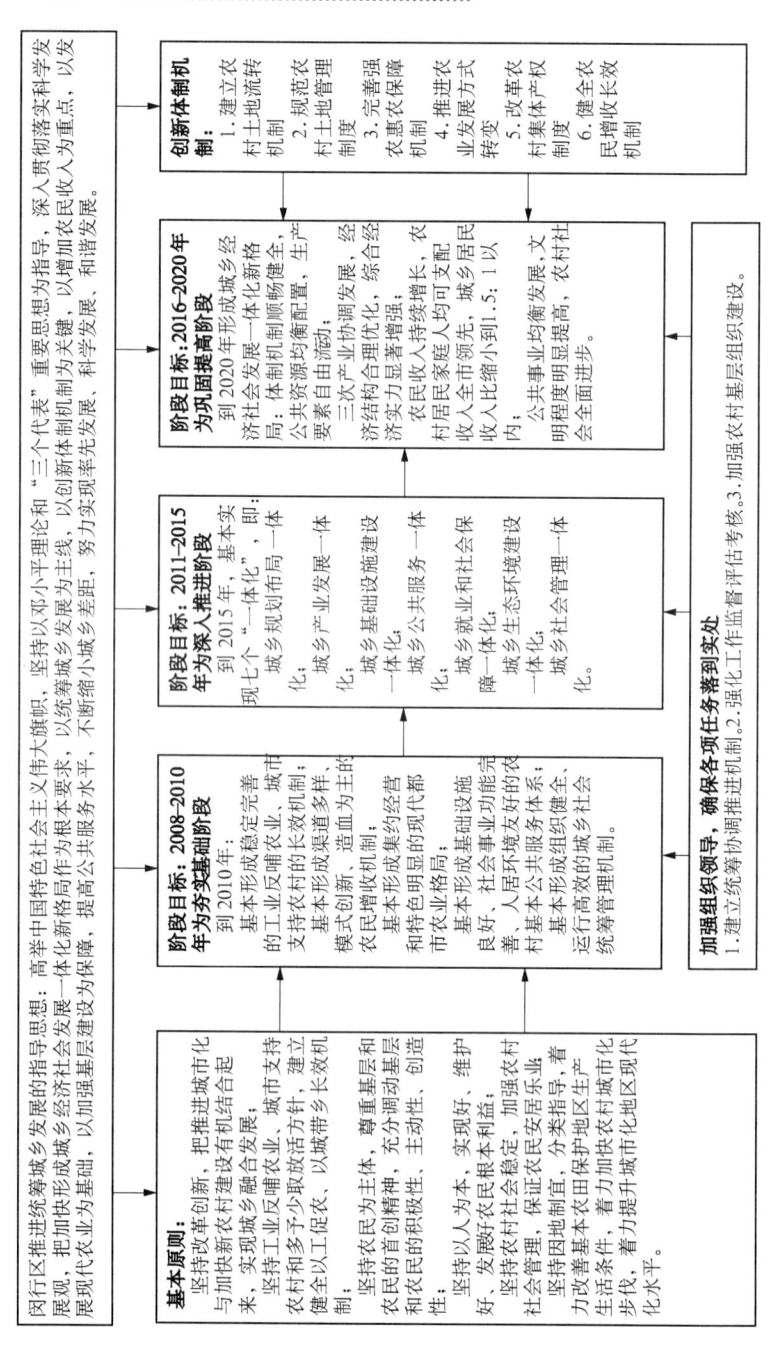

图 6-1 闵行区城乡统筹发展分阶段规划的整体思路

闵行区推进统筹城乡发展的指导思想：高举中国特色社会主义伟大旗帜，坚持以邓小平理论和"三个代表"重要思想为指导，深入贯彻落实科学发展观，把加快形成城乡经济社会发展一体化新格局作为根本要求，以统筹城乡发展为主线，以创新体制机制为关键，以增加农民收入为重点，以发展现代农业建设为保障，提高公共服务水平，不断缩小城乡差距，努力实现率先发展、科学发展、和谐发展。

基本原则：
- 坚持改革创新，把推进城市化与加快新农村建设有机结合起来，实现城乡融合发展；
- 坚持工业反哺农业、城市支持农村多予少取放活的方针，建立健全以工促农、以城带乡长效机制；
- 坚持以农民为主体，尊重基层和农民的首创精神，充分调动基层和农民的积极性、主动性、创造性；
- 坚持好字优先，实现好、维护好、发展好农民根本利益；
- 发展农村社会事业，加强农村社会管理，保证农民安居乐业；
- 坚持因地制宜，分类指导，加快保护农田生产生活条件，着力改善基本农田保护区生产生活条件，着力提升城市化地区现代化水平。

阶段目标：2008-2010 年为夯实基础阶段
到2010年：
- 基本形成稳定完善的工业反哺农业、城市支持农村多予少取放活的长效机制；
- 基本形成成果显著的模式创新，造血功能为主的农民增收机制；
- 基本形成特色鲜明和现代农业集约经营的都市农业发展格局；
- 基本形成基础设施良好、人居环境友好的社会主义新农村；
- 基本形成城乡公共服务体系、运行高效有序、农村基层组织健全的城乡社会统筹管理机制。

阶段目标：2011-2015 年为深入推进阶段
到2015年，基本实现七个"一体化"，即：
- 城乡规划布局一体化；
- 城乡产业发展一体化；
- 城乡基础设施建设一体化；
- 城乡公共服务一体化；
- 城乡就业和社会保障一体化；
- 城乡生态环境建设一体化；
- 城乡社会管理一体化。

阶段目标：2016-2020 年为巩固提高阶段
到2020年形成一体化新格局，城乡经济社会发展：体制机制顺畅健全，公共资源配置合理，生产要素自由流动；三次产业协调发展，经济结构合理优化，综合经济实力持续增强；农民收入持续增长，农村居民家庭人均可支配收入与全市领先，城乡居民收入比缩小到 1.5:1 以内；公共事业明显提高，农村社会全面进步。

创新体制机制：
1. 建立农村土地流转机制
2. 规范农村土地管理制度
3. 完善农保障机制
4. 推进农业发展方式转变
5. 改革农村集体产权制度
6. 健全收益长效机制

加强组织领导，确保各项任务落到实处
1. 建立统筹协调推进工作机制；2. 强化工作监督评估考核；3. 加强农村基层组织建设。

目、一次性解决涵养林和浦江片林征用地人员社会保障等。闵行区着力推进城乡公共服务均等化,大力引进优质教育医疗资源。引入上师大附中、向明中学、华师大二附中(附小、附幼)、上海外国语大学附中等优质教育资源;引入仁济医院南院、华东医院门诊部、上海五官科医院等优质医疗资源;实现"村村通公交",完成所有农村危桥改造,基本完成区域性公交线路单一票价改革。

表6-1 闵行区城乡统筹发展政策措施分年实施情况表

指标名称	2008年政策、措施数量(个)	2008年政策、措施执行情况	2009年政策、措施数量(个)	2009年政策、措施执行情况	2010年政策、措施数量(个)
1. 农民增收方面:					
1.1 多渠道提供非农就业岗位	5	完成	5	完成	5
1.2 探索农民职业技能培训	5	完成	1	完成	1
1.3 提高农民保障水平	4	完成	6	完成	5
1.4 发放基本农田生态补贴	1	完成	1	完成	1
1.5 对种田农民的直接补贴	2	完成	1	完成	1
1.6 积极发展农民专业合作组织	6	完成	2	完成	2
1.7 结对帮扶经济薄弱村	4	完成	3	完成	—

(续表)

指标名称	2008年政策、措施数量（个）	2008年政策、措施执行情况	2009年政策、措施数量（个）	2009年政策、措施执行情况	2010年政策、措施数量（个）
1.8 加强农村人才的培养	2	完成	2	完成	—
1.9 清理化解镇、村级债务	2	完成	2	完成	—
1.10 鼓励农民利用房屋获取合法收益	2	完成	—	—	—
2. 都市农业生产方面：					
2.1 编制完成现代农业产业规划	6	完成	2	完成	2
2.2 促进农业规模化经营	4	完成	3	完成	3
2.3 提高农业机械化水平	3	完成	1	完成	—
2.4 推进林业发展	3	完成	—	—	4
2.5 探索休闲农业模式	6	完成	3	完成	—
2.6 加强农产品质量安全体系建设	2	完成	2	完成	5
2.7 促进农村土地流转	—	—	6	完成	1

(续表)

指标名称	2008年政策、措施数量（个）	2008年政策、措施执行情况	2009年政策、措施数量（个）	2009年政策、措施执行情况	2010年政策、措施数量（个）
2.8 规范农村土地管理制度	—	—	2	完成	3
2.9 推广农业技术	—	—	3	完成	3
2.10 完善支农融资机制	3	完成	5	完成	4
2.11 完善支农资金监管	2	完成	1	完成	1
3. 农村改革方面：	注:3的政策已包含在1、2政策中				
4. 集体经济发展方面：					
4.1 村集体对政府扶持村集体发展工作	10	完成	3	完成	4
5. 农村公共服务提升方面：					
5.1 引进优质学校	1	完成	2	完成	3
5.2 引进优质医院	3	完成	1	完成	2

(续表)

指标名称	2008年政策、措施数量（个）	2008年政策、措施执行情况	2009年政策、措施数量（个）	2009年政策、措施执行情况	2010年政策、措施数量（个）
5.3 提高农村学校教育质量	8	完成	2	完成	8
5.4 提升农村卫生服务水平	3	完成	1	完成	3
5.5 提高农村合作医疗保障水平	5	完成	2	完成	3
5.6 建设农村文化设施	6	完成	3	完成	3
5.7 丰富农村文化生活	2	完成	3	完成	1
5.8 建设农村健身设施	2	完成	4	完成	2
6. 农村基础设施建设方面：					
6.1 农村道路建设	4	完成	2	完成	2
6.2 农村公交建设与运营	8	完成	9	完成	8
6.3 饮用水设施建设	2	完成	1	完成	2

(续表)

指标名称	2008年政策、措施数量（个）	2008年政策、措施执行情况	2009年政策、措施数量（个）	2009年政策、措施执行情况	2010年政策、措施数量（个）
6.4 农村水利设施建设	6	完成	5	完成	2
7. 农村生活环境改善					
7.1 村庄改造	3	完成	5	完成	10
7.2 农村生活污水处理	5	完成	1	完成	3
7.3 村宅河道整治	2	完成	3	完成	1
7.4 农村生活垃圾收集和处理	1	完成	1	完成	1
7.5 农村公厕建设	1	完成	1	完成	1
8. 农村基层组织建设					
8.1 村务公开	1	完成	—	—	1
8.2 村党支部与村委会和村干部为民办事能力和作风	—	—	2	完成	3

(续表)

指标名称	2008年政策、措施数量(个)	2008年政策、措施执行情况	2009年政策、措施数量(个)	2009年政策、措施执行情况	2010年政策、措施数量(个)
8.3 农村后备人才队伍建设	—	—	2	完成	2
8.4 大学生当村官	2	完成	—	—	2

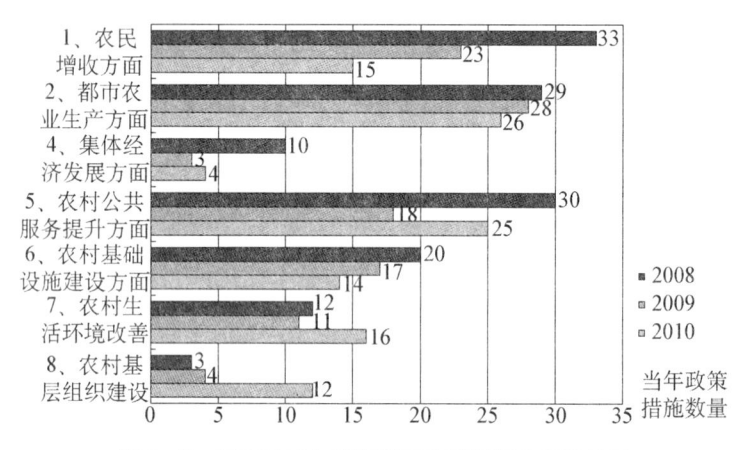

图6-2 闵行区城乡统筹发展政策措施分布结构图

6.2 调查设计

6.2.1 调查问卷

通过对闵行区内农村干部、群众的问卷调查和访问座谈,来测评近年来全区城乡统筹发展工作在民众心目中的知晓度和满意度。此次调查的知晓度和满意度全部根据基层干部、村民的问卷调查结果统计，结合调查要求和农民特点确定了调查问卷的内容、形式、风格和调查流程。调查内容基于闵行农委文件资料，基本覆盖闵行区近年所有城乡统筹相关工作。

问卷调查分农民问卷和干部问卷，农民问卷的题型包括 95 道选择题和 68 道主观问答题，干部问卷的题型包括 81 道选择题和 2 道主观问答题，并在 Likert 五点式量表中作出程度判断，1—5 分别代表非常不同意、不同意、不能确定、同意、非常同意。

农民问卷提前进行了预调研，对含义不清的问题进行了修正。而且由于农民文化程度相差较大，Likert 量表把原定的 7 级改为 5 级；把随机入户调查改为邀请农户到指定地点在调查员组织下填写。

6.2.2 数据采集

数据采集在闵行区的主要三个农业镇（浦江镇、华漕镇和马桥镇）下辖的 30 个村（30 个村的常住人口 53203 人）内进行，具体被访村如表 6-2 所示。

表 6-2 被访村的具体名称及分布

镇名	被调查村的数量	被调查村的名称
浦江镇	15 个	联星村、镇北村、联合村、革新村、联民村、建东村、永新村、汇北村、汇红村、汇东村、汇中村、汇南村、光继村、正义村、永建村

(续表)

镇　　名	被调查村的数量	被调查村的名称
华漕镇	10个	纪西村、鹭山村、红卫村、杨家巷村、陈家角村、卫星村、赵家村、纪王村、纪东村、朱家泾
马桥镇	5个	镇北村、民主村、彭渡镇、同心村、吴会村

2010年6月—7月,与村干部进行了多次座谈(42位村干部参加了座谈),并分多次发放书面问卷(问卷回收总有效率为90.3%)。发放农民问卷469份,农民问卷由经培训的32名调查员在村干部协助下到各村活动室组织农民填写,填写过程中对农民的疑问进行了及时解答,回收有效问卷416份、废卷53份(华漕镇32份、浦江镇21份、马桥镇0份,废卷原因为内容填写不全)。发放干部问卷78份,无废卷(7份问卷个别信息不全,6月21日由专人进行了电话跟踪),被调查的干部平均担任村干部年数11.4年(5年及以下22人,10年及以上45人),其中村委会正副主任、村支部正副书记37人,占47.4%。从农民问卷受访者的文化程度分布来看,此次被调查的人员分布是基本吻合闵行区现状的。从受访者的年龄分布来看,41岁至60岁的受访者共253人,超过了受访者总数的60%,而40岁以下及61岁以上的受访者比重分别为17.3%和21.9%。从家庭月收入情况来看,有199位(47.8%)受访者家庭的月收入范围为1001—3000元,96位(23.1%)受访者家庭的月收入范围为3001—5000元,家庭月收入在1000元及以下的受访者共89人(21.4%),家庭月收入在5001元以上的受访者共32人,在受访者中的占比不足8%。416位受访者家庭收入主要来源的排序结果依次为:工厂打工收入、田里劳作收入、其他、政府补贴或救济、店里打工收入、自己开店

或办企业。

被访者的结构特征如表6-3所示。

表6-3 被访者的结构特征表(样本容量 n = 416)

被访者		人次	百分比
年龄	A. 30岁及以下	19	4.57%
	B. 31岁—40岁	53	12.74%
	C. 41岁—50岁	112	26.92%
	D. 51岁—60岁	141	33.89%
文化程度	A. 初中及以下	269	64.66%
	B. 高中(中专)	106	25.48%
	C. 大学专科	35	8.41%
	D. 大学本科	6	1.44%
	E. 研究生及以上	0	0%
家庭月收入	A. 1000元及以下	89	21.39%
	B. 1001元—3000元	199	47.84%
	C. 3001元—5000元	96	23.08%
	D. 5001元—7000元	18	4.33%
	E. 7001元—9000元	9	2.16%
	F. 9000元以上	5	1.2%
目前月工资	A. 500元以下	15	4.93%
	B. 501—1000元	71	23.36%
	C. 1001—1500元	129	42.43%
	D. 1501—2000元	33	10.86%
	E. 2000元以上	56	18.42%

6.3 数据分析

6.3.1 可靠性检验

对调查采集的数据用 SPSS17.0 软件进行可靠性检验：把问卷中的 35 个满意度问题调整为同一顺序后，Cronbach 一致性系数 α 为 0.903，KMO 检验值为 0.907，Bartlett 球形检验显著性概率为 0；24 个知晓度问题的 Cronbach 一致性系数 α 为 0.880，KMO 检验值为 0.899，Bartlett 球形检验显著性概率为 0；说明调查问卷具有良好而稳定的同质信度，且相关系数矩阵不是单位矩阵，符合设计要求。

6.3.2 描述性统计

以 2010 年 6 月为基准时间，闵行区城乡统筹发展工作的区内知晓度为 80.5%、区内满意度为 82.2%，其中"满意度"是在"知晓度"基础上测算的，见表 6-4。

表 6-4 闵行区农村干部、群众对城乡统筹发展知晓度、满意度汇总表

农民知晓度	农民满意度	干部知晓度	干部满意度	综合知晓度	综合满意度
70.8%	79.3%	97.2%	90.4%	80.5%	82.2%

从对集中反映闵行区城乡统筹发展内涵的农民增收、都市农业发展、农村改革、集体经济发展、农村基础设施建设、农村生活

环境改善、农村基层组织建设等8个方面一级指标的调研分析来看,总体情况良好,农村干部和农民群众对城乡统筹发展的知晓度和满意度较高(见表6-5,表中的"—"代表此项数据不适合在某类人群中调查;如农村改革方面由于措施性过强而不测农民,基层组织建设方面由于测评农民对干部的满意度而不测干部)。

表6-5 闵行区农村干部、群众对城乡统筹发展分项目测评知晓度、满意度情况表

评估项目	农民		干部		综合*	
	知晓度	满意度	知晓度	满意度	知晓度	满意度
1. 农民增收方面	66.2%	76.5%	98.3%	93.5%	72.6%	79.9%
2. 都市农业发展方面	58.6%	79.2%	96.6%	90.2%	66.2%	81.4%
3. 农村改革方面	—	—	92.9%	86.5%	92.9%	86.5%
4. 集体经济发展方面	—	73.5%	98.7%	86.6%	98.7%	76.1%
5. 农村公共服务提升方面	64.1%	80.0%	97.4%	93.7%	70.8%	82.7%
6. 农村基础设施建设方面	79.1%	76.9%	99.7%	90.8%	83.2%	79.7%
7. 农村生活环境改善方面	81.0%	80.5%	96.8%	91.6%	84.2%	82.7%
8. 农村基层组织建设方面	75.7%	88.7%	—	—	75.7%	88.7%
总计*	70.8%	79.3%	97.2%	90.4%	80.5%	82.2%

注*:单项得分中,闵行区(总)知晓度 = 农民知晓度×0.8+干部知晓度×0.2,闵行区(总)满意度 = 农民满意度×0.8+干部满意度×0.2;总计时,各调查项目取平均赋权得到上表最下一行数据。

6.3.3 对闵行区城乡统筹发展工作的认同感

从家庭总收入的增长速度看。有超过一半的受访者(53.1%)认为,近两年的收入增速较前些年相比并无太大差异(主要是保安、保洁等企事业单位后勤人员、企业生产一线工人);有151名受访者(36.3%)认为最近两年的家庭收入增速快于前些年;还有44名受访者(10.6%)认为最近两年的家庭收入增速比前些年慢(主要是保安、保洁等企事业单位后勤人员、闵行区设置的各类涉农管理岗位人员)。

从闵行区农村整体环境变化情况看。有80%的受访者认为最近两年明显好于前些年,18%的受访者认为变化不大,仅1.9%的受访者认为最近两年的环境情况不如前些年。

从闵行区政府为农民所办实事的数量看。有76.2%的受访者认为最近两年明显多于前些年;21.6%的受访者认为闵行区政府为农民所办实事的数量与前些年相比并无太大变化;9位(2.2%)受访者认为近两年来闵行区政府为农民所办实事的数量少于前些年。

从村干部关注的问题看。干部问卷中,在回答"闵行区2008年以来统筹城乡发展中取得的最大成绩"时的顺序为:农村生活环境改善、农民增收、农村基础设施建设、农村公共服务提升(见表6-6)。干部问卷中,在回答"闵行区统筹城乡发展中存在的最大问题"时的顺序为:农民增收、农村公共服务提升、农村基础设施建设、农村生活环境改善(见表6-7)。

表6-6 城乡统筹发展取得成绩干部问卷提及次数及提及率

闵行政策与措施	总提及的次数	第一提及的次数	第二提及的次数	第三提及的次数	综合提及率
农民增收方面	40	10	17	13	25.9%
都市农业发展方面	6	2	4	0	4.7%

(续表)

闵行政策与措施	总提及的次数	第一提及的次数	第二提及的次数	第三提及的次数	综合提及率
农村改革方面	2	0	2	0	1.3%
集体经济发展方面	1	0	0	1	0.3%
农村公共服务提升方面	19	5	6	8	11.8%
农村基础设施建设方面	22	7	9	6	15.2%
农村生活环境改善方面	48	31	11	6	40.7%

表6-7 城乡统筹发展存在问题干部问卷提及次数及提及率

闵行政策与措施	总提及的次数	第一提及的次数	第二提及的次数	第三提及的次数	综合提及率
农民增收方面	36	21	8	7	32.5%
都市农业发展方面	13	5	3	5	9.8%
农村改革方面	0	0	0	0	0.0%
集体经济发展方面	12	5	5	2	10.2%
农村公共服务提升方面	28	3	15	10	18.5%
农村基础设施建设方面	18	6	9	3	14.7%
农村生活环境改善方面	20	7	4	9	14.3%

经过进一步分析问卷和座谈会记录发现村与村的情况不一致、镇与镇的情况不一致。比如：新农村建设在浦江镇的满意度高，而华漕镇干部对村容村貌及道路设施状况不太满意；而农民增收则有一个相对增速问题，经济发达村相对满意，而水源保护地和基本农田地区所在村就有些怨言。

6.3.4 闵行区城乡统筹发展知晓度和满意度分析

1) 农民增收方面

农民增收指标主要围绕农民就业、就业技能培训、农民养老金待遇、基本农田生态补偿、种田农民直补、财产性收入等二级指标开展调查。据调查，广大农民已基本知晓政府的各项强农惠农政策，并成为这些政策的直接受益者。农民收入每年提高，生活也越来越好，农民满意率较高（见表6-8）。但构成农民收入的四个部分都困难重重：工资收入受制于就业瓶颈；财产收入受土地和物业资源有限的影响；转移收入有赖于政府财力持续注入；经营收入受限于农民农业经营能力。

表6-8 农民增收知晓度、满意度表

农民知晓度	农民满意度	干部知晓度	干部满意度	综合知晓度	综合满意度
66.2%	76.5%	98.3%	93.5%	72.6%	79.9%

从城镇居民和农村居民家庭人均可支配收入的比较来看，闵行区城乡统筹发展取得了很大成绩，城镇居民和农村居民人均可支配收入的差距在缩小。城乡居民收入比从2007年的1.78:1、2008年的1.57:1缩小到2009年的1.55:1。城乡居民在工资性收入上的差距从2007年的3903元降至2009年的3623元。农民

的转移性收入远远落后于城镇居民(见表6-9)。

表6-9 闵行区城镇、农村居民家庭人均可支配收入对照表(2007—2009年)

指标(元)	2007年城镇	2007年乡村	2007年城乡指标比	2008年城镇	2008年乡村	2008年城乡指标比	2009年城镇	2009年乡村	2009年城乡指标比
人均可支配收入	20209	11379	1.78	22803	14496	1.57	24969	16082	1.55
工资性收入	12595	8692	1.45	14306	10564	1.35	14912	11289	1.32
家庭经营纯收入	230	72	3.19	257	54	4.76	201	51	3.94
财产性收入	575	1690	0.34	691	2295	0.30	928	2794	0.33
转移性收入	6809	925	7.36	7549	1583	4.77	8928	1948	4.58

从城镇居民和农村居民家庭人均生活消费支出来看,城镇居民和农村居民的人均生活消费支出比变化不大,从2007年的1.39∶1到2008年和2009年的1.41∶1。城镇居民生活消费支出总额高于农村居民、占可支配收入的比例低于后者,且恩格尔指数也略低于农村居民(恩格尔指数近年来的增加说明城乡居民收入增加相对于食品物价上涨的滞后性),说明城镇居民的生活质量明显高于农村居民;服务性消费支出占生活消费之比农村高于城镇,更进一步说明了农民收入尚需进一步提高。详见表6-10。

表 6-10A　闵行区城镇、农村居民家庭人均生活消费支出对照表（一）（2007—2009年）

指标(元)		2007年城镇	2007年乡村	2007年城乡指标比	2008年城镇	2008年乡村	2008年城乡指标比	2009年城镇	2009年乡村	2009年城乡指标比
人均生活消费支出		13700	9873	1.39	15512	11021	1.41	16269	11543	1.41
人均生活中服务性消费支出	食品	5444	4032	1.35	6614	4755	1.39	6691	4832	1.38
	衣着	961	671	1.43	1158	750	1.54	1128	866	1.30
	居住	1238	1624	0.76	1378	1886	0.73	1286	1739	0.74
	家庭设备用品及服务	983	596	1.65	1114	667	1.67	1161	738	1.57
	医疗保健	847	1157	0.73	781	1178	0.66	1052	1435	0.73
	交通和通讯	1897	1169	1.62	2090	1190	1.76	2316	1132	2.05
	教育文化娱乐服务	1796	420	4.28	1795	392	4.58	1987	580	3.43
	其他商品和服务	534	204	2.62	582	203	2.87	648	221	2.93
	合计	4255	3344	1.27	4415	3497	1.26	4850	3959	1.23

表6-10B　闵行区城镇、农村居民家庭人均生活消费支出对照表（二）（2007—2009年）

指标（元）	2007年城镇	2007年乡村	2007年城乡指标比	2008年城镇	2008年乡村	2008年城乡指标比	2009年城镇	2009年乡村	2009年城乡指标比
人均生活消费支出A	13700	9873	1.388	15512	11021	1.407	16269	11543	1.409
人均服务性消费支出B	4255	3344	1.272	4415	3497	1.263	4850	3959	1.225
人均食品支出C	5444	4032	1.350	6614	4755	1.391	6691	4832	1.385
人均可支配收入D	20209	11379	1.776	22803	14496	1.573	24969	16082	1.553
生活消费支出占可支配收入之比	0.678	0.868	0.781	0.680	0.760	0.895	0.652	0.718	0.908
服务性消费支出占生活消费之比	0.311	0.339	0.917	0.285	0.317	0.897	0.298	0.343	0.869
恩格尔系数	0.397	0.408	0.973	0.426	0.431	0.988	0.411	0.419	0.982

（1）关于工资性收入

工资性收入是闵行区农民收入的主要来源。由于农业比较效益低,56.5%的受访者家庭已经无人种地了。由于农民就业观念、就业技能、就业信息等方面的限制,农民在非农就业方面始终不能拓宽就业渠道,难以选择适合自己的就业岗位。特别是随着外来务工人员的大量涌入,其廉价的就业成本在一定程度上影响本地农村居民的就业。由于本地农民认为农业企业收入太低,只有 34.6% 的农民愿意到农业企业工作。农民就业形势不容乐观。(见表 6-11、表 6-12)。

表 6-11 闵行三镇家庭收入一览表

家庭收入	浦江镇	马桥镇	华漕镇
A. 1000 元及以下	59(26.22%)	7(10.14%)	23(18.85%)
B. 1001 元—3000 元	106(47.11%)	34(49.28%)	59(48.36%)
C. 3001 元—5000 元	48(21.33%)	20(28.99%)	28(22.95%)
D. 5001 元—7000 元	7(3.11%)	5(7.25%)	6(4.92%)
E. 7001 元—9000 元	3(1.33%)	3(4.35%)	3(2.46%)
F. 9000 元以上	2(0.89%)	0(0%)	3(2.46%)
小计	225 人	69 人	122 人

表 6-12 闵行区农民收入来源一览表

选 项	平均综合得分
A. 工厂打工的收入	4.2
B. 田里劳作的收入	1.6
F. 其他	1.2
C. 政府补贴或救济	0.9
D. 店里打工的收入	0.2
E. 自己开店或办企业	0.1

(2) 关于房租收入

房租收入是农民财产性收入的主要来源。随着撤村建居工作的有序推进,原先房屋出租收入较高地区的农村住户逐渐减少,将影响全区农村居民财产性收入的持续增长。市区周边的农村大多是房屋租赁市场刚刚形成之际就进入动拆迁,农民的租金收入增长难以持久。同时,受地理位置的限制,各镇村在房租收入方面也存在差异(见表6-13)。

表6-13a 闵行区三镇农民房屋出租情况一览表　　单位:人

出租情况	浦江镇	马桥镇	华漕镇
A. 是	56(24.89%)	41(59.42%)	81(66.39%)
B. 否	169(75.11%)	28(40.58%)	41(33.61%)
小计	225人	69人	122人

表6-13b 闵行区三镇农民房屋出租租金收入情况一览表

单位:户

房租月收入	浦江镇	马桥镇	华漕镇
A. 500元以下	33(58.93%)	14(34.15%)	26(32.1%)
B. 501—1000元	17(30.36%)	24(58.54%)	28(34.57%)
C. 1001—2000元	6(10.71%)	3(7.32%)	22(27.16%)
D. 2000元以上	0(0%)	0(0%)	5(6.17%)
小计	56	41	81

(3)关于农民养老金

农民对养老金的不满意率为26%。83.4%的受访者希望农民养老金在每月600元以上。部分农民认为受物价上涨的影响,政府应当进一步提高养老金及各项补贴发放的标准。一些年纪较大的受访者希望政府提供一些适合他们的就业岗位,并杜绝在职业介绍过程中存在的个别拉关系走后门的现象。

问卷调查结果表明:多数农民认为镇村能认真为农民办事,

关心民生问题,真心实意为农民办事,解决农民的就业问题。另外,镇村里面还设有劳动工作站,能够及时提供大量信息给村民,帮助他们就业(71.6%的受访者由镇村介绍过就业岗位,75%的受访者由镇村提供过就业信息,仅7%的受访者对镇村提供的就业服务不满意)。同时,各镇加强了就业岗位指导,培训人员工作认真,对村民十分负责(40.6%的受访者参加过由政府免费提供的就业技能培训)。通过培训,村民学到了更多的技能,并且很多村民找到了适合自己的工作。镇村帮助解决了村民目前的生活补贴,给农民们提供了就业,而且服务快速到位,让村民满意。农民们表示,政府给予的补助减轻了农民负担。希望在深入了解民情基础上,适度放宽困难家庭补助政策,加大帮困力度。在技能培训方面,希望拓宽农民就业岗位,增加培训机会,增加农业类和电脑类培训,使培训项目多样化。

2)都市农业发展方面

都市农业发展指标主要围绕农业生产及政府补贴、土地流转、农业规模经营补贴、农业旅游发展等二级指标开展调查。政府为农民办的实事正在逐年增加,农民对政府扶持农业生产的政策总体是满意的,同时也希望进一步加大政策扶持力度以惠及更多的农户(见表6-14)。

表6-14 都市农业发展知晓度、满意度

农民知晓度	农民满意度	干部知晓度	干部满意度	综合知晓度	综合满意度
58.6%	79.2%	96.6%	90.2%	66.2%	81.4%

(1)关于农民土地流转

目前大多数农户的土地进行了流转,从事农业生产的农户数持续下降。受访人员中56.5%的农户家中现在无人种地,有1—2人种地的占36.8%,主要种植水稻、玉米、地瓜和小麦等粮食作物以及蔬菜、水果,少量种植棉花、苗木等经济作物,每年种田的结余或利润低于5000元的占种地农户的82.3%。受访农户中有55.5%的土地已经流转出去,其中,流向合作社的占50.2%、流向外地散户的占16%、流向农业企业的占15.6%、流向本地大户的占10.3%(见表6-15);土地流转时间在4年以上的农户占58%,反映出农业规模化生产比例在提高;87.8%的农户土地流转出去的价格每年每亩低于1500元。

表6-15 土地流转对象分布表

选项	小计	比例	占总流出的比例
A. 本地大户	24	5.8%	10.3%
B. 外地散户	37	8.9%	16%
C. 合作社	116	27.9%	50.2%
D. 农业企业	36	8.7%	15.6%
E. 其他:	18	4.3%	7.8%

(2)关于农业规模生产政府补贴

大多数受访农民认为鼓励农民从事农业规模经营的补贴政策能增加农民经营性收入,有利于促进农业规模化生产。85.6%的种地农户希望政府进一步加大对使用环保农药、有机肥等的补贴力度。

(3)关于农业旅游。

虽然93.8%的受访农户至今尚未经营过农家乐,但对政府农家乐政策的关注度较高,认为可以得到实惠,同时也加强了农村与城市之间的交流,农民们不会再生活在相对闭塞的区域里。

3)集体经济发展方面

集体经济发展指标主要围绕村福利和村集体经济等二级指

标开展调查。从调查结果看,这是所有指标中满意度最低的一个,对目前村福利的不满意率为24%,对村集体经济发展水平的不满意率为13.7%。闵行区各村的福利和集体经济发展水平存在较明显的差异性,而农民对村福利和村集体经济的发展寄予很高的期望,同时也反映农民对村集体经济发展应带给广大农民更多实惠有着迫切希望(见表6-16)。

表6-16 集体经济发展知晓度、满意度

农民知晓度	农民满意度	干部知晓度	干部满意度	综合知晓度	综合满意度
—	73.5%	98.7%	86.6%	98.7%	76.1%

(1) 关于村福利

随着集体经济的发展,农民所获得的村福利比以前多,100%的受访者享受到了村福利,但73.8%的受访者每年得到的村福利小于300元。随着近年来集体经济的壮大,退休老人的养老金也在逐年上升,老年人在以往没交养老金的情况下也能享受每年每人370—600元的养老金。重大节日慰问金和年底慰问品等村福利也受到农民较多的关注,他们感觉到政府正在切实为老百姓办实事,同时也希望能增加福利的数目以及扩大发放的人群范围。

(2) 关于村集体经济发展

部分受访农民认为,村委会很重视农村经济生产,干部们为村里的经济发展尽心尽力。近几年的村集体经济发展水平有一定的上升,特别是招商引资方面做得不错。有部分受访者则表示在土地的使用方面还存在着较多的制约,有的村由于地理位置偏僻、人口增多、负债多等原因,影响了村集体经济的发展。他们希望发展村集体经济要进一步加强工作力度,鼓励种植一些特色农产品,多为农民办实事,提高农民的实际收入水平。

座谈会访谈显示,闵行区村级经济发展缺乏后劲,开源无方且节流无路,村级经济发展在现有模式下已经接近极限。近几年,大部分闵行区村级集体经济发展速度有所减缓,优势正在减少。表现为:村级经济过分依赖土地资源,依赖场地与厂房的出租,缺乏自主经营项目,村级集体收益难以持续增长;村级集体企业减少,相当部分村级集体企业改制、转制,已变为民营经济。村级财政负担有加重的趋势,农民合作医疗、农民养老统筹、农村治安、保洁、村域内道路建设、电水网改造等等,村级集体经济组织都要按比例承担。

4) 农村公共服务提升方面

农村公共服务提升指标主要围绕教育、医疗、体育锻炼和文化娱乐等四个二级指标开展调查。闵行区政府持续推进社会事业发展的各项政策措施受到了农民的热烈欢迎和积极响应,总体满意度较高。特别是在引进优质学校、提高农村学校教育质量,引进优质医院、提升农村卫生服务水平、提高农村合作医疗保障水平,建设农村文化设施、丰富农村文化生活,建设农村健身设施等方面的积极举措取得了明显的成效。在此基础上,农民希望政府能继续贯彻落实现有政策,积极引进更多优质资源,继续加大社会事业相关服务的投入力度(见表6-17)。

表6-17 农村公共服务提升知晓度、满意度

农民知晓度	农民满意度	干部知晓度	干部满意度	综合知晓度	综合满意度
64.1%	80.0%	97.4%	93.7%	70.8%	82.7%

(1) 关于教育

调查显示,42.1%的受访农民知晓已经引进或即将引进优质教育资源,37.5%的受访农民对其居住地区的幼儿园、中小学(含高中)的教育质量感到满意,48.8%的受访农民感到一般,13.7%的受访农民感到不满意。受访农民肯定了政府在提高农村学校

教学质量方面的各项举措,认为近几年农村学校教学质量、师资质量以及硬件水平都有所提高,但是与市区相比较,师资力量、教学质量和办学条件仍然存在较大的差距,学校离家较远,小孩上学不方便。

(2) 关于医疗

67.3%的受访农民在村卫生室就诊小病,52.6%的受访农民在闵行中心医院诊治大病,37.7%的受访农民在上海市三级医院诊治大病(见图6-1)。农民对村卫生室、镇卫生院看病方便程度和服务态度的评价感到满意的占40.6%,感觉一般的占50.7%,觉得不满意的占8.7%;对村卫生室、镇卫生院看病质量感到满意的占20.9%,感觉一般的占64.9%,不满意的占14.2%。农民普遍认为,医务人员服务态度较好,服务比较周到、热心,但是医院药品不太齐全,品种较少,看病就医时间太长,医疗设备不够完善,医务人员技术有待提高。对农村合作医疗报销方便程度的满意度达到50.7%,但对农村合作医疗报销比例的满意度只有28.4%,感觉一般的占49.3%,感觉不满意的占22.4%。受访农民表示报销的方便程度较高,但是报销的比例太少,报销医院限

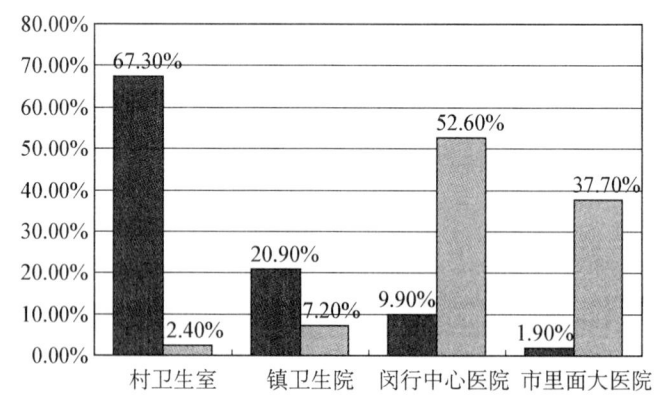

图6-3 农民小病、大病就医选择结构图

制太多,报销的金额打入卡内再去领很不方便。对两年一次的60岁以上农村居民免费健康体检感到满意的比例高达68.3%,认为免费体检可以让老人了解自己的健康状况,体检有车接送很方便,体现了政府对老年人的关心,很人性化。受访农民希望多建一些市级医院,方便郊区病人看病;多增加一些门诊类别,多投入一些基础设施的建设,能够输送更多的医生到郊区。同时,建议提高农村合作医疗报销比例;希望最大限度简化报销手续,药价相对农民收入还是太高。

(3) 关于体育锻炼和文化娱乐

40.4%的受访农民对闵行区政府建造体育锻炼设施、配置体育锻炼器材等帮助农民进行体育锻炼的工作表示满意,认为体育锻炼真正落实到了村宅,体现全民健身,农民有自己的健身场所,可以提高生活质量。但还有30.8%的受访者对闵行区政府在该方面的工作不知情,还有部分受访农民认为锻炼地点太少,设施缺乏,希望政府能继续加大投入力度。文化娱乐方面,51.2%的受访农民参加过闵行区为农民组织或提供的文化娱乐活动,其中表示不满意的只有5人;农村文化团队的参加率达到了30.3%。在农民们看来,村里的文化活动组织得当,便利性好,内容多而精彩,丰富了农民们的业余文化生活,愉悦了身心。有49.3%的受访农民对闵行区提供的文化娱乐活动感觉一般,认为文化娱乐活动内容较为单一,有待提高,而且组织活动的次数太少,由于政府资金支持不够,质量上也不太高,与电视相比农民更愿意选择在家中看电视。村文化活动室、农家书屋的知晓度为83.4%,常去者占43.3%,在农民们看来,农家书屋给农民提供了一个休闲娱乐的场所,在里面学习娱乐有利于增加文化知识,尤其对于老年人,经常参加农家书屋的活动,丰富了退休生活,而且有了会友交友的场所,但同时表示虽然这项活动符合农民需求,但是内容不够丰富,次数不够多,活动室的面积不够大,设施不够完善,管理不够人性化,更应当增加书籍数量和类别。受访农民希望增加文化活动室和农家书屋的书籍数量和类别,尤其是要拓展书籍所包含的知识内容,使这项活动能真实符合农民需求。村里的文化娱乐活动缺乏活动经费,基础设施建设不完善,应当及时改进,而且活动人数有限定性,项目也不多,亟需增加适合农民的文化活动项目。

城乡差距最大的是教育文化娱乐服务,城乡比在 4 倍左右,恰好说明农村发展水平低、农民生活质量低。

5) 农村基础设施建设方面

农村基础设施建设指标主要围绕农村道路建设、农村公交建设和运营、农村饮用水设施建设等二级指标开展调查。随着闵行区 2008—2010 年农村基础设施建设的实施,农民们普遍认为现在出行方便、安全,道路宽敞,同时也使村容村貌大为改观。通过公交村村通工程的建设,给农民出行带来了便利,而且公交服务良好,是实实在在为百姓服务。通过饮用水设施建设,各村供水管道通畅,农民用水喝水较为方便,水质也非常干净,水压大,水流速度较快,能满足他们的日常生活所需。总之,农民们认为政府在农村基础设施建设上,为他们办了实事、好事,满意度较高(见表 6-18)。

表 6-18　村基础设施建设知晓度、满意度

农民知晓度	农民满意度	干部知晓度	干部满意度	综合知晓度	综合满意度
79.1%	76.9%	99.7%	90.8%	83.2%	79.7%

值得指出的是,由于各镇所处地理位置的差异,农民对各项指标的认同程度也有所不同。比如靠近市区的华漕镇由于计划动迁的原因,农民对基础设施建设意见较大,有 30.6% 的农民对农村道路建设不满意,40.4% 的农民对公交的站点设置、线路设置、运营间隔、运营时间等不满意,45% 的农民对公交候车亭、标

牌设计、候车点路灯照明等不满意,63.9%的农民对农村自来水的水质不满意。

(1) 农村道路建设

闵行区已完善了自然村与行政村主要路网的规划,农村等级公路通达率达到100%;在知晓闵行区这几年农村在新建、改建道路建设方面工作的184人中,满意的有115人,占62.5%;一般的有45人,占24.5%;不满意的有24人,占13%。道路改建后,道路宽敞,改变了村容村貌,方便出行。其中,满意度最高的是新农村建设开展得较好的浦江镇,达到72.8%,不满意度最高的是较少进行新农村建设、离市区最近的华漕镇,为31.7%。农民们认为道路建设工作不到位,工作效率低下;规划不合理,有的路段很窄,不适合长远发展,并需对路旁的其他设施进行改善;道路质量存在问题,有的已经损坏需要维修,还有些村没有轮到修路(见表6-19)。关于农村道路建设,农民们希望:①需要提高道路建设进度,确保道路质量;②加大覆盖面,多铺一点,道路更宽一点;③在重视道路建设的同时,做好道路维修和保养工作。

表6-19 农村道路建设三镇满意度调查表

项目		满意	一般	不满意	合计
浦江镇	人数	67	21	4	92
	比例	72.8%	22.8%	4.4%	100%
马桥镇	人数	15	16	1	32
	比例	46.9%	50%	3.1%	100%
华漕镇	人数	33	8	19	60
	比例	55%	13.3%	31.7%	100%

(2) 农村公交建设和运营

目前,闵行区农民的出行方式主要以自行车、电瓶车为主,公交出行比例还较低,仅为14.9%(如图6-4所示)。闵行区城乡统筹公交线网布局,加强农村公交设施建设,完善部分通村公交线路的走向,满足农民出行需要。受访农民对目前农村公交的站点设置、线路设置、运营间隔、运营时间的满意和一般满意的占82.9%,而不满意仅为17.1%;对目前农村公交候车亭、标牌设计、等车点路灯照明的不满意仅为14.7%。有了村村通以后,农民乘车出行方便,农民候车时间缩短。但部分受访农民认为,公交站点少且分布不尽合理,车子破旧;标牌设计不合理,老人看不清楚字;路灯少且没人维修,候车亭少且没有雨棚。关于农村公交建设和运营,农民们希望:①增加站点和线路;②延长营运时间,缩短间隔,与轨道交通接轨,闵行8路能直接到集镇;③多建候车亭,改善标牌,完善路灯照明,改善车况;④加强管理,杜绝公交乱停现象和黑车现象。

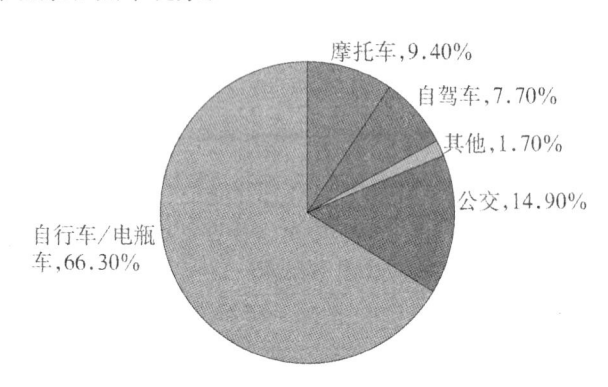

图6-4 闵行区农民主要出行方式结构图

(3) 农村饮用水设施建设

在对农村自来水水质的满意度调查中,三镇的满意度表现出明显的差异性。浦江镇满意度最高,华漕镇不满意度最高(见表6-20)。饮水改造后,群众觉得断水很少,能符合他们的日常要求,供水管道也较为通畅,水质也非常干净,水压大,水流速度较快;但部分群众反映,水管的流经线路太长,水体沉淀后还有杂物,用水高峰时水量未能得到满足,水体含沙量较大,经常堵塞出水管,水体有异味;农民生活水平提高,外来人口增加两个原因使得原有管道不够用,水压不足。关于农村饮用水设施建设,农民们希望:①加强服务管理,及时维修,减少停水,有些群众表示由于外来人口增加,水管分叉太多,需要增加水压;②加大投入,进一步改善水质;③控制水费上涨过快现象。

表 6-20 农村自来水水质三镇满意度情况

	不满意	一般	满意
浦江镇	19(8.44%)	88(39.11%)	118(52.44%)
马桥镇	5(7.25%)	37(53.62%)	27(39.13%)
华漕镇	46(37.70%)	52(42.62%)	24(19.67%)
合　计	70(16.82%)	177(42.54%)	169(40.62%)

6) 农村生活环境改善方面

农村生活环境指标涉及五个方面内容:村庄改造、农村生活污水处理、村宅河道整治、农村生活垃圾收集和处理以及农村公厕建设。在问卷调查表中还增加了综合建议栏,尤其是针对外来人口较多的现状还设置了"来沪人员居住点环境卫生"栏目。根据调查数据汇总,农民对此项指标的总体知晓度达到了81.02%,是所有一级指标中最高的;满意度也达到81%,位居前列。如果结合干部中更高的知晓度(97%)和满意度(92%),总体还有所上升。这正反映了闵行区近年来新农村建设的成效(见表6-21)。同时,少数受访者对生活环境的改善仍感觉不太满意,即使是感觉满意的群众也会提出更高的要求,这一方面说明随着经济条件的改善,广大农民群众越来越关注涉及其切身利益的居住环境问题,而且注重效率和实际效果,注重细节;另一方面也表明政府在这块还需要持续加大投入,合理规划,保证各项工程的进度和质量,为闵行区城乡统筹发展的画卷增添亮丽的风景。从近年来闵行区实施农村生活环境改善(即村庄改造、农村生活污水处理、村宅河道整治、农村生活垃圾收集和处理及农村公厕建设)的政策措施的调查来看,总体的知晓度和满意度均很高(详见表6-22)。综合调查数据和群众意见,大部分人认为通过村庄改造,使路面宽了、绿化多了、整个村子风格协调,和城市一样;河道畅通整洁(农民住房附近河道水体的干净率达71.9%),并有专人管理;垃圾集中处理更加及时;公厕的修建给环境的改善带来很大作用;政府对外来人口的管理也更加普遍、有效了。总之,闵行区政府近年来城乡统筹发展诸多政策措施的相继出台并落实对改善农村生活环境起到了极大的推动作用,村里环境焕然一新。

表6-21 农村生活环境改善知晓度、满意度

农民知晓度	农民满意度	干部知晓度	干部满意度	综合知晓度	综合满意度
81.0%	80.5%	96.8%	91.6%	84.2%	82.7%

表6-22 闵行区农村生活环境的政策措施的知晓度和满意度

政策措施	知晓度	满意度
村庄改造	85.10%	80.09%
农村生活污水处理	67.10%	75.48%
村宅河道整治	86.50%	82.50%
农村生活垃圾收集处理	85.60%	87.72%
农村公厕建设	80.80%	82.23%

表6-23 农村生活污水处理的知晓度和满意度

	知晓度	满意	一般	不满意
浦江镇	73.3%	46.7%	41.8%	11.5%
马桥镇	75.4%	23.1%	67.3%	9.6%
华漕镇	49.2%	21.7%	43.3%	35%

对于农村生活环境改善体系下的各项指标,广大农民群众提出了不少有价值的意见和建议。主要集中在:希望所在村组尽快列入村庄改造名单,要求"得到同等对待"的呼声强烈;反映施工进度缓慢,管理不到位,施工单位马虎大意,不文明施工,部分建筑出现裂纹、外墙脱落等现象;在生活污水处理、河道整治中要注意长效机制,增加补贴,加大对违规单位的处罚力度;垃圾处理收费高,希望免费并升级设备;公厕除了增加还要加强保洁,但要设法降低村里支付的运营费用;另外对修建停车场、治理黑广告、拆除违章建筑的建议也反映了农民生活观念的变化。

7) 农村基层组织建设方面

农村基层组织建设指标,主要围绕村务公开、村委会和村干部为民办事能力和作风、农村后备人才队伍建设、大学生村官、村党组织联系群众等5个二级指标开展调查。受访农民对上述调查指标都有较高的知晓度和满意度(见表6-24)。从对上述农村基层组织建设5个二级指标的具体分析来看,对农村基层组织和村干部为民办事的能力和作风以及村党组织在联系群众、解决农民困难方面的评价相对较高;在调查的各项指标中,"不满意度"很低,这充分说明闵行区农村基层组织及村干部在领导农村工作中发挥了重要作用,在农民中具有较高的威信。同时,也应该看到:在"村务公开"方面,受访农民的满意度只有57.5%;受访农民对培养农村后备人才队伍方面工作的知晓度和满意度相对较低、对大学生村官工作的满意度也相对较低(见表6-25)

表 6-24　农村基层组织建设知晓度、满意度

农民知晓度	农民满意度	干部知晓度	干部满意度	综合知晓度	综合满意度
75.7%	88.7%	—	—	75.7%	88.7%

表 6-25　农村基层组织建设各指标知晓度、满意度分析

指标内容	知晓度	满意	一般	不满意
您是否知道闵行区（主要是您所在村）的"村务公开"工作？是否满意？	84.4%	57.5%	24.5%	2.4%
您对于您所在村的村党支部、村委会、村干部为民办事能力和作风是否满意？	100%	72.4%	25.5%	2.2%
您是否知道一些闵行区培养农村后备人才队伍方面的工作？是否满意？	61.3%	42.8%	17.5%	1%
您是否已经知道一些"大学生当村官"工作？是否满意？	81.7%	52.6%	26.4%	2.6%
您对村党组织在联系群众、解决农民困难方面是否满意？	100%	68.5%	29.3%	2.2%

在村务公开工作中，部分农民希望财务方面更加公开；同时希望通过完善体制来落实对村干部的监督管理；应总结闵行区"村务公开示范村创建工作"的经验并加以推广。针对有些村干部学识程度不高、综合素质较低，希望加大干部培训力度，同时要求村干部加强自学，多深入基层了解实际情况，理论与实践相结合。希望大学生村官深入农户，加强与村民的沟通，多了解实际情况，避免"蜻蜓点水"式的实习，而应多看、多学、多干实事。同时，村民也担心农村待遇低留不住大学生，应在提高农村干部待

遇的同时,注意吸引本村出去的大学生回来工作。希望村干部多深入困难农户,帮助他们解决实际问题,增加收入。希望建立"群众走访制度",设立"中心服务点",保持干部与群众的经常性联系。

6.3.5 对策建议

1) 实现城乡融合,推进部分农村的彻底城市化

被列入城区改造的地区,户籍农民心安水平从理论上可逐步达到同地区城镇居民水平,关键是做好户籍农民变市民的辅导工作。长久以来,农民是一种社会等级、一种身份、一种生存状态、一种社会组织方式、一种文化乃至一种心理状态,农民与市民的区别不仅在生产方式和居住区域上,还在生活方式、生活习惯、谋生技能上。针对农民变市民的意愿以及变市民后的诸多问题,政府应尽早做好全面就业辅导和心理引导,确保这些农民在城市有尊严地工作和生活,避免让城乡二元结构变为城市二元结构。重点要对45岁以下的农民进行摸底和培训,促进45岁以下青壮年劳动力通过培训掌握1—2门专业技能,让他们有在城市体面生活的技能。在收入方面,薪金、股金、租金加上与其他市民一样的公共服务与社会保障等将带给农民切实的心安。在心理方面,可以提供工作压力疏导、人际关系和谐及生活方式适应等心理咨询服务,帮助这部分新市民做好心理转型。

2) 强化产业关联,加快基本农田地区现代农业发展

"十二五"期间,闵行区农业在高水平规划下按"以生态农业为基础、以精品农业为品牌"方向发展,重点发展区域在浦江、马桥、华漕三镇。根据闵行区农业的特点,农业的基础保障功能已经很弱,但生态功能日趋重要。农业发展已经紧密地与城市发展联系在一起。这些地区城乡统筹发展中很可能出现"农民、市民

早上开着车分别去农场和工厂工作,晚上却同时出现在超市购物和酒吧休闲"的情况。该地区城乡统筹发展遇到的最大问题是人才问题,农民是建设新农村的主体。实现农业现代化,需要一批新型职业农民。要加大政策扶持力度,积极培养和引导"有文化、懂技术、会经营"的新型职业农民投入闵行现代都市农业发展,为加快农业产业化进程提供智力支持和人才保障。

3) 明确规划先导,做好城市发展战略储备地区的过渡

"十二五"期间,随着闵行区深度城市化进程的发展,城区扩大、镇区缩小、城市边缘区和部分乡村都将成为"城市发展战略储备区"。这些地区似乎变成了被暂时遗忘的地区(比如华漕镇),外来人口众多,也没有进行大规模的新农村建设,公共生活设施陈旧,百姓怨言集中。"十二五"期间应做好拾遗补缺式的公共设施改造,解决农民群众的燃眉之急,做好宣传工作也是这些地区的当务之急。

闵行区的统筹发展城乡工作在路径上与其他地方不同之处在于,伴随着政府主导下的闵行区深度城市化进展与产业结构调整,闵行区农村地区最终将演进成三种态势,分别通过城市化、产业化、属地化路径实现高水平的城乡统筹发展。

城市边缘区内圈、江(河)景地区等上海战略发展储备地区将逐渐成为高水平的城市化地区,这种城乡统筹发展也可以看作是"城市化道路";在这个区域内的原农民将成为市民,生存条件、生活方式和生活质量都会有很大提升,其心安程度在各方面都与市民基本一致。

基本农田保护区范围内、高压走廊下的农田,将成为高水平的都市农业地区,其生态休闲作用将日益显著,生活方式相对悠闲、生活环境相对放松,这种城乡统筹发展可以看作是"产业化道路";在这个区域内的原农民部分将成为职业农民,其心安程度总体也与市民基本一致,在收入方面弱于市民但在生活质量方面优

于市民。

散见于原农村地区的低收入外来人口聚集区一部分将随着深度城市化、产业结构调整而消失,外来人口将梯度转移至生活成本更低的其他地区。

6.4 城乡统筹发展成效的国际比较

世界各国其实都经历了一个城乡统筹发展的过程,但由于工业化时间的不同,各国城乡统筹发展的时间也不同,恰好为我国城乡统筹发展政策的背景与成效提供了一个个非常好的考察案例,我国各个区域都可以从这些案例中学习到城乡统筹发展的经验和教训。本书从城乡统筹发展的重要硬件载体——村庄着手,以老欧盟地区为参照对象分析在城乡统筹发展政策推行后的我国发达地区村庄建设现状与国际发达地区的差距,并通过中欧比较提出村庄改造的政策导向。之所以选择老欧盟地区作为比较对象,是因为欧盟2007—2013年农业发展政策中也把村庄翻新改造作为其主要内容之一(徐世卫、信乃诠,2010)[50]。

6.4.1 闵行区与老欧盟国家村庄建设对照研究

村庄整治(部分地区又称村庄改造)是城乡统筹发展在农村地区的重要工作,是社会主义新农村建设的核心内容之一,林毅夫(2006)[183]提出以建设和改善与农村生活相关的公共基础设施作为新农村建设着力点。目前来我国各地的村庄改造工作已经取得了较大的发展,国家及各级地方财政、村、农民都投入了大量的财力、精力和人力。建设部村镇建设办公室2005年委托有关单位对我国具有代表性的9个省、74个村庄进行了入户调查,调查显示我国农村电力、通讯、通村公路问题已基本解决,农村与城市差距最大的部分就是村庄内部的人居环境和基础设施,相当多的村庄没有清洁、安全的供水,很少有排水设施,生活垃圾极少得到处理,村内道路不畅等等(李兵弟,2005)[184]。由于此项工作全国各地各个村庄的基础不同、实力不同、目标不同,没有一个统一的标准和模式,需要按村庄的特点进行分类指导。比如上海农委政务网"三农专题"介绍的村庄改造主要内容是:村庄改造工作以提升农村基础设施水平、改善农村生态环境为重点,以综合分析村实际情况、解决当地农民最大需求为原则。《安徽省村庄整治技术导则》中指出村庄整治内容主要涵盖村民日常生活所必需的公益性基础设施及公共服务设施、环境质量保障和安全保障设施,以及村庄风貌的维护等。一个"最大",一个"必需",确实反映了基础、资源的不同地区之村庄改造的不同战略定位。进一步来看,2008年4月河南省建设厅出台的《河南省村庄环境整治分类指导标准(试行)》中的村庄分类是:按自然环境条件、按村庄现状人口规模、年人均纯收入进行了分类,但其年人均纯收入分类人均5000元以上、人均3000—5000元、人均3000元以下可能只适合于我国广大经济发展处于中等水平的省份或地区,而不适用于一些依托发达中心城市的经济发达地区(如北京市、上海市、天津市、南京市、杭州市、苏州市、广州市、宁波市、大连市、无锡市等)的郊县(或县级市)村庄。

沿海发达地区是我国率先基本实现现代化的引领区,也应是新农村建设的率先实践区和示范区,尽管在规划思路、改造模式、整改潜力等方面都已经有了一批成功的实践案例和有价值的研究成果,但"建设在前、规划滞后"、"模式在前、政策滞后"、"实践在前、理论滞后"(刘彦随,2008)[185]等战略缺失现象还是一个较普遍的问题。作为中国最大的经济中心城市,也是农村、农业、农民规模最小的省级行政区,上海目前已经具备了工业反哺农业、城市支持农村的优良条件。因此其村庄整治工作对长三角、东部沿海地区等经济发达地区都有非常重要的示范意义和借鉴作用。同样,闵行区作为上海市一个经济发达的深度城市化地区,拥有优越的"以工促农、以城带乡"实力和"多予、少取、放活"政策,农民收入稳步提高,且城乡人均收入比在其他地区有普遍扩大趋势的状况下逐年缩小(见表6-26),接近于美、英等西方发达国家1.5左右的城乡收入差距(2005年国际劳工组织数据),城乡统筹发展程度在苏浙沪地区处于领先集团,其村庄改造的经验对我国经济发达地区的新农村建设有很好的示范作用和借鉴意义。

表6-26 2007—2010年度城乡居民人均收入比一览表

城乡居民人均收入比	2007年度	2008年度	2009年度	2010年度
上海市闵行区	1.78:1	1.57:1	1.55:1	1.54:1
全国	3.33:1	3.31:1	3.33:1	3.23:1

为了摸清沿海发达地区村庄改造的成效,比较直观、简便的方法是选择一个国际参照系予以对比。目前,国外与我国村庄改造内容基本完全对应的文献研究非常少,我们主要以公开发表的一些国内代表团考察发达国家乡村建设后的有关报告为依据,其中中国农业大学叶齐茂教授2006年在建设部村镇建设办公室委托课题《发达国家乡村建设考察与政策研究》中的考察报告最为全面(叶齐茂,2008)[186]。2006年3—5月,叶齐茂等考察了法国、葡萄牙、西班牙、意大利、奥地利、德国、荷兰、比利时、卢森堡和英国等十个老欧盟国家的100个乡村社区,对欧洲最发达的工业国家的乡村社区的基础设施和公共服务设施进行了实地考察,并根据考察资料做了一个分项描述(如表6-27最右列所示)。与北美

洲、大洋洲分散化的乡村社区不同,老欧盟乡村社区也是以村落为主,与我国农村地区的村落布局形态相似。这些数据恰好为我国经济发达地区的村庄整治工作提供了一个非常好的欧洲发达国家对照标准及体系,尽管有些内容略微超出了狭义的村庄整治范畴而属于城乡统筹发展范畴(如表6-27中序号3、4、5、9、10行对应的项目),但这些项目对全面衡量一个村庄的公共设施水平又是密不可分的,而且这些项目最近几年都进行了建设,因此我们保留了这个对照体系进行发达国家乡村社区和我国发达地区村庄的中欧比较研究。把经过一轮改造的发达地区村庄改造2011年状况与改造前的欧盟发达地区2006年的原状进行比较更能让我们清楚、全面地认识所取得的进步。

浦江镇、马桥镇、华漕镇是闵行区目前最主要的涉农乡镇,2009年三镇农业人口占闵行区的75.7%;2011年已进行村庄改造的村庄数占74%,未进行村庄改造的村庄数占26%,已改造村庄数占全闵行区的100%(以上村庄改造范围指标是按2007年基本农田保护区A类地块3万9千亩、2万户村民规模匡算)。

下表中"对照项目重要性"(即权重)采用德尔菲法综合闵行区农委和各镇干部打分而得,五位专家权数相等。如果从理想状态出发,假设22项指标最优值都为100%,1—11项主要涉及村庄公共服务设施,12—22反映的是村庄基础设施;依据对照项目重要性程度:非常重要5分、重要3分、一般1分的原则,我们通过线性加权法拟出了一组指数:村庄公共设施指数(综合了1—22项);村庄公共服务设施指数(综合了1—10项);村庄基础设施指数(综合了11—22项)。把某个区域的"对照项目各项分值依次乘以对应权重加总后的得分"除以"对照项目各项最优值乘以相应权重加总后的得分"再乘以100即得相应指数。

表 6‑27　闵行区村庄和欧洲乡村社区对照表

序号	对照项目	对照项目重要性	2011年闵行区(总)	2011年闵行区已改造村庄	2011年闵行区未改造村庄	2006年老欧盟国家乡村社区
1	乡村社区设有本社区的办事机构和社区办公室	非常重要	100.0%	100.0%	100.0%	40%
2	乡村社区有正规的社区公共活动场所	非常重要	83.5%	93.0%	56.2%	20%
3	乡村社区有正规的社区图书室	重要	35.2%	40.7%	18.6%	20%
4	乡村社区有社区医疗机构	重要	32.8%	34.5%	28.2%	10%
5	乡村社区居民在20分钟内可以得到紧急救护服务	一般	30.4%	30.3%	31.0%	10%
6	乡村社区在20分钟内可以得到消防车的紧急服务	一般	31.8%	31.7%	32.8%	10%
7	乡村社区居民距离公共汽车站的步行距离在10分钟内	重要	45.2%	44.3%	48.2%	20%
8	乡村社区有从事基础义务教育的机构	一般	45.6%	46.3%	43.8%	50%
9	乡村社区有邮局	一般	23.2%	22.1%	26.6%	50%

(续表)

序号	对照项目	对照项目重要性	2011年上海市闵行区（三镇）			2006年老欧盟国家乡村社区
			2011年闵行区（总）	2011年闵行区已改造村庄	2011年闵行区未改造村庄	
10	乡村社区有商店	重要	92.6%	93.0%	91.4%	50%
11	乡村社区处于广袤的绿色开放空间中	一般	100.0%	100.0%	100.0%	100%
12	乡村社区实现了集中供水	非常重要	98.8%	100.0%	95.4%	100%
13	乡村社区建设了集中的雨水排放系统	非常重要	95.4%	100.0%	82.0%	100%
14	乡村社区建设了集中的污水处理系统	非常重要	94.9%	100.0%	80.2%	100%
15	乡村社区住户有家庭化粪池，粪便由市政集中处理	非常重要	95.2%	100.0%	81.2%	100%
16	乡村社区生活垃圾能集中收集和处理	非常重要	92.3%	100.0%	70.4%	100%
17	乡村社区内部道路实现砂石化，并且设置了路灯和交通安全标志	重要	87.7%	98.9%	55.4%	100%
18	乡村社区与外界联系的主要交通道路绕开了社区居住核心区，设置了交通安全设施	一般	82.8%	90.5%	61.4%	100%

(续表)

序号	对照项目	对照项目重要性	2011年闵行区(总)	2011年闵行区已改造村庄	2011年闵行区未改造村庄	2006年老欧盟国家乡村社区
19	乡村社区集中区实现农业生产活动与生活分开,集中居住区周边的农业户仍然保留农业生产活动与居住一体的传统方式	一般	92.0%	90.5%	97.0%	100%
20	乡村社区核心居住区内没有家庭养殖户	一般	79.9%	85.4%	64.4%	100%
21	乡村社区设置了标准消防栓	重要	82.1%	91.1%	56.2%	100%
22	乡村社区发展在地方土地使用规划的控制下	非常重要	99.0%	100.0%	96.4%	100%

表 6-28　闵行区 2011 年与老欧盟国家 2006 年村庄
公共设施指数对照表

指数类别	2011年闵行区(总)	2011年闵行区已改造村庄	2011年闵行区未改造村庄	2006年老欧盟国家乡村社区
① 村庄公共设施指数	81.9	85.9	70.6	71.5
② 村庄公共服务设施指数	64.1	66.7	56.7	27.7
③ 村庄基础设施指数	93.6	98.4	79.6	100

相比之下,首先闵行区在村庄公共服务设施上取得了压倒性的优势。原因之一是闵行区作为一个近郊县,依托了上海主城区的各种有利条件,因此在村庄公共服务上取得了比老欧盟国家更为优秀的成绩,比如救护车到达时间、消防车到达时间和商店。原因之二是2008年闵行区制定了《闵行区关于统筹城乡发展的指导意见》、《闵行区统筹城乡发展三年行动计划》等纲领性文件,在分阶段规划实施的系统思维指导下,通过实事项目稳步推进,取得了成效,如村庄图书室、医务所、公交服务、村办公室等;社区公共活动场所则是村庄改造的重要内容之一。原因之三,尽管闵行区有些指标低于欧洲,但这些指标两地之间的含义和背景不同,如邮局在欧洲起着综合服务中心的作用,而邮政服务在上海郊区使用已逐渐减少;欧洲村庄间距离较大、乡村学校规模较小,而闵行区为提高质量进行了学校归并和扩建,教学质量有所提高,但农民孩子在本村上学的比例低了。因此,闵行区2011年的公共服务设施水平已达到并超过了欧洲发达国家的2006年的平均水平。

不过,村庄基础设施方面,闵行区还是落后于欧洲2006年的平均水平。尽管已改造村庄水平与欧洲已较接近,未改造的村庄的水平仍低于欧洲20%。应该看到,土地使用与规划、生活垃圾处理、集中供水、污水排放、粪便处理、路面硬化等通过村庄整治工作取得了很大成效,但消防栓设置、历史风貌保护等尽管在《村庄整治技术规范》(GB50445—2008)的3.2.1—3.2.6、11.1.1—11.1.3等条款中已作具体要求,但实施中竟由于消防栓龙头接在哪家水表等类似软问题而耽搁。道路设计只是根据道路的使用功能做了技术要求,未突出安全考虑。

最后值得我们注意的是,尽管从表面看公共设施整体水平已超过欧盟平均水平,但这只是一个数量概念。尽管2011年闵行区的城乡可支配收入已缩小到1.54,但城乡差距还是较为明显,而老欧盟 10 国不少乡村社区的生活质量在许多方面已超过城市,而上海目前从整体看还鲜见这样的典型村庄,因此从管理水平、村民素质等软件上提升村庄改造质量应该是下一个阶段发达地区村庄整治的重点和难点。

表 6-29　闵行区 2011 年各镇与老欧盟国家 2006 年
村庄公共设施指数对照表

指数类别	2011年闵行区华漕镇 汇总	2011年闵行区华漕镇 已改造村庄	2011年闵行区华漕镇 未改造村庄	2011年闵行区马桥镇 汇总	2011年闵行区马桥镇 已改造村庄	2011年闵行区马桥镇 未改造村庄	2011年闵行区浦江镇 汇总	2011年闵行区浦江镇 已改造村庄	2011年闵行区浦江镇 未改造村庄	2006年老欧盟国家乡村社区
① 村庄公共设施指数	85.3	86.7	72.7	79.9	85.3	69.1	91.6	93.2	85.3	71.5
② 村庄公共服务设施指数	72.7	72.7	72.7	59.7	72.7	53.5	83.0	83.8	79.6	27.7
③ 村庄基础设施指数	93.5	95.6	72.7	93.6	93.5	79.3	97.2	99.3	89.0	100

从表 6-29 看,总体说来已改造的村庄比未改村庄的公共设施改善明显,公共设施指数高 15.3%,村庄公共服务设施指数高 10.0%,村庄基础设施指数高 18.8%。从所掌握的资料看,闵行三镇间改造基础是不同的,华漕镇离中心城区最近,城市化水平相对最高,公共设施相对最为完善;同理,浦江镇反之,马桥镇居间。经过一轮改造,改造后的三镇相对状况与改造前一致。另外,根据我们 2011 年 6 月对闵行区 360 位农民的有效问卷调查,农民对闵行区村庄公共设施的总满意度为 86.3%,浦江镇由于在

村庄整治中得益较大,满意度最高为 88.8%,其他两镇分别为 84.1%和 84.4%。

6.4.2 对我国经济发达地区村庄整治的政策建议

各种村庄整治的政策在城乡统筹发展的大局之下,兼顾农村之"三生"——生产、生活与生态,在生产方面通过土地重整、改善道路,整理水务等改善农业生产及工作条件,在生活方面通过农村住宅改建、公共设施建设等改善农村居住及生活条件,在生态方面通过保护自然、维护景观等维护农村、农耕景观,符合发展农业、照顾农民、发展农村目标。这些变化与欧洲各国在进行农村土地整理时的目标是一致的(Arvo Vitikainen,2004)[187]。

从中欧对比中,我们可以看出通过从 2007 年起的村庄改造工程,以上海市闵行区为代表的沿海经济发达地区的村庄改造已在原有基础上有了长足的进步,具体表现为:村庄公共服务水平城市化、村庄基础设施水平上台阶。公共服务依托城市已超过欧洲乡村 2006 年水平;基础设施提升了 10%—20%,比欧洲乡村 2006 水平略低 6%左右。当然,这里对比的主要还是设施数量而非生活质量和成员素质。同时,在调研中亦请 30 个村结合老欧盟 2006 年的情况对照回忆 2007 年各村的村庄改造基础,如果把改造基础分为五级(全面优于老欧盟、基本接近老欧盟、有几项接近老欧盟、基本全部落后于老欧盟、远落后于老欧盟),23.3%的村庄选择了"有几项接近老欧盟"、56.7%的村庄选择了"基本全部落后于老欧盟"、20.0%的村庄选择了"远落后于老欧盟"。从 2007 年的改造基础到 2011 年的改造现状,显见经济发达地区"十一五"村庄改造的显著成效。

由此,我们可以推断,作为补缺型的村庄改造任务在经济发达地区应已经基本完成。韩国新村运动 1970 年以来以政府支援、农民自主和项目开发为基本动力和纽带基础,带动农民自发参加家乡建设,取得了超出预期的效果,成为一个跨越式发展的国际模式,其发展阶段按阶段目标和特点大致可以分为五个:建设阶段、扩散阶段、充实和提高阶段、国民自发运动阶段、自我发展阶段(李水山,2006)[188]。尽管这种基于韩国新村运动的阶段划分并不契合我国村庄改造工作,但有重要的借鉴参照作用。因此如果类比这五个发展阶段的特点,经济发达地区村庄改造大致通过近年建设已在原有"基础阶段"的水平上迈过了"扩散阶段",部分地区将率先进入"充实和提高阶段",个别地区有望在"十二五"末进入"国民自发运动阶段",以上海、北京、苏州、嘉兴等地区为代表的经济发达地区将为我国村庄整治工作、新农村建设起到了示范领航作用。

那么,从战略上看,村庄改造政策经过一轮的制定、执行,已进入评估、调整阶段,经济发达地区的村庄改造工作将沿着何种路径发展?其战略重点将发生何种变化?

从财政投入资金来看,经济发达地区村庄改造的政策特性将从"十一五"施行的是"公平优先的补缺型战略"发展为"十二五"期间村庄改造工作建议实行的"效率优先的特色型战略"。开始阶段在原有基础比较低,需要快速提升村庄基础设施建设水平时,由于当时各村村庄基础设施的历史欠账较多、普遍基础较差,更从提升农民参与积极性角度出发,财政拨款出现不按项目补贴而按户补贴的"平均主义"就不足为奇了;关键在于本着损益补偿和多数人满意的原则尽快启动硬件建设让农民得实惠,尽快补上前些年欠下的村庄基础设施建设发展滞后"债"。在满足了基本需求以后,下一轮修改村庄改造规划时就应以特色为目的了。尝到村庄改造甜头的农民将更关注村庄改造,农民通过自主参与成为村庄改造的主体,虽然单个农民作用小、但以村委会形式为主的村民自治组织将会发挥更大作用。特色需要培育,但不是所有培育都能成功的。有竞争、有创新才会带来差别,这种差别性的存在就能保证村庄改造政策的效率性。政府在考虑对村庄改造的扶持政策和资金时,应以规划可行性、上轮村庄改造的成效等为决策基础,本着效率优先、兼顾公平的原则予以区别对待,财政拨款时应在考虑特色培育的基础上按户补贴、按项补贴;关键着眼于村庄整体生态与生活环境的氛围营造,而非零碎、即兴的纯粹景观施工。

从规划思路上看,经济发达地区村庄改造的政策内涵将从"注重短期绩效的硬件建设战略"过渡到"注重可持续发展的软硬兼顾战略"。"十一五"期间的建设已带来了村庄公共设施和环境质量整体向上提升的硬件改造成果,"十二五"期间的"软"涉及两个方面,一个是管理,一个是人。村庄改造不简单是传统的"建设"概念,除了建设大量硬件设施,更加着重环境改善,追求提升规划设计水平并配套提出具有创意的再开发计划,因此在管理需要掌握一些"软技术"并成功运用:如规划中创意构想的形成、规划设计观念与方法的创新、施工方法与技术的研发应用、农民参与意识的提升、村民社区认同感的营造、改造资金的多方面筹集、长效管理制度的落实等,营造出具有吸引力的村庄风貌。其实村庄原有的落后最终都可归结到"人"的因素,村貌质量与村民面貌(如村民(含外来人口)道德水平及文化等)有较大关联,惟有村民素质的改变提升才能真正实现村庄改造的历史使命,比如日本造村运动就以"造人"为最终目标。在提高村民素质方面,上海浦东新区已率先开始了尝试。2009年浦东新区提出了"建设一个经济实力增强、人居环境良好、人文素质提高、民主管理增强的新农村"的村庄改造导则,2010年在已改造地区选择21个典型村积极了开展村庄改造农民素质教育行动(潘则,2011)[189]。因此,新一轮村庄改造的重点应着重把政府主持下的村庄发展规划通过村委会牵头、村民参与的方式予以再次完善(完善的重点应是规划的定位、创意以及因地制宜的特色营造），带动村民自治机构与村庄的有效整合，有效开发村民解决问题的创造性和参与公共事务的经验与能力；同时，政府应采取有效措施在经费、师资、组织机构等方面吸引多元化主体（除政府外还应有学校、民间机构）加强农村教育、落实村民素质提升计划，稳步推进村庄社区文明建设。

从以上分析，我们同时还发现了"十二五"村庄改造政策的第三个趋势，经济发达地区村庄改造的运作管理将在工业反哺农业、城市支持农村的保证下，从"政府引导帮扶、村民积极参与的政府主导战略"开始逐渐演变为"政府协调服务、村民主动管理的村民自发战略"。那么，地方政府如何从目前对村庄改造的强势指导渐渐弱化而让市场机制发挥作用、村民自治组织的建立和运作（南刚志，2011）[190]、后续改造资金持续筹集与投入、长效管理等课题都需要在政策上尽早研究、稳步推进。

尽管从国家技术规范、地方文件中，"村庄整治"目前主要还只是一个以完善农村公共设施为主的一个"硬件"建设范畴的概念，但我国经济发达地区的村庄整治工作通过近年的建设已经取得了明显的成效，大部分指标已逐步接近发达欧盟国家五年前的水平。因此，村庄整治的内涵事实已从硬件扩展到软件、从公共设施扩展到村民素质、从工程管理扩展到规划创意、从施工质量扩展到长效管理……村庄整治内涵的不断丰富正是村庄整治在新农村建设中首要地位的写照，同时也说明了沿海发达地区新农村建设的领航效应。套用南张楼村"巴伐利亚"实验中德国专家维尔克先生的话，村庄整治是一项需要"几代人的努力"的长期事业（崔明等，2006）[191]。再过二三十年，我国相对发达地区的新农村建设也将逐渐融入城市化建设，其中闵行区的村庄改造工作将起到示范点、试验田的作用。

7 研究总结与展望

7.1 主要研究结论

作为基层政府,县(市辖区、县级市)是我国实施城乡统筹发展战略的关键之一,本书通过跨区域分析苏浙沪 2007—2009 年城乡统筹发展,对苏浙沪区域内每个县级行政单位进行了综合评价。

与已有的大多数研究不同,本书评估城乡统筹发展在评价方法和指标选取上有三大特征:

一是民生视角。从城乡统筹发展的结果来看,既有宏观考虑又从微观解析。本书首先从最贴近农民的收入、支出、保障来构建城乡统筹发展的水平指标,再从农民满意度的角度考察了各类城乡统筹发展政策的实际绩效。

二是组合视角。不仅体现在评价方法上选用了基于平均值法的组合评价法上,而且从城乡统筹条件、水平、效率的三个维度对区域城乡统筹发展进行了多维评价。组合视角的评价更加全面、立体地反映了区域城乡统筹发展的实际情况。此外,本书还尝试以新农村建设为例,对城乡统筹发展的硬件水平尝试了国际比较。

三是实操视角。在梳理了已有文献对城乡统筹发展的评价指标及方法的基础上,本书特别注意指标的可得性、明确性及评价方法对政策制定的提示作用。

在构建指标体系的基础上,本书得到四个主要结论:

一是统筹发展条件和统筹发展水平相关。无论是全国各省区还是苏浙沪各县,就统计规律而言,统筹城乡发展条件高的区域,其城乡统筹发展水平就高,反之亦然。这个现象一方面反映城乡统筹发展水平的提高有赖于该地区原有的经济基础和实力,而且提示我们要在地级市(或省级、全国)的范围内进行统筹资金、项目的调配以使薄弱地区得到更快的提升。

二是空间集聚与中心辐射并存。苏浙沪县域城乡统筹发展在条件、水平的空间分布上都体现了空间集聚性(条件排名、水平排名低值与低值的空间集聚或高值与高值的空间集聚)和上海作为区域中心城市的强大辐射效应。离上海愈远、城乡统筹条件与水平皆愈差;上海城乡统筹条件与水平发展程度都较高且变化不大;江苏、浙江都呈现了沿海比非沿海区域高的特点。江苏以苏南地区向苏北地区逐级降低的梯度发展,由苏锡常为中心向苏北方向梯度递减;浙江以杭州、宁波、温州为区域中心向外辐射递减。

三是政策整体有效性与局部低效性并存。城乡统筹条件与城乡统筹水平的整体相关性通过了统计验证,说明以城带乡、以工促农政策的有效性;但是相近条件县域所对应的城乡统筹水平排名相差巨大;这说明了城乡统筹政策的重要性。同样,从微观上看,总体满意度高,但在各个乡镇各项政策措施的满意度高低不一,这说明城乡统筹政策的有效性可能受限于乡镇已有条件或资源。

四是资源配置效率整体下降与局部上升并存。从 Malmquist

分析看,在考察期内城乡统筹发展的资源配置效率是不断降低的(仅上海地区、苏南地区、市辖区平均值是提升的),因此要加快在农业机械化和科技进步及扶持方面的投入以促进技术进步变动。

本书为县域政府规划、决策城乡统筹发展提供了三种操作思路。

一是明确了学习路径。县级政府可以根据条件指数和水平指数的排序知道自身的绝对地位,还可以根据条件接近、水平接近、整体接近的原则,剖析"反思对象",借鉴"学习对象",重点参考"竞争对象"(参见表4-21);根据BCC模型计算出的DEA结果,结合地理上和行政级别的接近程度,可为非效率的县市找到学习标杆(参见表5-4、表5-9)。另外进一步的根据超效率DEA分析,通过相应地增加不足的投入或产出,或是减少冗余的投入或产出,从而实现相对有效(参见表5-9)。此外,苏浙沪外的区域也可以依据判别分析来确定其城乡统筹发展的相对程度。

设计的学习路径得到了方法间的结论印证和政府的实务印证。比如,通过组合评价为闵行区建议的2009年对照标杆(重点参考对象和竞争对象)中,上海市内的宝山区、浦东新区和嘉定区,上海市外的昆山市、江阴市和苏州市市辖区一直被闵行区农委作为自身城乡统筹发展的重点关注、参照区域,这些地区间也经常组织农委干部的相互交流、考察。再如,在效率计算方面,本书有名次差和DEA两种方式,就2009年效率最差的区域而言,"名次差"视角提示徐州市市辖区、连云港市市辖区、丽水市市辖区为苏浙沪统筹城乡发展效率最低的地区,而"超效率DEA"结果显示徐州市市市辖区、连云港市市辖区、丽水市市辖区亦为效率最低的地区。

二是建立了调研流程。在梳理县域所有城乡统筹发展政策的基础上,对应各项具体政策用客观题测"满意度"、主观题听"意见建议"的框架进行问卷设计,问卷语言依据农民习惯进行了调整,分析、整理结果显示各项政策满意度在各个行政村有所不同,与政府投入力度、外来人口比例、投入项目建成成效等因素有关,进而从提高农民满意度的角度提出新的、具体政策措施和建议。

三是转变了战略导向。比如以村庄改造为例,从财政投入资金来看,政策导向将从"十一五"施行的是"公平优先的补缺型战略"发展为"十二五"期间建议实行的"效率优先的特色型战略";从规划思路上看,政策内涵将从"注重短期绩效的硬件建设战略"过渡到"注重可持续发展的软硬兼顾战略";运作管理将从"政府引导帮扶、村民积极参与的政府主导战略"开始逐渐演变为"政府协调服务、村民主动管理的村民自发战略"。

7.2　研究工作中存在的不足

7.2.1　基础概念的界定与评价指标的选取

城市、农村作为城乡统筹发展的基础概念,目前没有明确定义。国外往往用居住地的概念,而国内数据的基础还是户籍。随着人户分离现象的出现,下一步我国城乡统筹发展中的城、乡如何界定需要从速,否则将影响各类规划的制定和修正。

指标选取中,医生数、社会最低保障、城乡收入比、城乡消费比等指标都存在着指标的代表性、指标含义方面的不足,比如城镇居民可支配收入全部用于安排城镇居民的日常生活;而农民纯收入除了用做生活消费,还要留出相当一部分用于农民的生产和扩大再生产,这两个指标在统计标准、方法都不尽相同,统计数据不完全可比。医生数作为公共服务代表也有欠全面。

有鉴于此,2010年国家统计局决定对城乡分别进行住户调查。2012年3月,国家统计局公布了城乡住户调查一体化改革总体方案(国统字〔2012〕22号),主要任务就是为统筹农村居民在收支上与城镇居民协调发展提供城乡可比的科学数据。2013年正式实施城乡住户一体化调查,并发布全国统一的居民收支数据,同时将测算1978年以来全国和分省城镇居民、农村居民可支配收入及相关数据,建立全国、分省和分县的历史数据比较平台。

7.2.2 新二元问题

随着人口流动的加剧,新农民工问题在人口导入地的管理问题日益严重。目前就大城市而言,城乡户籍人口收入的差距有缩小趋势,但新农民工的民生问题,如子女求学、住房、医疗等虽已得到重视但远未解决。城乡统筹如继续只考虑户籍农业人口数据将使得分析结论有失偏颇。

城乡统筹发展说到底是人的统筹、人的发展。城镇化已成为21世纪经济社会发展的重要动力,但截至目前新二元结构都是各级财政投入中有意无意回避的一个难题,基本上县级财政城乡统筹政策考虑的都是户籍农业户口。而外来人口城郊结合部集中居住地的新农村改造等工作很多因资金问题而难以全面落实。为了顺应社会环境和农民工逐步融入城镇的变化,农民工收支统计原来在户籍地(农村)由家人代答;城乡住户调查一体化改革方法是在常住地(城镇)由本人直接填答问卷;有利于促进公共服务均等化,直接对比农民工与输入地居民生活状况。

随着2013年正式实施城乡住户一体化调查,城乡统筹发展研究数据的质量将有变化和提高,2012年前的评估结论都要进行相应变动,可以预计2013年后的县域城乡统筹发展评价结果更为精确。

7.3 研究展望

目前开展的都是国内评价,国外经验对国内城乡统筹发展有无借鉴参考意义？以前考察的多是新农村建设,偏重硬件。同时由于数据缺乏可比性,应安排一些代表性的国外城乡统筹发展的案例研究,这些比照研究可以提高城乡统筹发展路径的针对性。

受众视角评价、组合评价、效率评价将成为城乡统筹发展评价技术的应用趋势,但受众调研的费用巨大需要政府重视和持续支持；城乡统筹发展程度的组合评价不光在于评出名次,下一步可以结合评价数值进行更精细的定量组合评价。

组合评价又可以分为"评价值组合"与"排序组合"两类。本书方法属于排序组合,虽然在结论上相容,但评价结果只有排序意义,不能反映县域间城乡统筹发展程度的相对差距。类似,我们将进行基于"评价值组合"的组合评价,以更细的指标值定量比较衡量出县域间城乡统筹发展程度的真实差距。

虽说本书运用的模型已非常成熟,但计算过程还是有点繁琐。下一步可以在提高数据采集效率的基础上,整合、编制评价的专用软件,提高评估的便捷性。上面几个评价结果和路径多为站在总体的角度,而142个区域不可能面面俱到,由于模型众多而数据结论解读需要一定的数量经济学和统计学基础,因此应根据条件、水平、效率三个方面撰写县域城乡统筹发展的个性化评估报告,通过为其发现学习对象和提高路径来提供个性化指导。

参考文献

[1] 牛文元.中国新型城市化报告[M].北京:科学出版社,2009:序言,361—374.
[2] 何传启.中国现代化报告2012——农业现代化研究[M].北京:北京大学出版社.2012:I—XIII.
[3] 折晓叶、陈婴婴.县(市)域发展与社会性基础设施建设——对太仓新实践的几点思考[M]//陆学艺、浦荣皋.苏南模式与太仓实践.北京:社会科学文献出版社,2009:84—112.
[4] 孙海鸣、赵晓雷.2005中国区域经济发展报告——长江三角洲区域规划及统筹发展[M],上海:上海财经大学出版社,2005:113—148.
[5] 郑传贵、卢晓慧.韩国新村运动实践机制诠释与启示[J].乡镇经济,2008(04):123—128.
[6] 方明、刘军.国外村镇建设借鉴[M].北京:中国社会出版社,2006:31—53,100—105.
[7] 叶剑平、毕宇珠.德国城乡协调发展及其对中国的借鉴——以巴伐利亚州为例[J].中国土地科学,2010,24(05):76—80.
[8] 本刊编辑部.借鉴国外乡村建设经验 促进我国新农村发展[J].中国建设信息,2008(19):50—51.
[9] 董金柱.印度与巴西的乡村建设管理法规及启示[J].国际城市规划,2010(02):21—25.
[10] 姚春辉.基于公众参与的地方政府绩效评估模式研究[J].学习与实践,2009,07:75—80.
[11] 曹扬、葛月凤.基于农民满意度的我国乡村村庄整治评估问题研究——以上海闵行区乡村整治为样本考据[J].东南学术,2012,02:54—60.

[12] 李勤、张元红、张军、孙祥栋、刘晓婷、罗丹.城乡统筹发展评价体系:研究综述和构想[J].中国农村观察,2009,05:2—10,22,95.
[13] 马珂.城乡统筹发展评价体系的构建及应用[J].城市问题,2011,08:10—17.
[14] 高焕喜等.我国县域经济发展中城乡统筹机制形成研究[M].北京:中国财政经济出版社,2007:6—17.
[15] 郁建兴、周建民.统筹城乡发展与地方政府——基于浙江省长兴县的研究[M].北京:经济科学出版社,2006:2—13.
[16] 夏春萍.湖北省统筹城乡经济发展研究[M].北京:中国农业出版社,2006:131—169.
[17] 北京市现代化进程中城乡统筹研究课题组.北京市现代化进程中的城乡统筹研究[J].数据,2009(02):59—61.
[18] 向萍、欧阳涛、谭晶晶.长株潭两型社会建设中城乡统筹发展水平评价[J].湖南农业大学学报(社会科学版),2009,10(02):29—34.
[19] 申丽娟、吴江.城乡社会统筹评价指标体系实证分析——以重庆市为例[J].西南师范大学学报(自然科学版),2009,34(02):61—66.
[20] 高珊、徐元明、徐志明.城乡统筹的评估体系探讨——以江苏省为例[J].农业现代化研究,2006,27(04):263—265.
[21] 吴先华、王志燕、雷刚.城乡统筹发展水平评价——以山东省为例[J].经济地理,2010,28(04):491—495.
[22] 孙林、李岳云.南京城乡统筹发展及其与其他城市的比较[J].农业现代化研究,2004,24(4):258—261.
[23] 曾磊、雷军、鲁奇.我国城乡关联度评价指标体系构建及区域比较分析[J].地理研究,2002,21(6):763—771.
[24] 杨娜、罗其友、高明杰.偃师市城乡统筹发展综合评价[J].中国农学通报,2010,26(02):301—307.
[25] 姜晔、吴殿廷、杨欢、岳晓燕.我国统筹城乡协调发展的区域模式研究[J].城市发展研究,2011,02:42—47,93.
[26] 吕迪、黄赞.中国城乡统筹发展实践模式研究[A].中国城市规划学会、南京市政府.转型与重构——2011中国城市规划年会论文集[C].中国城市规划学会、南京市政府:,2011:7.
[27] 罗雅丽、张常新.城乡一体化发展评价指标体系构建与阶段划分——以大西安为例[J].江西农业学报,2007,07:141—143,147.
[28] 陆铭、陈钊.城市化、城市倾向的经济政策与城乡收入差距[J].经济研

究,2004,06:50—58.
[29] 程开明、李金昌.城市偏向、城市化与城乡收入差距的作用机制及动态分析[J].数量经济技术经济研究,2007,07:116—125.
[30] 郭军华.中国城市化对城乡收入差距的影响——基于东、中、西部面板数据的实证研究[J].经济问题探索,2009,12:1—7.
[31] 张克俊.我国城乡居民收入差距的影响因素分析[J].人口与经济,2005,06:52—56.
[32] 高展军、于文祥、杜寒芳.城乡收入差距解释变量的实证研究[J].长安大学学报(社会科学版),2005,03:46—51.
[33] 陈晓毅.城市化、工业化与城乡收入差距——基于SVAR模型的研究[J].经济经纬,2010,06:21—24.
[34] 许秀川、王钊.城市化、工业化与城乡收入差距互动关系的实证研究[J].农业经济问题,2008,12:65—71,111—112.
[35] 王小鲁、樊纲.中国收入差距的走势和影响因素分析[J].经济研究,2005,10:24—36.
[36] 李晓燕、冯俊文、王华亭.组织标杆管理研究综述与评析[J].技术经济,2007,11:97—102.
[37] 戚攻.纵论"统筹城乡"的十大理念[J].中共四川省委党校学报,2007,04:8—10.
[38] 洪银兴、陈雯.城市化和城乡一体化[J].经济理论与经济管理,2003,04:5—11.
[39] Werner Zvi Hirsch. Urban Economics [M]. Macmillan Publisher, 1984.
[40] John W. Bardo, John J. Hartman. Urban Sociology, INSTRUCTOR'S MANUAL[M]. Peacock Publishers, 1980.
[41] 刘芳.交通与城市发展关系研究综述[J].经济问题探索,2008,03:57—62.
[42] 中华人民共和国建设部.城市规划基本术语标准[M].北京:中华人民共和国建设部(第1版),2008:2.
[43] 张小林.乡村概念辨析[J].地理学报,1998,04:79—85.
[44] 中共中央马克思恩格斯列宁斯大林著作编译局,马克思恩格斯全集(第1卷)[M],人民出版社,2009年:第224页.
[45] Ebenezer Howard. Garden Cities of To-Morrow [M]. London, 1902. Reprinted, edited with a Preface by F. J. Osborn and an Introductory

Essay by Lewis Mumford. London: Faber and Faber Ltd, First M. I. T. Press, 1965.

[46] (美)刘易斯·芒福德. 城市文化[M],宋俊岭译,北京:中国建筑工业出版社,2009.

[47] 姜作培. 城乡统筹发展的科学内涵与实践要求[J]. 经济问题,2004,06:44—46.

[48] 田美荣、高吉喜. 城乡统筹发展内涵及评价指标体系建立研究[J]. 中国发展,2009,04:62—66.

[49] 秦庆武. 统筹城乡发展的内涵与重点[J]. 山东农业大学学报(社会科学版),2005,01:13—16.

[50] 徐世卫、信乃诠. 当代世界农业[M],北京:中国农业出版社,2010.

[51] 王旭、黄柯可. 城市社会的变迁——中美城市化及其比较[M]. 北京:中国社会科学出版社,1998:13—15.

[52] G. 波特若. 论城市伟大至尊之因由. 刘晨光译,林国基补注. 上海:华东师范大学出版社,2006.

[53] Johann von Thünen. The Isolated State in Relation to Agriculture and Political Economy: Part III: Principles for the Determination of Rent, the Most Advantageous Rotation Period and the Value of Stands of Varying Age in Pinewoods[M]. Palgrave Macmillan, 2009.

[54] Adam Smith. The Wealth of Nations [M]. Random House, 2003.

[55] 西敏·达沃迪、多米尼克·斯托德. 城乡关系:导言和简史[EB/OL]. http://www.pagh.cn/menuinc/view.asp?newsid=563.

[56] Joel Kotkin. The City: A Global History [M]. Random House Publishing Group, 2006.

[57] 圣西门. 圣西门选集(第一卷)[M]. 北京:商务印书馆,2004.

[58] 傅立叶. 傅立叶选集(第三卷)[M]. 北京:商务印书馆,1981.

[59] 欧文. 欧文选集(第一卷)[M]. 北京:商务印书馆,1997.

[60] 马克思恩格斯全集[M]. 北京:人民出版社,1979.

[61] Eliel Saarinen. The City: Its Growth, Its Decay, Its Future [M]. MIT Press,1965.

[62] Frank Lloyd Wright. The Disappearing City [M]. New York: William Farquhar Payson,1932.

[63] William Arthur Lewis. Economic Development with Unlimited Supply of Labor [J]. The Manchester School of Economic and Social Studies,

1954,22:139-191.
[64] Karl Gunnar Myrdal. Economic Theory and Underdeveloped Regions [M]. Gerald Duckworth, 1957.
[65] Gustav Ranis and John C. H. Fei. A Theory of Economic Development [J]. NEW YORK: The American Economic Review, 1961, 50 (4):533-558.
[66] Dale W. Jorgenson. The Development of a Dual Economy [J]. The Economic Journal,1961,71(282):309-334.
[67] Dale W. Jorgenson. Surplus Agricultural Labor and the Development of a Dual Economy [J]. UK:Oxford Economic Papers, 1967,19(3): 288-312.
[68] Michael P. Todaro. A Model of Labor Migration and Urban Unemployment in Less Developed Countries [J]. The American Economic Review, 1969, March. 59:138-148.
[69] John R. Harris and Michael P. Todaro. Migration, Unemployment and Development: A Two-Sector Analysis [J]. The Economic Journal, 1970,60(1):126-142.
[70] Michael P. Todaro. Economics for a Developing World: An Introduction to Principles, Problems and Policies for Development [M]. Longman, 1992.
[71] Francois Perroux. Economic Space: Theory and Applications [J]. Quarterly Journal of Economics, 1950,64(1):89-104.
[72] J.R. Boudeville. Problems of regional economic planning [M]. Edinburgh Univ. Press, Edinburgh, 1966.
[73] Albert O. Hirschman. The Strategy of Economic Development [M]. Yale University Press, 1958:50-75.
[74] John Friedmann. A general theory of polarized development [M]. UCLA Press, 1969.
[75] J. Friedmann. Regional Development Policy [M]. MIT Press, 1966.
[76] Joseph A. Schumper. The Theory of Economic Development [M]. Oxford University Press, 1961.
[77] Lipton, Michael. Why poor people stay poor: urban bias in world development [M]. Harvard University Press. 1977.
[78] Corbridge Stuart. The ideology of tribal economy and society: politics

in the Jharkhand, 1950 – 1980 [J]. Modern Asian studies, 1988, 22 (1):1-42.

[79] Becker, R., Henderson, J. V., Intra-industry Specialization and Urban Development. In: Huriot, J. M., Thisse, J. F. (Eds.), Economics of Cities: Theoretical Perspectives [M]. Cambridge University Press, 2000:38-166.

[80] Friedmann John, Mike Douglass. Agropolitan development: towards a new strategy for regional planning in Asia [M]. UCLA Press, 1975.

[81] Stohr, Taylor. Development from above or below? The Dialectics of Regional Planning in Developing Countries [M]. Wiley, 1981.

[82] 朱宇. 城市化的二元分析框架与我国乡村城市化研究[J]. 人口研究, 2001, 25(2):57.

[83] Stohr, W. B. & Tailing, F.. Spatial Equity: Some Antitheses to Current Regional Development Doctrine [M]. Papers and Proceedings of the Regional Science Association, 1977:33-53.

[84] Rondinelli D. A. Applied Methods of Regional Analysis: The Spatial Dimensions of Development Policy [M]. West View Press, 1985.

[85] McGee, T. G.. New regions of emerging rural-urbanization in Asia: Implications for national and regional policy [C]. A paper presented at the Seminar on emerging urban-rural linkages. Bankok, August, 1989:16-19.

[86] 施源. 日本国土规划实践及对我国的借鉴意义[J]. 城市规划汇刊, 2003, 01:72—75, 96.

[87] 岸根卓郎. 迈向21世纪的国土规划:城乡融合系统设计[M]. 高文琛译. 北京:科学出版社, 1985.

[88] Mike Douglass. Regional integration on the capitalist periphery: The Central Plains of Thailand [M]. Institute of Social Studies, 1984.

[89] 霍华德. 明日的田园城市[M]. 金经元译. 北京:商务印书馆, 2000.

[90] 马军显. 城乡关系:从二元分割到一体化发展[D]. 北京:中共中央党校, 2008.

[91] 毛泽东选集(第5卷)[M]. 北京:人民出版社, 1977:105.

[92] 邓小平文选(第三卷)[M]. 北京:人民出版社, 1993:376.

[93] 景普秋, 张复明. 城乡一体化研究的进展与动态[J]. 城市规划, 2003, 06:30—35.

[94] 李泉.中外城乡关系问题研究综述[J].甘肃社会科学,2005,04:207—212.

[95] 谢志强、姜典航.城乡关系演变:历史轨迹及其基本特点[J].中共中央党校学报,2011,04:68—73.

[96] 王雷.日本农村规划的法律制度及启示[J].城市规划,2009,05:42—49.

[97] 中国新闻代表团.巴西缩小贫富差距的做法及成效[EB/OL].[2007-06-14]. http://news.xinhuanet.com/zgjx/2007-06/14/content_6242881.htm.

[98] 杨荣南.城乡一体化及其评价指标体系初探[J].城市研究,1997,02:20—24.

[99] 马景娜、苏维词.重庆城乡统筹发展与新农村建设研究[J].广东农业科学,2009,10:19—22.

[100] 向云、苏华、余斌、陈燕.武汉城市圈城乡一体化水平综合评价研究[J].华中师范大学学报(自然科学版),2010,03:497—502.

[101] 邓玲、王彬彬.统筹城乡发展评价指标体系研究——基于成都市温江区的实证应用[J].西南民族大学学报(人文社科版),2008,04:80—84.

[102] 任保平、梁炜.西部地区统筹城乡发展:态势、模式和路径选择[J].财经科学,2008,10:117—124.

[103] 周加来、余羚羚、朱道才.安徽省城乡统筹发展的实证研究[J].华东经济管理,2006,11:4—9.

[104] 张华瑛.成都统筹城乡发展的实证研究[J].重庆工商大学学报(西部论坛),2008,01:18—22,104.

[105] 董志强.烟台城乡一体化评价系统研究[J].烟台职业学院学报,2011,01:20—26.

[106] 张晴、王国辉、刘李峰.城乡统筹发展水平评价指标体系构建探讨——以河南省长垣县为例[J].西北农林科技大学学报(社会科学版),2011,04:44—47,53.

[107] 张晴、高明杰、罗其友.城乡统筹发展水平评价指标体系构建探讨——以中部地区安徽宁国市为例[J].西南农业大学学报(社会科学版),2011,06:22—26.

[108] 张晴、刘李峰、罗其友.城乡统筹发展水平评价指标体系构建——以西部地区宁夏回族自治区平罗县为例[J].安徽农业科学,2012,07:

4300—4301,4304.
- [109] 张晴、高明杰、罗其友.我国东部地区县域城乡统筹发展模式典型案例探究[J].中国农业资源与区划,2010,06:73—78.
- [110] 黎苑楚、赵一鸣、徐东."中部崛起"进程中的统筹城乡发展研究[J].农业经济问题,2010,07:16—21,110—111.
- [111] 顾益康、许勇军.城乡一体化评估指标体系研究[J].浙江社会科学,2004,06:93—97,6.
- [112] 中国社会科学院农村发展研究所城乡统筹研究课题组,张元红、李勤.统筹城乡发展评价及其政策建议[J].重庆社会科学,2009,11:18—26.
- [113] 付兆刚.统筹城乡的评价指标体系与实证分析[J].哈尔滨商业大学学报(社会科学版),2009,03:66—68.
- [114] 薛红霞、刘菊鲜、罗伟玲.广州市城乡发展协调度研究[J].中国土地科学,2010,08:39—45.
- [115] 童玲玲、梁雪春、刘艳.江苏省城乡统筹评价体系评估及探讨[J].特区经济,2007,10:55—56.
- [116] 吴建楠、姚士谋、曹有挥、王成新.长江三角洲城市群城乡统筹发展的空间差别化研究[J].长江流域资源与环境,2010,S1:21—26.
- [117] 仇方道、熊瑾燕.江苏省城乡统筹发展水平评价与区域分异[J].国土与自然资源研究,2007,04:13—15.
- [118] 浙江省发改委、浙江省统计局.浙江省2010年及"十一五"城乡统筹发展水平综合评价报告[EB/OL].[2011-09-16].http://www.zj.gov.cn/art/2011/9/16/art_5499_222455.html.
- [119] 上海市发展和改革委员会,上海市社会科学院.上海郊区发展报告(2010—2011)[M].上海:上海社会科学院出版社,2011:125—150.
- [120] 浙江省发改委.浙江省城乡统筹发展水平综合评价指标体系及方法[EB/OL].http://www.sdpc.gov.cn/rdzt/gggj/dfxx/t20080317_197754.
- [121] 三亚市人民政府.三亚市人民政府关于印发2011—2015年三亚市统筹城乡发展评价指标体系的通知[EB/OL].[2012-06-04].http://xxgk.sanya.gov.cn:17003/publicfiles/business/htmlfiles/00823240-4/5/201208/34748.html.
- [122] 黄国桢.上海推进城乡统筹发展的瓶颈因素与突破路经研究[M]//马德秀.上海城乡经济社会发展一体化难题破解研究.上海:上海交

通大学出版社,2009:1—30.
[123] 吴育华、曾祥云、宋继旺. 带有 AHP 约束锥的 DEA 模型[J]. 系统工程学报,1999,04:330—333.
[124] Lewis H. F., Sexton T. R.. Data Envelopment Analysis with Reverse Inputs and Outputs [J]. Journal of Productivity Analysis, 2004,21(2):113-132.
[125] 魏权龄. 数据包络分析[M]. 北京:科学出版社,2004.
[126] 张倩伟、魏权龄. 关于 DEA 有效性"新方法"的探讨[J]. 数学的实践与认识,2007,37(22):93—97.
[127] 马占新. 数据包络分析模型与方法[M]. 科学出版社,2010.
[128] 侯仁勇、王秀婷、陈红、朱汉雄. 我国四大区域板块城乡统筹发展水平差异分析[J]. 统计与决策,2009,08:97—98.
[129] 曾国平、敬京、曹跃群. 城乡统筹发展评价指标的运用——基于2007年我国31个省市截面数据[J]. 科技与经济,2009,22(05):3—7.
[130] 田凤. 坚持城乡统筹发展就业方向不动摇 劳动和社会保障部副部长林用三谈农村劳动力开发就业[J]. 中国就业,2000(09):4—8.
[131] 陈锡文. 城乡统筹发展解决三农问题[J]. 改革与理论,2003,(03):10—11.
[132] 修春亮、许大明、祝翔凌. 东北地区城乡一体化进程评估[J]. 地理科学,2004,24(03):321—325.
[133] 王承强. 区域城市化水平综合评价及发展对策研究——以山东省为例[J]. 山东经济,2005(06):41—44.
[134] 付海英、郝晋珉、朱德举等. 市域城乡统筹发展现状评价及其影响因素关联分析[J]. 农业技术经济,2006(05):44—49.
[135] 颜虹、邓广山. 城乡经济社会统筹评测方法及其应用研究[J]. 广东农业科学,2009(12):234—238.
[136] 苏春江. 河南省城乡一体化评价指标体系研究[J]. 农业经济问题,2009(07):96—100.
[137] 何秀丽、程叶青、马延吉. 东北粮食主产区城乡协调发展综合评价——以长春市为例[J]. 农业现代化研究,2010,31(06):724—728.
[138] 郭效法. 基于改进的 TOPSIS 法城乡差异度研究[J]. 合作经济与科技,2010(01):18—20.
[139] 罗栋. 城乡统筹发展视角下的中国居民生活质量研究[J]. 经济问题探索,2011(02):115—120.

[140] 陈国宏、陈衍泰、李美娟.组合评价系统综合研究[J].复旦学报(自然科学版),2003,42(05):667—672.
[141] 迟国泰、王卫等.基于科学发展的综合评价理论、方法与应用[M],北京:科学出版社,2009.
[142] 郭显光.一种新的综合评价方法——组合评价法[J].统计研究,1995,6(05):56—59.
[143] 刘艳春、高立群.组合评价模型在辽宁省主要地区综合经济实力评价中的构建及应用[J].数学的实践与认识,2005,35(03):44—50.
[144] 彭本红、孙绍荣、纪利群.动态联盟伙伴选择的组合评价研究[J].工业工程,2005,8(05):66—69.
[145] 迟国泰、符林、杨中原.循环修正思路的经济评价模型及实证研究——基于14个省级行政区[J].管理学报,2009,6(12):1677—1686.
[146] 郭亚军、马赞福、张发明.组合评价方法的相对有效性分析及应用[J].中国管理科学,2009,17(02):125—130.
[147] Saaty T. L.. The Analytic Hierarchy Process [M]. McGraw-hill, 1980.
[148] C. L. Hwang, and K. P. Yoon. Multiple attribute decision making methods and applications [M], Springer, 1981.
[149] Thurstone, L. L.. Multiple factor analysis Psychological Review [J],1931,38:406-427.
[150] 邱菀华.管理决策与应用熵学[M],北京:机械工业出版社,2001.
[151] 郁利花.组合评价的集成方法研究[D],杭州:浙江工商大学,2011.
[152] 张鸿辉、曾永年、金晓斌.南京城市地价空间自相关分析[J].南京大学学报(自然科学),2009(6):821—830.
[153] 李银星、杨印生、李宁.构建城乡和谐社会影响因素的因子分析及相对效率评价[J].数理统计与管理,2005,24(S):318—321.
[154] 钱振伟.覆盖城乡居民社会保障管理体制研究——基于对部分州(市)县实践的调查[D].成都:西南财经大学,2010.
[155] 王良健、胡盛娟、陶娟.我国省域城乡教育绩效分析——基于DEA方法(1998—2007)[J].教育科学,2010,25(05):33—37.
[156] 戴飏.城乡基本公共服务均等化的财政制度研究[D].苏州:苏州大学,2010.
[157] 杨丽、赵富城.基于DEA技术的城乡一体化发展效率评价[J].经济

问题探索,2010(06):8—13.
[158] 吴华超、温涛. 基于 DEA 方法的农村资金配置效率研究——以统筹城乡综合配套改革试验区重庆市为例[J]. 金融理论与实践,2008(03):25—28.
[159] 徐志文、谢方. 第一产业投入与城乡经济统筹的效率改进——基于DEA 方法的安徽省单元检验[J]. 哈尔滨工业大学学报(社会科学版),2011,13(04):1—7.
[160] 陈纪平. 能否依赖农业发展缩小城乡差距?——基于国际比较和DEA 效率分析[J]. 西部论坛,2010,20(05):1—7.
[161] 郑永冰. 城乡教育投入相对效率的定量分析——以上海市为例[J]. 廊坊师范学院学报(自然科学版),2011,11(06):69—71,75.
[162] CHAMES A., COOPER W. W., HODES E. R.. Measuring the efficiency of Decision making units [J]. European Journal of Operations research, 1978(2):431-443.
[163] G. B. Dantzig (1951). Maximization of a linear function of variables subject to linear inequalities: in T. C. Koopmans (ed.) Activity Analysis of Production and Allocation, John Wiley & Sons, 339-347.
[164] Farrell, M. J.. The measurement of productive efficiency [J]. Journal of the Royal Statistical Society, Series A, 1957, 120(3):253-290.
[165] 刘亚荣. 我国高等学校办学效率评价分析[J]. 教育与经济,2001,04:31—36.
[166] Seiford, L. M., & Zhu, J.. Stability regions for maintaining efficieney in data Envelopment analysis[J]. European Journal of Operational Researeh, 1998b,108,127-139.
[167] Andersen Per, Petersen N. C.. Procedure for ranking efficientunits in data envelopment analysis [J]. Management Science, 1993, 39(10):1261-1264.
[168] 汪旭晖、徐健. 基于超效率 CCR-DEA 模型的我国物流上市公司效率评价,财贸研究[J]. 2009,06:117—124.
[169] Coelli, T. J., et al, An Introduction to Efficiency and Productivity Analysis [M], Kluwer Academic Publishers, 1998.
[170] 傅毓维、邵争艳. 基于偏好 DEA 模型的区域高等教育资源配置结构

效益评价[J].价值工程,2006,06:18—21.
[171] 黄进.成都市温江区新型农村合作医疗参合农民满意度调查[J].中国循证医学研究,2006(6):855—861.
[172] 张琴.新型农村合作医疗筹资问题研究——基于机制创新的视角[J].贵州社会科学,2008(7):71—75.
[173] 霍帅.我国新型农村合作医疗的筹资现状的思考[J].昆明冶金高等专科学校学报,2007(6):49—52.
[174] 姜瑛.试述我国新型农村合作医疗制度筹资模式的改进[J].贵州民族学院学报,2008(2):133—136.
[175] 刘近安等.新型农村合作医疗满意度及影响因素分析[J].中国公共卫生,2008(2):175—177.
[176] 李燕凌、曾福生.农村公共品供给农民满意度及其影响因素分析[J].数量经济技术经济研究,2008,(8):3—18.
[177] 蒋琼.新农村建设中农民满意度及需求调查与分析——基于湖南洪江市新农村问卷调查[J].山东省农业管理干部学院学报,2009,(5):3—6.
[178] 王心良、蒋剑勇.农村公共品供给农民满意实证研究——以浙江省为例[J].经济研究导刊,2009,(27).
[179] 马林靖、张林秀.农村地区的饮用水现状与农民满意度研究——基于全国800个农户的抽样调查结果[J].西部论坛,2010,(2):7—11.
[180] 田野、赵晓飞.新农村建设中农民满意度影响因素分析及评价——基于湖北省的调查数据[J].财贸研究,2010,(6):39—47.
[181] 段春阳、谭晓婷、周静.新型农村合作医疗参合农民满意度状况实证研究[J].农业经济,2011,(11):78—80.
[182] 杨静、陈亮.新农村建设中农民满意度及需求期望研究——来自河北省三地市的调研[J].经济研究参考,2012,(27):44—54.
[183] 林毅夫.新农村建设的几点建议[J].建设科技,2006(6):16—17.
[184] 李兵弟.村庄整治:新时期的机遇与挑战[J].小城镇建设,2005(12):37—38.
[185] 刘彦随.中国新农村建设创新理念与模式研究进展[J].地理研究,2008,27(02):479—480.
[186] 叶齐茂.发达国家乡村建设考察与政策研究[M].北京:中国建筑工业出版社,2008:23—27.
[187] Arvo Vitikainen. An Overview of Land Consolidation in Europe,

Nordic Journal of Surveying and Real Estate Research［J］，2004(01):25-44.
[188] 李水山.韩国新村运动30年[J].中国国情国力,2006(03):46—48.
[189] 潘则.开展村庄改造和农民素质教育的探索和思考[J].浦东开发,2011(04):39—41.
[190] 南刚志.中国乡村治理模式的创新:从"乡政村治"到"乡村民主自治"[J].中国行政管理,2011(05):70—73.
[191] 崔明、覃志豪、唐冲.我国新农村建设类型划分与模式研究[J].城市规划,2006,30(12):27—32.

附 录

附录1 城乡统筹发展调查问卷

- 闵行区统筹城乡发展第三方评估项目调查问卷(农民版)
- 闵行区统筹城乡发展第三方评估项目调查问卷(村干部版)

闵行区统筹城乡发展第三方评估项目调查问卷
（农民版）

> ＿＿＿＿＿＿小姐/女士/先生：
> 您好！我是闵行区城乡统筹发展项目组的访问员，我们正在进行一项关于农民增收等方面的市场调查，很想倾听您的宝贵意见，现在想和您谈谈，可以吗？

您现在是否是闵行区农业户口人员？
A. 是　　　　　　B. 否
（A 继续，B 停止）

被访谈者基本情况：

所属镇：＿＿＿＿＿＿　　所在村：＿＿＿＿＿＿　　姓名：＿＿＿＿＿＿
电话/手机：＿＿＿＿＿＿　　性别：＿＿＿＿＿＿

1. 您的年龄是（　　　）
A. 30 岁及以下　　B. 31 岁—40 岁　　C. 41 岁—50 岁
D. 51 岁—60 岁　　E. 61 岁及以上

2. 您的文化程度是（　　　）
A. 初中及以下　　B. 高中（中专）　　C. 大学专科
D. 大学本科
E. 研究生及以上

3. 您目前的家庭月收入是（　　　）
A. 1000 元及以下　　B. 1001 元—3000 元　　C. 3001 元—5000 元
D. 5001 元—7000 元　　E. 7001 元—9000 元　　F. 9000 元以上

4. 您目前家庭收入的主要来源按由多到少进行排序是（＿＿＿＿＞＿＿＿＿＞＿＿＿＿＞＿＿＿＿＞＿＿＿＿）
A. 工厂打工的收入　　B. 田里劳作的收入　　C. 政府补贴或救济
D. 店里打工的收入　　E. 自己开店或办企业
F. 其他（请注明）＿＿＿＿＿＿

5. 您觉得最近 2 年（2008 年、2009 年），您家庭总收入的增长速度比前些年怎么样？
A. 最近 2 年比前些年快了　　B. 最近 2 年比前些年慢了

C. 差不多

6. 您觉得最近 2 年(2008 年、2009 年),闵行区农村的整体环境比前些年怎么样?

A. 最近 2 年比前些年好了　　　B. 最近 2 年比前些年坏了
C. 差不多

7. 您觉得最近 2 年(2008 年、2009 年),闵行区政府为农民办实事比前些年怎么样?

A. 最近 2 年比前些年多了　　　B. 最近 2 年比前些年少了
C. 差不多

质控记录	问卷编号:	问卷有效性:是( )　否( )
	访谈员姓名:	访谈时间:2010 年 6 月　日
	核实员姓名:	核实时间:2010 年 6 月　日
	录入员姓名:	输入时间:2010 年 6 月　日

1. 农民增收方面

1.1　就业(工作)(工资性收入之一)

1.1.1　镇里(村里)是否给您介绍过就业岗位?

A. 是　　　　　　　　　　　B. 否

1.1.2　镇里(村里)是否给您提供就业信息?(如安排招聘会、在村里张贴就业信息等)

A. 是　　　　　　　　　　　B. 否

1.1.3　您现在是否就业?

A. 是(跳转 1.1.6)　　　　　B. 否

1.1.4　那您现在不就业的主要原因是什么?

A. 没有招工单位需要的技能　　B. 招工信息太少
C. 工资太低　　　　　　　　　D. 身体吃不消
E. 退休　　　　　　　　　　　F. 其他:＿＿＿＿＿

1.1.5　您目前的生活来源靠什么?

A. 家庭其他成员或亲属　　　　B. 随便做点零时工
C. 政府救济　　　　　　　　　D. 房租
E. 自己做点小生意　　　　　　F. 其他:＿＿＿＿＿

(本题结束后跳转 1.1.8)

1.1.6　您目前从事什么工作?

A. 保安、保洁等企事业单位后勤人员

B. 企业生产一线工人

C. 闵行区设置的各类涉农管理岗位

D. 企业单位白领工作

E. 事业单位或政府机关工作人员

F. 其他：＿＿＿＿＿＿＿＿＿＿

1.1.7　您目前的工资每月有多少？

A. 500元以下　　B. 501—1000元　　C. 1001—1500元

D. 1501—2000元　　E. 2001元以上

1.1.8　您对镇里（村里）提供就业服务的质量满意不满意？

A. 不满意　　B. 一般（马马虎虎）　　C. 满意

1.1.9　您有以上看法的原因是：

A. 感觉"不满意"的原因是＿＿＿＿＿＿＿＿＿＿＿＿＿＿＿＿

B. 感觉"一般"的原因是＿＿＿＿＿＿＿＿＿＿＿＿＿＿＿＿＿

C. 感觉"满意"的原因是＿＿＿＿＿＿＿＿＿＿＿＿＿＿＿＿＿

1.1.10　您是否知道闵行区政府为农民设置村级农业综合服务队工作岗位（基本农田保护区行政村试行配备1—5名农业综合管理和服务人员，开展农业技术服务、农产品质量监管、动物疾病防控等工作，平均支付每人每年1.2万元，包括管理及培训费）

A. 是　　　　　　　B. 否

1.1.11　您对闵行区政府为农民设置村级农业综合服务队工作岗位有什么意见和建议？

＿＿＿＿＿＿＿＿＿＿＿＿＿＿＿＿＿＿＿＿＿＿＿＿＿＿＿＿＿＿

＿＿＿＿＿＿＿＿＿＿＿＿＿＿＿＿＿＿＿＿＿＿＿＿＿＿＿＿＿＿

1.1.12　您对闵行区帮助农民就业和提高农民工资性收入的政策、措施有什么意见和建议？

＿＿＿＿＿＿＿＿＿＿＿＿＿＿＿＿＿＿＿＿＿＿＿＿＿＿＿＿＿＿

＿＿＿＿＿＿＿＿＿＿＿＿＿＿＿＿＿＿＿＿＿＿＿＿＿＿＿＿＿＿

1.2　就业技能培训（工资性收入之二）

1.2.1　您是否知道由政府免费提供的就业技能培训项目？

A. 是　　　　　　　B. 否（跳转1.2.5）

1.2.2　您有没有参与过由政府免费提供的就业技能培训？
A. 是　　　　　　B．否(跳转 1.2.5)
1.2.3　您对政府免费提供的就业技能培训满意不满意？
A. 不满意　　　　B．一般(马马虎虎)　　C．满意
1.2.4　您有以上看法的原因是：
A. 感觉"不满意"的原因是_____
B. 感觉"一般"的原因是_____
C. 感觉"满意"的原因是_____
1.2.5　您希望接受什么样的就业培训？您对政府改进农民就业技能培训有什么意见和建议？

_____

_____

1.3　农民养老金待遇(转移性收入之一)
1.3.1　您对目前的农民养老金水平满意不满意？
A. 不满意　　　　B．一般(马马虎虎)　　C．满意
1.3.2　您有以上看法的原因是：
A. 感觉"不满意"的原因是_____
B. 感觉"一般"的原因是_____
C. 感觉"满意"的原因是_____
1.3.3　您希望每月农民养老金达到多少才是比较合理的？
A. 300 元以下　　B．301—600 元　　C．601—900 元
D. 901 元以上
1.4　基本农田生态补贴(转移性收入之二)
1.4.1　您是否知道政府发放基本农田生态补贴政策？（2008 年 300 元/亩,2009 年 450 元/亩,2010 年 600 元/亩,其中的 50% 付给农民,50% 给村用于公共事业)
A. 是　　　　　　B．否(跳转 1.5.1)
1.4.2　您对目前的基本农田生态补贴水平满意不满意？
A. 不满意　　　　B．一般(马马虎虎)　　C．满意
1.4.3　您有以上看法的原因是：
A. 感觉"不满意"的原因是_____
B. 感觉"一般"的原因是_____
C. 感觉"满意"的原因是_____

1.5 种田直补(转移性收入之三)

1.5.1 您是否知道政府发放种田直补的政策(处于就业年龄段连续从事农业生产三个月以上的闵行区户籍农民,2008年约660元/人,2009年约750元/人,2010年852元/人)

A．是　　　　　　B．否(跳转1.6.1)

1.5.2 您对目前的种田直补水平满意不满意?

A．不满意　　　　B．一般(马马虎虎)　　C．满意

1.5.3 您有以上看法的原因是：

A．感觉"不满意"的原因是_____

B．感觉"一般"的原因是_____

C．感觉"满意"的原因是_____

1.6 财产性收入

1.6.1 您家是否有房屋出租?

A．是　　　　　　B．否(跳转1.7.1)

1.6.2 您家出租房屋的租金每月有多少?

A．500元以下　　B．501—1000元　　C．1001—2000元

D．2001元以上

1.7 其他

1.7.1 您是否愿意到农业企业工作?

A．是　　　　　　B．否　　　　　　C．无所谓

1.7.2 您有以上看法的原因是：

A．"是"的原因是_____

B．"否"的原因是_____

C．"无所谓"的原因是_____

1.7.3 您是否知道闵行区政府对每位到农业企业工作(单位为其缴纳镇保或城保)的农民每月提供600元工资补贴的政策?

A．是　　　　　　B．否

1.7.4 您是否知道闵行区政府将对土地流转给规模经营农业企业的农民每户给予每年300元/亩的补贴?(政府不鼓励将土地流转给外来散户)

A．是　　　　　　B．否

1.7.5 您是否知道闵行区政府的农村低保政策?(2010年每年3600元/人)

A．是　　　　　　B．否

1.7.6 您对闵行区政府帮助困难家庭政策方面有什么意见和建议?

2. 农业生产(含家庭经营收入)
2.1 农业生产方面(针对种田的农民)
2.1.1 您家里有几个人还在种田?
A. 没有人(跳转2.1.6) B. 1人　　　　　C. 2人
D. 3人　　　　　E. 4人　　　　　F. 5人及以上
2.1.2 您家里种了几亩地?
A. 1亩地以下　　　B. 1亩—2亩　　　C. 2亩—3亩
D. 4亩以上
2.1.3 您家里近两年地里主要种些什么?

2.1.4 您家里每年种田总收成怎么样(每年种田的结余或利润)?
A. 5000元以下　　　B. 5001元—10000元
C. 10001元—15000元　D. 15001元—20000元
C. 20001元以上
2.1.5 如果政府进一步加大补贴力度,您将主要使用什么农药?
A. 绿肥　　　　　B. 有机肥
C. BB肥　　　　　D. 其他:_____
2.1.6 您是否知道目前农业生产补贴的政策吗?
A. 是　　　　　　B. 否(跳转2.2.1)
2.1.7 您对农业生产补贴的政策满意吗?
A. 满意　　　　　B. 一般(马马虎虎)　　　C. 不满意
2.1.8 您有以上看法的原因是:
A. 感觉"满意"的原因是_____
B. 感觉"一般"的原因是_____
C. 感觉"不满意"的原因是_____
2.1.9 您觉得种田农民在哪些方面需要闵行区的支持和帮助?

_____
_____
_____

2.2 土地流转

2.2.1 您将您的土地流转出去了吗?

A. 有　　　　　　　B. 没有(跳转 2.3.1)

2.2.2 您将土地流转出去的价格是多少?(每年、每亩多少钱)

A. 1000 元以下　　　B. 1001 元—1500 元

C. 1501 元—2000 元　D. 2001 元以上

2.2.3 您将您的土地流转给了谁?

A. 本地大户　　　　B. 外地散户

C. 合作社　　　　　D. 农业企业

E. 其他:_____

2.2.4 您的土地流转期限是多长?

A. 2 年以下　　　　B. 2 年—3 年　　　　C. 3 年—4 年

D. 4 年以上_____

2.3 规模农业生产

2.3.1 您对闵行区政府鼓励农民从事规模农业生产的补贴政策满意不满意?

A. 满意　　　　　　B. 一般(马马虎虎)　　C. 不满意

2.3.2 您有以上看法的原因是:

A. 感觉"满意"的原因是_____

B. 感觉"一般"的原因是_____

C. 感觉"不满意"的原因是_____

2.3.3 如果闵行区政府对家庭农场(即种植粮食 50 亩以上,或蔬菜 5 亩以上)补贴每年每亩 800 元,您是否愿意从事家庭农场?

A. 是　　　　　　　B. 否

2.3.4 您有以上看法的原因是:

A. 选择"是"的原因是_____

B. 选择"否"的原因是_____

2.4 发展农业旅游

2.4.1 您家里是否经营过"农家乐"?

A. 是　　　　　　　B. 否(跳转 2.4.4)

2.4.2 您对目前闵行区政府给予农户的农家乐政策满意不满意?

A．满意　　　　　B．一般(马马虎虎)　C．不满意
2.4.3　您有以上看法的原因是：
A．感觉"满意"的原因是_____
B．感觉"一般"的原因是_____
C．感觉"不满意"的原因是_____
2.4.4　您希望闵行区政府给予农户哪些开展农家乐的政策？
_____
_____
_____

4．村集体经济发展
4.1　村福利
4.1.1　去年逢年过节您所在村大概给您发了多少钱福利(如重大节日慰问金、年底慰问品等)？
A．100元以下　　　B．101—300元　　　C．301—500元
D．501—1000元　　E．1000元以上
4.1.2　您对目前的村福利满意不满意？
A．不满意　　　　B．一般(马马虎虎)　C．满意
4.1.3　您有以上看法的原因是：
A．感觉"不满意"的原因是_____
B．感觉"一般"的原因是_____
C．感觉"满意"的原因是_____
4.1.4　您对村里的集体经济发展后让农民分享到福利或好处，有什么意见和建议？
_____
_____
_____

4.2　村集体经济
4.2.1　您对您所在村集体经济发展水平满意不满意？
A．不满意　　　　B．一般(马马虎虎)　C．满意
4.2.2　您有以上看法的原因是：
A．感觉"不满意"的原因是_____
B．感觉"一般"的原因是_____
C．感觉"满意"的原因是_____
4.2.3　您对发展所在村的集体经济有什么好主意或建议？

_____
_____
_____
_____

5. 社会事业

5.1 上学(教育)

5.1.1 您对居住地区的幼儿园、中小学(含高中)的教育质量满意不满意?

A. 不满意　　　　B. 一般(马马虎虎)　C. 满意

5.1.2 您有以上看法的原因是:

A. 感觉"不满意"的原因是_____

B. 感觉"一般"的原因是_____

C. 感觉"满意"的原因是_____

5.1.3 您是否晓得已经引进到或即将引进到您们镇的优质教育?(如已引进的浦江向明中学,即将引进的华漕上外附中、浦江上师大附中、梅陇市二中学、马桥闵行中学等)

A. 是　　　　　　B. 否(跳转5.1.5)

5.1.4 向明中学引进到浦江镇后,您是否知道您周围的农民子女在这所学校念书?(此题仅适用于浦江镇)

A. 是　　　　　　B. 否

5.1.5 您对农民子女更多地享受到引进的优质教育有什么意见和建议?

_____
_____

5.2 看病(医疗)

5.2.1 您平时看小毛小病主要到哪里就医?

A. 村卫生室　　　B. 镇卫生院　　　　C. 闵行中心医院

D. 市里面大医院

5.2.2 您知道您周边的人得了大病主要在哪里就医?

A. 村卫生室　　　B. 镇卫生院　　　　C. 闵行中心医院

D. 市里面大医院

5.2.3 您觉得村卫生室、镇卫生院看病方便不方便,服务态度好不好

(服务水平的满意度)?
 A．不满意　　　　B．一般(马马虎虎)　C．满意
 5.2.4　您有以上看法的原因是：
 A．感觉"不满意"的原因是_____
 B．感觉"一般"的原因是_____
 C．感觉"满意"的原因是_____
 5.2.5　您觉得村卫生室、镇卫生院看病水平高不高(看病质量的满意度)?
 A．不满意　　　　B．一般(马马虎虎)　C．满意
 5.2.6　您有以上看法的原因是：
 A．感觉"不满意"的原因是_____
 B．感觉"一般"的原因是_____
 C．感觉"满意"的原因是_____
 5.2.7　对两年一次的60岁以上农村居民免费健康体检满意不满意?
 A．不满意　　　　B．一般(马马虎虎)　C．满意
 D．不知道
 5.2.8　您有以上看法的原因是：
 A．感觉"不满意"的原因是_____
 B．感觉"一般"的原因是_____
 C．感觉"满意"的原因是_____
 D．感觉"不知道"的原因是_____
 5.2.9　农村合作医疗报销方便不方便(对方便程度的满意度)?
 A．不满意　　　　B．一般(马马虎虎)　C．满意
 5.2.10　您有以上看法的原因是：
 A．感觉"不满意"的原因是_____
 B．感觉"一般"的原因是_____
 C．感觉"满意"的原因是_____
 5.2.11　您觉得农村合作医疗报销的比例够不够(对报销比例的满意度)?
 A．不满意　　　　B．一般(马马虎虎)　C．满意
 5.2.12　您有以上看法的原因是：
 A．感觉"不满意"的原因是_____
 B．感觉"一般"的原因是_____
 C．感觉"满意"的原因是_____

5.2.13 您对农村合作医疗报销方面还有什么其他的意见和建议?

_____
_____

5.2.14 浦江镇引进了仁济医院门诊部,您知道不知道?
A. 是　　　　　　B. 否(跳转 5.2.17)
5.2.15 浦江镇引进了仁济医院门诊部,您觉得好不好?
A. 不满意　　　　B. 一般(马马虎虎)　　C. 满意
5.2.16 您有以上看法的原因是:
A. 感觉"不满意"的原因是_____
B. 感觉"一般"的原因是_____
C. 感觉"满意"的原因是_____
5.2.17 您对解决闵行区农民看病难问题有什么意见和建议?

_____
_____

5.3 体育锻炼
5.3.1 您对闵行区政府在建造体育锻炼设施、配置体育锻炼器材等方面帮助农民进行体育锻炼的工作知道不知道?
A. 是　　　　　　B. 否(跳转 5.3.4)
5.3.2 您对闵行区政府在建造体育锻炼设施、配置体育锻炼器材等方面帮助农民进行体育锻炼的工作满意不满意?
A. 不满意　　　　B. 一般(马马虎虎)　　C. 满意
5.3.3 您有以上看法的原因是:
A. 感觉"不满意"的原因是_____
B. 感觉"一般"的原因是_____
C. 感觉"满意"的原因是_____
5.3.4 您对闵行区政府在建造体育锻炼设施、配置体育锻炼器材等方面帮助农民进行体育锻炼的工作还有什么意见和建议?

_____
_____

5.4 文化娱乐
5.4.1 政府组织农民看电影、看表演等(免费)活动,您知道不知道?
A. 是　　　　　　B. 否(跳转 5.4.5)

5.4.2 政府提供的看电影、看表演等(免费)活动,您参加过没有?
A. 是　　　　　　B. 否(跳转5.4.5)
5.4.3 政府组织的看电影、看表演等(免费)活动,您满意不满意?
A. 不满意　　　　B. 一般(马马虎虎)　　C. 满意
5.4.4 您有以上看法的原因是:
A. 感觉"不满意"的原因是_____
B. 感觉"一般"的原因是_____
C. 感觉"满意"的原因是_____
5.4.5 您知不知道村里面的文化活动室、农家书屋在什么地方?
A. 是　　　　　　B. 否(跳转5.4.9)
5.4.6 您是否经常去村里面的文化活动室或农家书屋?
A. 是　　　　　　B. 否
5.4.7 您有以上习惯的原因是:
A. "经常去"的原因是_____
B. "不常去"的原因是_____
5.4.8 您对村里面的文化活动室或农家书屋有什么意见和建议?
_____
_____

5.4.9 您有没有参加过农村文化团队?
A. 是　　　　　　B. 否
5.4.10 您总体对闵行区为农民组织、提供的文化娱乐活动满意不满意?
A. 不满意　　　　B. 一般(马马虎虎)　　C. 满意
5.4.11 您有以上看法的原因是:
A. 感觉"不满意"的原因是_____
B. 感觉"一般"的原因是_____
C. 感觉"满意"的原因是_____
5.4.12 您对丰富闵行区农民文化娱乐活动有什么意见和建议?
_____
_____

6. 农村基础设施建设方面
6.1 农村道路建设

6.1.1 您是否知道这几年闵行区在新建、改建农村道路建设方面做的工作?

A. 是 　　　　　　B. 否(跳转6.1.4)

6.1.2 您对闵行区这几年农村在新建、改建农村道路建设方面的工作是否满意?

A. 不满意　　　　B. 一般(马马虎虎)　　C. 满意

6.1.3 您有以上看法的原因是:

A. 感觉"不满意"的原因是_____

B. 感觉"一般"的原因是_____

C. 感觉"满意"的原因是_____

6.1.4 您对闵行区的农村道路建设有什么意见和建议?

_____

_____

6.2 农村公交建设与运营

6.2.1 您现在日常出行的主要交通方式是什么?

A. 公交　　　　　B. 自行车/电瓶车　　C. 摩托车

D. 自驾车　　　　E. 其他

6.2.2 您对目前农村公交的站点设置、线路设置、运营间隔、运营时间等满意不满意?

A. 不满意　　　　B. 一般(马马虎虎)　　C. 满意

6.2.3 您有以上看法的原因是:

A. 感觉"不满意"的原因是_____

B. 感觉"一般"的原因是_____

C. 感觉"满意"的原因是_____

6.2.4 您对目前农村公交的站点设置、线路设置、运营间隔、运营时间等有什么意见和建议?

_____

_____

6.2.5 您对目前农村公交候车亭、标牌设计、等车点路灯照明等情况是否满意?

A. 不满意　　　　B. 一般(马马虎虎)　　C. 满意

6.2.6 您有以上看法的原因是:

A．感觉"不满意"的原因是＿＿＿＿＿＿＿＿＿＿＿＿＿＿＿＿
B．感觉"一般"的原因是＿＿＿＿＿＿＿＿＿＿＿＿＿＿＿＿＿
C．感觉"满意"的原因是＿＿＿＿＿＿＿＿＿＿＿＿＿＿＿＿＿

6.2.7 您对目前农村公交候车亭、标牌设计、等车点路灯照明等情况有什么意见和建议？

＿＿

6.3 饮用水设施建设

6.3.1 您对您们村自来水的水质是否满意？
A．不满意　　　　B．一般(马马虎虎)　　C．满意

6.3.2 您有以上看法的原因是：
A．感觉"不满意"的原因是＿＿＿＿＿＿＿＿＿＿＿＿＿＿＿＿
B．感觉"一般"的原因是＿＿＿＿＿＿＿＿＿＿＿＿＿＿＿＿＿
C．感觉"满意"的原因是＿＿＿＿＿＿＿＿＿＿＿＿＿＿＿＿＿

6.3.3 您对您们村目前饮用水设施建设有什么意见和建议？

＿＿

7. 农村生活环境改善

7.1 村庄改造(也叫自然村整治,包括：重新粉刷房屋、在房前屋后铺设水泥路和种植绿化等)

7.1.1 您是否知道闵行区"村庄改造"工作？
A．是　　　　　　B．否(跳转 7.1.4)

7.1.2 您对于闵行区"村庄改造"工作是否满意？
A．满意　　　　　B．一般(马马虎虎)　　C．不满意

7.1.3 您有以上看法的原因是：
A．感觉"满意"的原因是＿＿＿＿＿＿＿＿＿＿＿＿＿＿＿＿＿
B．感觉"一般"的原因是＿＿＿＿＿＿＿＿＿＿＿＿＿＿＿＿＿
C．感觉"不满意"的原因是＿＿＿＿＿＿＿＿＿＿＿＿＿＿＿＿

7.1.4 您对闵行区"村庄改造"工作有什么意见和建议？(特别是在改造工作完成之后,如何长期保持村里环境卫生方面的建议)

＿＿

7.2 农村生活污水处理

7.2.1　您是否知道闵行区"农村生活污水处理"方面的工作和措施？
A．是　　　　　　B．否（跳转 7.2.4）

7.2.2　您对于闵行区"农村生活污水处理"工作是否满意？
A．满意　　　　　B．一般（马马虎虎）　　C．不满意

7.2.3　您有以上看法的原因是：
A．感觉"满意"的原因是＿＿＿＿＿＿＿＿＿＿＿＿＿＿＿＿＿＿
B．感觉"一般"的原因是＿＿＿＿＿＿＿＿＿＿＿＿＿＿＿＿＿＿
C．感觉"不满意"的原因是＿＿＿＿＿＿＿＿＿＿＿＿＿＿＿＿＿

7.2.4　您对闵行区在处理"农村生活污水处理"方面的工作和措施有什么意见和建议？
＿＿＿＿＿＿＿＿＿＿＿＿＿＿＿＿＿＿＿＿＿＿＿＿＿＿＿＿＿＿＿
＿＿＿＿＿＿＿＿＿＿＿＿＿＿＿＿＿＿＿＿＿＿＿＿＿＿＿＿＿＿＿

7.3 村宅河道整治

7.3.1　您是否知道闵行区"村宅河道整治"工作？
A．是　　　　　　B．否（跳转 7.3.4）

7.3.2　您对于闵行区"村宅河道整治"工作是否满意？
A．满意　　　　　B．一般（马马虎虎）　　C．不满意

7.3.3　您有以上看法的原因是：
A．感觉"满意"的原因是＿＿＿＿＿＿＿＿＿＿＿＿＿＿＿＿＿＿
B．感觉"一般"的原因是＿＿＿＿＿＿＿＿＿＿＿＿＿＿＿＿＿＿
C．感觉"不满意"的原因是＿＿＿＿＿＿＿＿＿＿＿＿＿＿＿＿＿

7.3.4　您家附近河道的水体是否还算干净？
A．是　　　　　　B．否

7.3.5　您对今后如何长期保持河道清洁有什么意见和建议？
＿＿＿＿＿＿＿＿＿＿＿＿＿＿＿＿＿＿＿＿＿＿＿＿＿＿＿＿＿＿＿
＿＿＿＿＿＿＿＿＿＿＿＿＿＿＿＿＿＿＿＿＿＿＿＿＿＿＿＿＿＿＿

7.4 农村生活垃圾收集和处理

7.4.1　您是否知道闵行区"农村生活垃圾收集和处理"工作？
A．是　　　　　　B．否（跳转 7.4.4）

7.4.2　您对于闵行区"农村生活垃圾收集和处理"工作是否满意？

A．满意 　　　　　B．一般(马马虎虎) 　C．不满意

7.4.3　您有以上看法的原因是：

A．感觉"满意"的原因是_____

B．感觉"一般"的原因是_____

C．感觉"不满意"的原因是_____

7.4.4　您对闵行区"农村生活垃圾收集和处理"工作有什么意见和建议？

_____

_____

7.5　农村公厕建设

7.5.1　您是否知道闵行区"农村公厕建设"工作？

A．是　　　　　　B．否(跳转7.5.4)

7.5.2　您对于闵行区"农村公厕建设"工作是否满意？

A．满意 　　　　　B．一般(马马虎虎)　C．不满意

7.5.3　您有以上看法的原因是：

A．感觉"满意"的原因是_____

B．感觉"一般"的原因是_____

C．感觉"不满意"的原因是_____

7.5.4　您对闵行区府"农村公厕建设"工作有什么意见和建议？

_____

_____

7.6　其他

7.6.1　您对改善闵行区农村环境还有什么意见和建议？

_____

_____

7.6.2　您对改善闵行区来沪人员集中居住点的环境卫生有什么意见和建议？

_____

_____

8. 农村基层组织建设

8.1 村务公开

8.1.1 您是否知道闵行区(主要是您所在村)的"村务公开"工作？
A．是　　　　　　B．否(跳转8.1.4)

8.1.2 您对于闵行区(主要是您所在村)的"村务公开"工作是否满意？
A．满意　　　　　B．一般(马马虎虎)　　C．不满意

8.1.3 您有以上看法的原因是：
A．感觉"满意"的原因是_____
B．感觉"一般"的原因是_____
C．感觉"不满意"的原因是_____

8.1.4 您对闵行区"村务公开"工作有什么意见和建议？
_____
_____

8.2 村党支部与村委会和村干部为民办事能力和作风

8.2.1 您对于您所在村的村党支部、村委会、村干部为民办事能力和作风是否满意？
A．满意　　　　　B．一般(马马虎虎)　　C．不满意

8.2.2 您有以上看法的原因是：
A．感觉"满意"的原因是_____
B．感觉"一般"的原因是_____
C．感觉"不满意"的原因是_____

8.2.3 您对村党支部与村委会和村干部为民办事能力和作风有什么意见和建议？
_____
_____

8.3 农村后备人才队伍建设(有志于从事农村工作的优秀青年或村干部)

8.3.1 您是否知道一些闵行区培养农村后备人才队伍方面的工作？
A．是　　　　　　B．否(跳转8.3.4)

8.3.2 您对于闵行区培养农村后备人才队伍方面的工作是否满意？
A．满意　　　　　B．一般(马马虎虎)　　C．不满意

8.3.3 您有以上看法的原因是：
A．感觉"满意"的原因是_____

B．感觉"一般"的原因是＿＿＿＿＿＿＿＿＿＿＿＿＿＿＿＿＿
C．感觉"不满意"的原因是＿＿＿＿＿＿＿＿＿＿＿＿＿＿＿
8.3.4 您对闵行区培养农村后备人才队伍工作有什么意见和建议？
＿＿＿＿＿＿＿＿＿＿＿＿＿＿＿＿＿＿＿＿＿＿＿＿＿＿＿＿＿
＿＿＿＿＿＿＿＿＿＿＿＿＿＿＿＿＿＿＿＿＿＿＿＿＿＿＿＿＿

8.4 大学生当村官
8.4.1 您是否已经知道一些"大学生当村官"工作？
A．是　　　　　B．否（跳转8.4.4）
8.4.2 您对于"大学生村官"的工作是否满意？
A．满意　　　　B．一般（马马虎虎）　　C．不满意
8.4.3 您有以上看法的原因是：
A．感觉"满意"的原因是＿＿＿＿＿＿＿＿＿＿＿＿＿＿＿＿＿
B．感觉"一般"的原因是＿＿＿＿＿＿＿＿＿＿＿＿＿＿＿＿＿
C．感觉"不满意"的原因是＿＿＿＿＿＿＿＿＿＿＿＿＿＿＿
8.4.4 您对大学生到农村当村官有什么意见和建议？
＿＿＿＿＿＿＿＿＿＿＿＿＿＿＿＿＿＿＿＿＿＿＿＿＿＿＿＿＿
＿＿＿＿＿＿＿＿＿＿＿＿＿＿＿＿＿＿＿＿＿＿＿＿＿＿＿＿＿

8.5 村党组织联系群众
8.5.1 您对村党组织在联系群众、解决农民困难方面是否满意？
A．满意　　　　B．一般（马马虎虎）　　C．不满意
8.5.2 您有以上看法的原因是：
A．感觉"满意"的原因是＿＿＿＿＿＿＿＿＿＿＿＿＿＿＿＿＿
B．感觉"一般"的原因是＿＿＿＿＿＿＿＿＿＿＿＿＿＿＿＿＿
C．感觉"不满意"的原因是＿＿＿＿＿＿＿＿＿＿＿＿＿＿＿
8.5.3 您对村党组织在联系群众、解决农民困难等方面的工作有什么意见和建议？
＿＿＿＿＿＿＿＿＿＿＿＿＿＿＿＿＿＿＿＿＿＿＿＿＿＿＿＿＿
＿＿＿＿＿＿＿＿＿＿＿＿＿＿＿＿＿＿＿＿＿＿＿＿＿＿＿＿＿

闵行区统筹城乡发展第三方评估项目调查问卷
（村干部版）

> 尊敬的女士/先生：
> 　　您好！诚邀您参与课题的研究工作。课题目的是了解闵行区统筹城乡发展现状、目前存在的问题以及您对相关政策的看法。您的参与对本研究非常重要，感谢您的支持与合作！

所属镇：_____　　所在村：_____　　姓名：_____
职务：_____　　担任干部年数：_____年　　手机：_____
注[1]：填写时如您对某项内容选择了"否"就不必再填满意度；
注[2]：请在与您的知晓程度或满意程度相应位置上打"√"。

1. 农民增收方面

闵行政策与措施	是否知道		满意度如何		
1.1 提供非农就业岗位	是	否	满意	一般	不满意
1.2 免费提供就业技能培训	是	否	满意	一般	不满意
1.3 完善社会保障	是	否	满意	一般	不满意
1.4 提高农民养老金待遇	是	否	满意	一般	不满意
1.5 发放基本农田生态补贴	是	否	满意	一般	不满意
1.6 建立村级农业综合服务队提供农业岗位	是	否	满意	一般	不满意
1.7 给予种田直补	是	否	满意	一般	不满意
1.8 村集体经济组织年终分配	是	否	满意	一般	不满意
1.9 村集体经济分红	是	否	满意	一般	不满意

2. 都市农业发展方面

闵行政策与措施	是否知道		满意度如何		
2.1 土地流转	是	否	满意	一般	不满意
2.2 农民专业合作社发展	是	否	满意	一般	不满意
2.3 农业企业发展	是	否	满意	一般	不满意
2.4 农业设施建设	是	否	满意	一般	不满意
2.5 给予农业生产补贴	是	否	满意	一般	不满意
2.6 农产品质量安全监管	是	否	满意	一般	不满意
2.7 农业旅游发展	是	否	满意	一般	不满意

3. 农村改革方面

闵行政策与措施	是否知道		满意度如何		
3.1 村集体经济组织股份合作制改革	是	否	满意	一般	不满意
3.2 农村土地二轮延包	是	否	满意	一般	不满意
3.3 农村集体建设用地流转	是	否	满意	一般	不满意
3.4 小城镇试点	是	否	满意	一般	不满意

4. 集体经济发展方面

闵行政策与措施	是否知道		满意度如何		
4.1 对政府扶持村集体发展工作	是	否	满意	一般	不满意

5. 农村公共服务提升方面

闵行政策与措施	是否知道		满意度如何		
5.1 引进优质学校	是	否	满意	一般	不满意
5.2 引进优质医院	是	否	满意	一般	不满意

(续表)

闵行政策与措施	是否知道		满意度如何		
5.3 提高农村学校教育质量	是	否	满意	一般	不满意
5.4 提升农村卫生服务水平	是	否	满意	一般	不满意
5.5 提高农村合作医疗保障水平	是	否	满意	一般	不满意
5.6 建设农村文化设施	是	否	满意	一般	不满意
5.7 丰富农村文化生活	是	否	满意	一般	不满意
5.8 建设农村健身设施	是	否	满意	一般	不满意

6. 农村基础设施建设方面

闵行政策与措施	是否知道		满意度如何		
6.1 农村道路建设	是	否	满意	一般	不满意
6.2 农村公交建设与运营	是	否	满意	一般	不满意
6.3 饮用水设施建设	是	否	满意	一般	不满意
6.4 农村水利设施建设	是	否	满意	一般	不满意

7. 农村生活环境改善方面

闵行政策与措施	是否知道		满意度如何		
7.1 村庄改造	是	否	满意	一般	不满意
7.2 农村生活污水处理	是	否	满意	一般	不满意
7.3 城中村改造	是	否	满意	一般	不满意
7.4 村宅河道整治	是	否	满意	一般	不满意
7.5 农村生活垃圾收集和处理	是	否	满意	一般	不满意
7.6 农村公厕建设	是	否	满意	一般	不满意

8. 您对2008年以来闵行区统筹城乡发展工作的总体满意度为：
A. 很满意　　　B. 满意　　　C. 基本满意
D. 不满意　　　E. 很不满意

9. 您认为目前闵行区统筹城乡发展中存在的最大问题是（烦请由大到小，依次写三项）：
(1)_____
(2)_____
(3)_____

10. 您认为目前闵行区2008年以来统筹城乡发展中取得的最大成绩是（烦请由大到小，依次写三项）：
(1)_____
(2)_____
(3)_____

附录 2　苏浙沪 2009 年县域城乡统筹排序全表

附录 315

附表2-1 苏浙沪2009年县域城乡统筹条件排序、城乡统筹水平排序全表

序号	市区县名称	城乡统筹条件排序					城乡统筹水平排序				
		AHP	TOPSIS	因子分析	熵值	组合评价	AHP	TOPSIS	因子分析	熵值	组合评价
2	南京市市辖区	6	4	3	5	**5**	63	61	61	44	**60**
3	溧水县	62	61	74	58	**63**	62	66	42	66	**63**
4	高淳县	64	67	78	64	**66**	61	60	44	57	**56**
6	无锡市市辖区	4	2	4	2	**3**	9	22	4	14	**12**
7	江阴市	15	12	15	13	**14**	8	5	6	1	**4**
8	宜兴市	35	34	36	34	**34**	31	44	18	36	**31**
10	徐州市市辖区	23	24	16	23	**22**	142	134	130	135	**142**
11	丰县	119	83	125	115	**111**	100	96	117	142	**115**
12	沛县	86	66	96	85	**84**	87	84	103	136	**99**
13	铜山县	71	60	81	77	**71**	80	80	99	101	**86**
14	睢宁县	126	79	133	121	**114**	113	107	131	141	**130**
15	新沂市	92	72	106	94	**89**	115	104	134	117	**120**
16	邳州市	102	76	110	92	**93**	84	90	98	121	**96**
18	常州市市辖区	14	14	13	14	**13**	26	36	14	24	**21**
19	溧阳市	60	64	64	57	**62**	51	57	32	74	**53**
20	金坛市	49	48	51	55	**50**	50	54	51	61	**54**
22	苏州市市辖区	10	7	7	7	**8**	5	10	2	4	**5**
23	常熟市	22	16	23	19	**19**	10	13	8	9	**9**
24	张家港市	12	10	12	11	**11**	13	20	11	18	**15**
25	昆山市	2	5	6	4	**4**	3	8	1	3	**2**
26	吴江市	26	20	27	21	**24**	17	11	17	11	**13**

(续表)

序号	市区县名称	城乡统筹条件排序					城乡统筹水平排序				
		AHP	TOPSIS	因子分析	熵值	组合评价	AHP	TOPSIS	因子分析	熵值	组合评价
27	太仓市	18	15	20	15	**18**	16	12	16	13	**14**
29	南通市市辖区	20	21	18	22	**20**	27	33	7	31	**20**
30	如东县	111	116	108	98	**108**	82	87	66	93	**80**
31	启东市	107	101	100	90	**98**	57	64	58	76	**66**
32	如皋市	87	94	85	83	**88**	114	108	118	116	**116**
33	海安县	78	77	75	75	**76**	72	70	69	68	**70**
34	海门市	54	58	54	62	**57**	67	59	79	75	**72**
36	连云港市市辖区	28	33	28	33	**31**	130	130	137	113	**131**
37	赣榆县	120	113	121	120	**121**	97	103	111	125	**103**
38	东海县	132	119	132	128	**130**	105	115	110	132	**117**
39	灌云县	141	135	141	137	**139**	106	116	119	134	**121**
40	灌南县	130	117	135	113	**127**	126	127	123	140	**135**
42	淮安市市辖区	70	56	53	48	**56**	125	126	129	112	**129**
43	涟水县	142	142	142	142	**142**	123	122	133	139	**136**
44	洪泽县	114	110	120	104	**112**	120	111	135	114	**125**
45	盱眙县	138	139	138	135	**138**	127	125	139	129	**138**
46	金湖县	123	124	127	117	**126**	116	113	116	137	**127**
48	盐城市市辖区	50	51	47	44	**48**	108	99	105	79	**95**
49	响水县	139	140	140	138	**140**	110	110	128	128	**122**
50	滨海县	140	141	139	139	**141**	102	100	120	127	**112**

(续表)

序号	市区县名称	城乡统筹条件排序					城乡统筹水平排序				
		AHP	TOPSIS	因子分析	熵值	组合评价	AHP	TOPSIS	因子分析	熵值	组合评价
51	阜宁县	131	129	130	130	*132*	98	98	127	119	*107*
52	射阳县	127	102	126	108	*117*	70	75	86	82	*76*
53	建湖县	95	89	107	91	*94*	90	85	124	99	*97*
54	东台市	110	100	112	88	*102*	66	69	91	77	*75*
55	大丰市	98	93	105	81	*92*	59	68	72	97	*73*
57	扬州市市辖区	21	23	21	24	*23*	58	74	25	55	*52*
58	宝应县	118	114	117	111	*115*	73	78	83	115	*84*
59	仪征市	52	59	60	70	*61*	91	92	94	100	*90*
60	高邮市	113	105	113	100	*106*	77	82	78	91	*79*
61	江都市	63	68	61	69	*64*	78	72	92	80	*78*
63	镇江市市辖区	25	25	24	25	*25*	65	71	45	71	*65*
64	丹阳市	61	50	56	54	*54*	52	58	41	73	*58*
65	扬中市	41	38	44	43	*42*	37	47	34	49	*43*
66	句容市	65	70	79	71	*69*	81	76	77	69	*74*
68	泰州市市辖区	29	30	30	26	*29*	86	88	89	78	*82*
69	兴化市	128	128	116	116	*125*	92	93	106	95	*94*
70	靖江市	45	47	42	50	*47*	64	73	53	86	*69*
71	泰兴市	82	92	77	86	*85*	88	86	101	90	*87*
72	姜堰市	73	85	71	82	*80*	93	94	96	98	*91*
74	宿迁市市辖区	58	54	67	61	*59*	104	114	112	133	*118*
75	沭阳县	137	136	136	127	*135*	101	109	114	130	*114*

(续表)

序号	市区县名称	城乡统筹条件排序 AHP	TOPSIS	因子分析	熵值	组合评价	城乡统筹水平排序 AHP	TOPSIS	因子分析	熵值	组合评价
76	泗阳县	122	111	124	114	**120**	95	102	107	138	**108**
77	泗洪县	136	132	137	125	**134**	99	106	121	123	**111**
79	杭州市市辖区	3	3	2	3	**2**	12	6	13	7	**8**
80	富阳市	51	55	52	52	**51**	30	37	29	41	**33**
81	临安市	75	75	70	66	**70**	46	53	38	58	**48**
82	建德市	90	98	90	97	**91**	85	77	90	65	**77**
83	桐庐县	69	78	72	76	**73**	55	55	63	62	**61**
84	淳安县	125	127	122	109	**123**	129	131	108	109	**124**
86	宁波市市辖区	5	6	5	6	**6**	11	9	3	12	**7**
87	余姚市	47	42	43	40	**43**	41	39	36	43	**41**
88	慈溪市	39	37	37	35	**36**	23	15	26	27	**18**
89	奉化市	66	73	68	65	**65**	44	41	55	40	**45**
90	象山县	88	81	93	63	**81**	60	51	65	50	**59**
91	宁海县	85	86	82	73	**82**	49	50	39	54	**46**
93	温州市市辖区	17	19	11	18	**16**	33	14	50	10	**24**
94	瑞安市	76	87	57	84	**75**	69	52	70	29	**55**
95	乐清市	80	84	62	79	**77**	48	30	71	16	**42**
96	洞头县	97	95	111	94	**97**	89	97	74	107	**88**
97	永嘉县	106	122	97	133	**113**	122	119	87	83	**100**
98	平阳县	94	112	86	122	**105**	112	91	88	59	**85**
99	苍南县	109	121	101	129	**116**	117	112	100	85	**101**

(续表)

序号	市区县名称	城乡统筹条件排序					城乡统筹水平排序				
		AHP	TOPSIS	因子分析	熵值	组合评价	AHP	TOPSIS	因子分析	熵值	组合评价
100	文成县	135	138	131	141	*137*	137	139	141	106	*140*
101	泰顺县	133	137	129	140	*136*	133	132	109	94	*119*
103	嘉兴市市辖区	27	31	26	29	*28*	24	17	59	23	*30*
104	平湖市	36	40	40	42	*41*	35	21	43	15	*28*
105	海宁市	46	46	46	46	*46*	22	18	30	20	*17*
106	桐乡市	48	49	49	51	*49*	18	27	20	30	*19*
107	嘉善县	55	53	58	53	*52*	32	19	67	22	*35*
108	海盐县	81	65	80	72	*74*	34	29	49	33	*37*
110	湖州市市辖区	37	41	35	38	*38*	38	38	46	48	*44*
111	德清县	53	62	55	59	*58*	36	32	47	38	*39*
112	长兴县	72	82	69	68	*72*	42	42	60	51	*47*
113	安吉县	84	91	84	80	*86*	43	48	52	56	*49*
115	绍兴市市辖区	24	28	25	30	*26*	21	23	33	26	*23*
116	诸暨市	57	57	50	56	*53*	29	26	23	25	*22*
117	上虞市	59	63	59	60	*60*	39	35	37	32	*34*
118	嵊州市	99	106	94	107	*100*	74	63	54	52	*64*
119	绍兴县	30	26	29	28	*27*	6	4	24	8	*10*
120	新昌县	83	90	83	87	*87*	68	62	40	53	*57*
122	金华市市辖区	38	44	34	41	*40*	96	83	85	64	*81*
123	兰溪市	74	80	76	96	*83*	119	123	102	104	*110*
124	东阳市	68	88	65	89	*79*	56	56	64	60	*62*

（续表）

序号	市区县名称	城乡统筹条件排序					城乡统筹水平排序				
		AHP	TOPSIS	因子分析	熵值	组合评价	AHP	TOPSIS	因子分析	熵值	组合评价
125	义乌市	42	36	38	39	**39**	47	24	56	17	**36**
126	永康市	67	74	66	77	**68**	71	65	68	70	**67**
127	武义县	89	97	92	93	**90**	109	120	97	111	**104**
128	浦江县	93	108	91	119	**103**	103	95	93	92	**92**
129	磐安县	116	120	115	117	**119**	131	136	122	122	**133**
131	衢州市市辖区	43	52	39	49	**45**	118	121	81	118	**105**
132	江山市	105	118	98	110	**107**	79	81	75	108	**83**
133	常山县	104	115	103	112	**109**	94	101	80	126	**98**
134	开化县	101	96	95	102	**96**	111	118	82	131	**109**
135	龙游县	91	103	89	103	**95**	83	89	76	120	**89**
137	舟山市市辖区	31	29	31	27	**30**	25	25	35	34	**29**
138	岱山县	56	45	73	47	**55**	14	28	22	47	**27**
139	嵊泗县	33	27	45	31	**33**	20	31	27	32	**26**
141	台州市市辖区	40	39	33	37	**37**	53	45	62	39	**50**
142	温岭市	77	71	63	67	**67**	54	49	57	45	**51**
143	临海市	100	109	87	106	**99**	76	67	73	63	**71**
144	玉环县	44	43	48	45	**44**	45	40	31	41	**40**
145	三门县	124	130	119	124	**128**	107	105	84	87	**93**
146	天台县	108	123	99	134	**118**	121	117	104	81	**102**
147	仙居县	117	134	114	136	**129**	124	124	115	88	**113**
149	丽水市市辖区	32	35	32	36	**32**	128	129	95	89	**106**

(续表)

序号	市区县名称	城乡统筹条件排序					城乡统筹水平排序				
		AHP	TOPSIS	因子分析	熵值	组合评价	AHP	TOPSIS	因子分析	熵值	组合评价
150	龙泉市	121	126	118	123	*124*	141	128	140	67	*123*
151	青田县	96	107	102	105	*101*	139	133	132	84	*128*
152	云和县	79	69	88	74	*78*	138	141	136	105	*139*
153	庆元县	129	131	128	131	*131*	135	135	138	102	*132*
154	缙云县	112	125	109	132	*122*	134	137	113	96	*126*
155	遂昌县	103	104	104	101	*104*	136	142	126	110	*134*
156	松阳县	134	133	134	126	*133*	140	140	142	102	*141*
157	景宁自治县	115	99	123	99	*110*	132	138	125	124	*137*
158	闵行区	7	8	8	8	*7*	1	1	5	2	*1*
159	宝山区	13	18	17	17	*15*	2	3	10	6	*6*
160	松江区	9	11	10	10	*10*	15	16	19	21	*16*
161	嘉定区	8	9	9	9	*9*	7	7	12	19	*11*
162	青浦区	11	13	14	12	*12*	28	43	15	46	*32*
163	金山区	19	22	22	20	*21*	40	46	28	37	*38*
164	奉贤区	16	17	19	16	*17*	19	34	21	35	*25*
165	崇明县	34	32	41	32	*35*	75	79	48	72	*68*
166	浦东新区	1	1	1	1	*1*	4	2	9	5	*3*

致　　谢

本书是在我的博士论文基础上修改而成的。由于著者水平和能力有限，书中难免存在着不少疏漏和错误，敬请各位读者批评指正。

由于出身数学，我早就设想把论文方向定在与评估相关的主题上，博士论文源起是本人对经济发达地区城市化问题的长期关注和兴趣，县域城乡统筹是当前我国社会经济改革深化所面临的关键问题之一，全面、科学地评价城乡统筹发展对于我国城市化的进程和健康发展具有导向作用，至关重要。特别感谢上海市闵行区农委和葛月凤副教授为我提供了就闵行区"十一五"期间城乡统筹发展政策进行第三方绩效评估的机会，就是这个政府公开招标课题让我全面思考了城乡统筹发展这个课题，同时也积累了大量的一手数据和二手文献。

仰慕西安，仰慕交大。有幸拜在西安交通大学邱长溶教授名下攻读数量经济学，先生学问渊博，治学严谨，为人亲和；先生通过言传身教对我一次次提出要求、指明方向，又一遍遍帮我整理思路、修改润色。想到先生眼疾等一直未愈，我深深感动，唯有在学术上更加努力、多出成绩以回报先生、回报交大。在此，还要感谢邱老师和上海交通大学安泰经济与管理学院陈宪教授能共同为本书拨冗作序。

博士论文写作更是一个学习的过程，感谢严明义教授、赵春艳副教授多次为我提出了细致的修改意见和方案。感谢以严明义教授为主席的答辩委员会诸位教授及对我论文进行评阅的各位专家,你们对论文的中肯评价让我既深感鼓舞又倍感压力。想来要感谢的母校老师还有很多,经金学院魏玮教授、仲伟周教授等授课老师让我触摸到了高级经济学、高级管理学的前沿(尽管我还是未能全部领悟);研究生院领导、经金学院领导及相关教务老师更是为我提供了很多方便,你们以学生为本的理念定将带到我的工作中去。

本书亦是体现著者所在团队合作精神的一项成果。感谢上海应用技术学院经济与管理学院的康艺凡、曹阳、于峰、杨顺勇、周正柱、朱玉琴、王志坚、汪浩泳、刘湨、郭蓉、李秋琳、方曦等同事,有了你们的帮助使我获得了大量的写作线索和精彩资料;同样感谢我的学生邴盛、刘洋、顾春佳、李荣斌、张恒驰、杨东墅等,有了你们的帮助使我完成了大量的问卷输入、资料整理和图表优化工作。

本书的出版还要感谢上海三联书店,特别是杜鹃女士的大力支持。

最后感谢我的父母、妻女对我博士学习期间的理解、照顾,博士学习期间我少承担了很多家庭责任,对家人我一直抱有深深的歉意,在此深深感谢我亲爱的家人。

曹　扬

2013 年 8 月于上海

图书在版编目(CIP)数据

我国县域城乡统筹发展评价研究:以苏浙沪为例 / 曹扬著. —上海:上海三联书店,2013.10
ISBN 978-7-5426-4413-8

Ⅰ.①我… Ⅱ.①曹… Ⅲ.①县级经济-城乡建设-经济发展-研究-华东地区 Ⅳ.①F299.275

中国版本图书馆CIP数据核字(2013)第245758号

我国县域城乡统筹发展评价研究:以苏浙沪为例

著　者 / 曹　扬

责任编辑 / 杜　鹃
装帧设计 / 鲁继德
监　制 / 李　敏
责任校对 / 张大伟

出版发行 / 上海三联书店
　　　　　(201199)中国上海市都市路4855号2座10楼
网　　址 / www.sjpc1932.com
邮购电话 / 021-24175971
印　　刷 / 上海展强印刷有限公司

版　　次 / 2013年10月第1版
印　　次 / 2013年10月第1次印刷
开　　本 / 890×1240　1/32
字　　数 / 250千字
印　　张 / 10.625
书　　号 / ISBN 978-7-5426-4413-8/F·658
定　　价 / 38.00元

敬启读者,如发现本书有印装质量问题,请与印刷厂联系 021-66510725